中外文稀有版本文献

《哲学的贫困》

①

德文版

【德】卡尔·马克思 ◎ 著

中央编译出版社

图书在版编目(CIP)数据

《哲学的贫困》中外文稀有版本文献:汉文、英文、德文/(德)马克思著;杜竹君,许德珩,何思敬译.—北京:中央编译出版社,2023.3

ISBN 978-7-5117-4223-0

Ⅰ.①哲… Ⅱ.①马… ②杜… ③许… ④何… Ⅲ.①马克思著作研究-汉、英、德 Ⅳ.① A811.21

中国版本图书馆 CIP 数据核字 (2022) 第 168405 号

《哲学的贫困》中外文稀有版本文献

策划统筹	张远航
责任编辑	郑永杰　周雪凝
责任印制	刘　慧
出版发行	中央编译出版社
地　　址	北京市海淀区北四环西路 69 号 (100080)
电　　话	(010)55627391(总编室)　　(010)55627312(编辑室)
	(010)55627320(发行)　　　(010)55627377(网站)
经　　销	全国新华书店
印　　刷	北京文昌阁彩色印刷有限责任公司
开　　本	710 毫米 ×1000 毫米　1/16
字　　数	1126 千字
印　　张	88.5
版　　次	2023 年 3 月第 1 版
印　　次	2023 年 3 月第 1 次印刷
定　　价	1480.00 元（全 5 册）

新浪微博:@ 中央编译出版社　微　信:中央编译出版社 (ID: cctphome)
淘宝店铺:中央编译出版社直销店 (http://shop108367160.taobao.com)
　　　　 (010)55627331

本社常年法律顾问:北京市吴栾赵阎律师事务所律师　闫　军　梁　勤
凡有印装质量问题，本社负责调换。电话: (010)55626985

《哲学的贫困》的出版与传播

（代序）

蒲鲁东的《贫困的哲学》发表于1846年，从恩格斯给马克思的信中可知，马克思迅速做出反应并于1847年1月开始用法文写《哲学的贫困》。1847年4月初，这部著作基本完成并付印。6月15日，马克思为该书作了序言。1847年7月，《哲学的贫困》交卡·格·福格勒出版社在布鲁塞尔出版，共印800册，其中的150册运交给巴黎的出版商弗兰克，因而弗兰克的名字也刊印在《哲学的贫困》的扉页上。在这之后，在马克思的有生之年里，法文版《哲学的贫困》没有再版。

一 《哲学的贫困》在马克思和恩格斯生前及欧美世界的传播

《哲学的贫困》出版不久就产生了实际的影响，恩格斯在1847年9月给马克思写信，告诉他一个消息，即海尔贝格在比利时工人协会的会议上用法语作了一个演说，海尔贝格表示，"工人协会"是他最近几个月来所追求的目标，并且指出，他之所以坚定了这个信念是"有幸读了《哲学的贫困》最后一章"[①]。

[①] 《马克思恩格斯全集》第47卷，北京：人民出版社2004年版，第474页。

然而，这部著作最初的发行还有一些波折。在当时，每一本新书出版后，出版社都会给作者一定数量的免费赠书，这样，作者可以将这些免费赠书有选择地赠予有关人士，从而达到宣传或推销的目的。马克思也在《哲学的贫困》出版后制定了一个赠书名单，其中包括路易·勃朗。恩格斯与路易·勃朗的多次接触和交谈过程中发现他并未得到《哲学的贫困》，直到 1847 年 11 月 13 日，恩格斯"才终于出乎意料地知道"①，出版商弗兰克给每本赠书加收 15 苏②，以致大量的书积压在弗兰克手中，没有及时传播。

《哲学的贫困》法文第一版的印数不多，传播和发行渠道又受到政府的管制，因此总体效果不够理想。1880 年，法国的茹尔·盖得的机关报《平等报》编辑部向马克思提出请求，希望可以刊登转载《哲学的贫困》中的几个段落。马克思同意，并专门写了《关于〈哲学的贫困〉》的引言，阐述了重刊此书的历史意义，但是完整的版本也未能再版。马克思生前的这个唯一的版本还曾在俄国传播，他在致库格曼的信中写道，他找不到任何一个地方像俄国那样普及他的一些著作，例如《哲学的贫困》和《政治经济学批判》。实际上，早在 19 世纪 40 年代，俄国先进的社会人士和政治活动家就已经熟知科学共产主义创始人的最重要著作，其中包括《哲学的贫困》法文第一版，它出现在彼得拉舍夫斯基派的图书馆里。

1885 年 1 月下旬，经恩格斯审定，伯恩施坦和考茨基合译的《哲学的贫困》德文第一版在斯图加特出版。根据马克思在 1876 年 1 月 1 日送给娜·吴亭娜的一本 1847 年法文版上的修订，在校订过程中，恩格斯对文本做了许多的修改，加了许多注释。在附录中，恩格斯还收入了几篇相关文章：（1）马克思《论蒲鲁东》一文，摘自 1865 年《社会民主党人报》；（2）1859 年柏林出版的马克思《政治经济学批判》的片断，即约翰·格雷提出的劳动货币交换乌托邦一段；（3）马克思于

---

① 《马克思恩格斯全集》第 47 卷，北京：人民出版社 2004 年版，第 494 页。
② 比利时当时的货币单位。

1848年发表的《关于自由贸易问题的演说》,"这个演说和《哲学的贫困》属于著者的同一个发展时期"①。更为重要的是,恩格斯在为其所作的序言中,通过批判德国崇拜"国家社会主义"的理论家、经济学者洛贝尔图斯,揭示了马克思的经济学说在19世纪40至60年代的创立过程,这使得德文第一版《哲学的贫困》在19世纪80年代更具有现实意义。

一般说来,《哲学的贫困》出版后过了40年才开始真正产生影响。在19世纪60年代,虽然当时有针对德国社会民主党的"非常法",但工人革命运动的政治力量还是增长了。在马克思于1883年逝世后没几天,在哥本哈根举行的社会民主党代表大会的与会者们便决定以无愧于马克思学说创始人的方式来宣传他的学说。此时,除了中央机关报《社会民主党人报》外,理论刊物《新时代》也作为社会民主党的定期刊物开始出版发行。一年后,德国社会民主党在1884年10月举行的国会选举中获得了约550000张选票和24个议席。1883年,恩格斯的著作《社会主义从空想到科学的发展》的德文版发行了,《共产党宣言》出了新德文版,恩格斯最关心的《资本论》第1卷德文第三版也问世了,1884年还出版了恩格斯的著作《家庭、私有制和国家的起源》。这种强大的攻势并没有到此为止。1885年初,由爱德华·伯恩施坦和卡尔·考茨基主持并受到恩格斯关怀的马克思的《哲学的贫困》德文版出版了,只有出了这个德文版,这部著作才获得了世界的承认。随后《资本论》第2卷德文第一版和《反杜林论》第二版出版。其中,马克思的《哲学的贫困》为社会民主党提供了重要的论据,当时,德国社会民主党是国际工人运动中最先进的部分,按照恩格斯的评价,它最懂得在阶级斗争的三个方面,即在经济、政治和理论方面互相配合、互相联系,并有计划地领导阶级斗争。

---

① 《马克思恩格斯文集》第4卷,北京:人民出版社2009年版,第214页。

在《资本论》第 1 卷出版后，洛贝尔图斯著文指责马克思"剽窃"了他，并且"不指明出处"就大量使用了他的著作《关于我们国家经济制度的认识》。实际上，马克思在世时，既没有读过洛贝尔图斯的上述著作，也没有读到他的指责，因而马克思没有对这种无端的指责进行驳斥。马克思逝世后，恩格斯为马克思作了公正的辩护。他对洛贝尔图斯的答复一部分放在《资本论》第 2 卷的序言里，另一部分则放到了《哲学的贫困》的序言中。"没有别的办法，因为这两本书将同时出，而指责是洛贝尔图斯本人十分明确地提出来的。在《资本论》里我得庄严郑重，而在《贫困》的序言里我可以畅所欲言。"① 在《哲学的贫困》的序言中，恩格斯指出，洛贝尔图斯所谓的马克思从他那里借用的思想，英国的经济学家早就表述过，是洛贝尔图斯的"惊人的无知"才造成了他的"肆意诽谤"。1885 年 1 月初，这篇序言就以《马克思和洛贝尔图斯》为题刊登在《新时代》杂志第 1 期上。

马克思的《哲学的贫困》恰恰在当时具有一种马克思从未料到的意义。恩格斯利用这个机会提醒人们参悟马克思的《资本论》，相反，几个月后恩格斯在《资本论》第 2 卷的《序言》中又提醒人们参看马克思的《哲学的贫困》。如果没有马克思主义的主要著作《资本论》自 1867 年以来产生的影响，我们很难想象马克思的《哲学的贫困》会产生什么样的影响；这两者具有不可分割的联系，相互影响。卡尔·考茨基 1886 年在《新时代》上发表的一组文章《〈哲学的贫困〉与〈资本论〉》提醒人们注意这一联系，从中，主要是社会民主党的干部、议员和编辑们得到了重要的指导方针。马克思虽然在 1883 年逝世了，但他的学说却越来越成为工人运动的思想指针，并使一般精神生活革命化了。

在恩格斯逝世前后，《哲学的贫困》又出版了几种译本：1891 年，在西班牙的马德里出版了由梅萨翻译的《哲学的贫困》的修订第一版；

---

① 《马克思恩格斯全集》第 36 卷，北京：人民出版社 1975 年版，第 202 页。

1892年，德文第二版出版；除德文第一版序言外，恩格斯又为其作了一篇简短的序言，纠正原文中两处不准确的地方；1895年，意大利文第一版在博洛尼亚出版。恩格斯逝世后，1896年，马克思的女儿劳拉·拉法格整理的法文版第二版出版，该版也根据马克思送给娜·吴亭娜一书上的修正做了更正。其实，早在1885年恩格斯出版德文第一版时，劳拉·拉法格也正准备出版法文第二版，但是这一版的准备工作拖延了。直到恩格斯逝世以后，这一版才在巴黎出版。1898年，由巴加洛夫翻译的保加利亚文第一版在瓦尔纳出版；1900年，由科维尔奇翻译的英文第一版在伦敦出版；等等。从那时起，《哲学的贫困》被翻译为30多种文字在许多国家出版。以英文版为例，《哲学的贫困》至今已经发行了很多版本并多次再版。

英文版中引用最多、最为权威的版本是1976年出版的《马克思恩格斯全集》第4卷，英文版编者对《哲学的贫困》的基本概括一直影响着英语世界，如"马克思的《哲学的贫困》是成熟的马克思主义的最早著作之一"，"《哲学的贫困》是马克思作为一个经济学家的初次公开露面"，"这是第一次发表的概述马克思经济学理论基本论点的著作，这些论点是形成马克思主义政治经济学的出发点"，"在《哲学的贫困》中，马克思简洁而明确地表达了唯物主义历史观的本质"[①]，等等诸如此类的判断。

目前为止，欧美世界主要语种均出版了《马克思恩格斯全集》，包括英语、德语、法语、西班牙语、葡萄牙语、塞尔维亚语、波兰语、匈牙利语等，而各种语言的《马克思恩格斯全集》中无一例外均收录了《哲学的贫困》，因此，可以说，《哲学的贫困》是马克思、恩格斯经典著作中在欧美世界普及率最高的著作之一。

---

① *Karl Marx Frederick Engels Collected Works*, Volume 6, pp.7-8.

二 《哲学的贫困》在苏联的传播[①]

十月革命前后,《哲学的贫困》在俄国的普及率极高,从1886年第一个俄译本出现到苏联时期多次重译与再版,无不体现着这部著作对苏联民众的巨大影响,从而间接影响到我国;因此,厘清《哲学的贫困》在十月革命前后的出版历史,对我们在当今时代审视《哲学的贫困》的重要思想,具有不可或缺的启示意义。

1883年8月,第一个俄国马克思主义团体"劳动解放社"在日内瓦成立,它在成立之初随即发出了"关于出版《现代社会主义丛书》的通告",从这时起,马克思恩格斯著作的俄译本就在这套丛书内作为该社的正式出版物发行。一方面,由于该社的译本都在国外出版,且是全文,避开了书报检查制删减的威胁。另一方面,恩格斯给劳动解放社的出版活动提供了大量帮助。所以,劳动解放社的译本是十月革命前期的最优秀的译本。

在1884年3月2日,查苏里奇就致信恩格斯,请求他允许他们将《哲学的贫困》以俄文出版,并希望恩格斯把当时打算为准备付印的该书德文第一版所写的序言寄去,再看看校样提出意见。四天后,恩格斯致信查苏里奇:"《哲学的贫困》俄文译本出版的日子,不论对我或对马克思的女儿们来说,都将是一个节日。不言而喻,我是很愿意把对您也许有用的一切材料提供给您的。我的意见如下:除了德文译本,目前正在巴黎出版一个新的法文版本。我正在为这两个版本写一些注释,我将把注释的全文寄给您。马克思在柏林《社会民主党人报》(1865年)上发表的一篇《论蒲鲁东》的文章,可以用来作为序言,这篇文章差不多完全包括了我们所需要的东西……这篇文章只

[①] 这部分内容参照了姚颖的论文,《〈哲学的贫困〉在马克思恩格斯逝世前后及苏联时期出版史述要》,载《新东方》2009年第12期。

保存下来一份……如果在马克思或我的文稿里找不出第二份（几星期之内我就可以知道），那么您能很容易地通过伯恩施坦弄到一个抄本。我一定要给德文版专门写一篇序言……在我看来，俄国读者对此恐怕是不会感兴趣的，因为我们的冒牌社会主义者还没有渗透到他们当中去。但是，您对这一点会有自己的看法，这篇序言如果您认为有用，您可以自行处理。"[1] 据此，《哲学的贫困》俄文第一版于1886年在日内瓦出版时，查苏里奇加入了恩格斯为德文第一版写的序言。除此之外，还在附录中刊载了马克思在科隆陪审法庭上的辩护词的片段及《政治经济学批判》的片段。

19世纪后半期的沙皇俄国属于高压统治，严格的书报检查制度禁止一切有关马克思主义的出版物在俄国社会中传播，劳动解放社许多的出版物都是用手抄本的形式流传。但是，在19世纪90年代后半期突然出现了一种"非常独特的现象"，"在一个完全没有出版自由的专制制度国家里，在凶恶的政治反动势力对于任何一点政治不满情绪和反抗表示都肆意摧残的时代，革命的马克思主义的理论忽然打开了一条出现于受检查的刊物上的道路，而用来说明这个理论的语言虽然是伊索寓言式的，但终究是一切'感觉兴趣的人'都可以理解的。政府只惯于把（革命的）民意主义的理论当作危险的理论，却照例没有发觉这一理论的内部演变过程，而欢迎一切对这个理论的批评。等到政府醒悟过来的时候，等到书报检察官和宪兵这支笨重的军队终于发觉了新的敌人而加以攻击的时候，已经过去了不少的（照我们俄国的尺度来计算）时间了。在这个时期，马克思主义的书籍一本又一本地出版了，马克思主义的杂志和报纸相继创办起来了，大家都纷纷变成了马克思主义者，人们都来奉承马克思主义者，向马克思主义者献殷勤，出版家因为马克思主义书籍的畅销而兴高采烈"[2]。正因为如此，1898年，俄国基辅的库什涅列夫协会印刷厂公开出版了《哲学的贫困》第一章的单行本。但为

---

[1]《马克思恩格斯全集》第36卷，北京：人民出版社1975年版，第121—122页。
[2]《列宁全集》第1卷，北京：人民出版社1972年版，第233页。

了迎合书报检察机关的意旨，书中没有指明作者是谁，并歪曲了马克思有关革命实质的主张。

1899年5月1日，波波夫翻译的《哲学的贫困》被书报检察机关禁止，并且禁止劳动解放社的《哲学的贫困》在俄国的宣传。1901年，贾布利茨基和皮亚京出版社公开出版了由皮亚京和别利亚夫斯基从法文版译过来的《哲学的贫困》完整译本。上面还带有恩格斯的序言，但很快被沙皇政府没收了。书报检察官认为，该书在其现在的形式中，包含了旨在摧毁现存经济制度、国家制度和社会制度的论断，以及对预言无产阶级革命的、社会主义和共产主义的有害学说的宣传。由于国内局势紧张，不断的工人罢工，农民运动和学生运动的加剧，沙皇政府加大了书报检查的力度，1900年至1905年，马克思恩格斯著作不能在俄国公开出版，只能在国外发行，主要在日内瓦。

1905年至1907年，随着国内政治格局的变动，沙皇政府放松了书报检查，允许马克思主义的传播。至此，马克思恩格斯著作大量出版发行，迎来了俄文版传播史上的一次高潮。1905年"启蒙"书籍出版社出版了由乌尔里希翻译的《哲学的贫困》，该书包括恩格斯为德文第一版所作的序言和马克思的《论蒲鲁东》。孟什维克在《知识就是利益》这个期刊的1908年第1、2期上，刊登了《哲学的贫困》《格雷是蒲鲁东的先驱者》《关于自由贸易问题的演说》这几篇文章。1908至1917年，由于1905年革命失败，马克思主义的著作被大量销毁。因此，《哲学的贫困》没有再版。

十月革命胜利以前，人民渴望阅读马克思的政治文献，但当时的条件在客观上制约了马克思恩格斯著作的出版，加上沙俄时期对马克思恩格斯文献的毁灭性的删减。在苏维埃政权建立之初，文献出版的条件极其艰苦，"印刷设备损坏、纸张和油墨缺乏、有经验的出版印刷干部奔赴前线和阵亡"。更为重要的是，此时苏维埃俄国还没有一个统一的马克思学研究和出版中心。马克思恩格斯的著作不仅在莫斯科和彼得格勒的中央出版社出版，而且也在阿尔汉格尔斯克、库尔斯克、基辅、哈尔科夫、雅罗斯拉夫尔、塔什干、伊尔库茨克、明斯克等许多城市出版。由于出版社分散且没有统一的监督，因此只能翻印革命前的马克思恩格斯著作的版本，但好多都是被沙皇政府的书报检察机关删改得不成样子的版本。在当时，《哲学的贫困》就有查苏里奇、皮亚京及别利亚夫斯基、阿列克谢耶夫和乌尔里希几个译本。

1918年，《马克思恩格斯全集》俄文第一版第一次启动。在版本的编排计划中，曾打算第2卷收录《哲学的贫困》。但众所周知，从1918年到1922年的四年内，《马克思恩格斯全集》第一版的第一次启动仅出版了4卷：第3、4、5、6卷。第3卷收录了马克思恩格斯在1848至1849年革命和巴黎公社经验基础上所写的最重要的历史学著作；后3卷则是《资本论》的内容。

为了能集中出版事业，苏维埃人民委员会于1919年5月19日颁布了关于创立国家出版社的法令。沃洛夫斯基被任命为国家出版社的负责人。检查整个共和国范围内的出版活动就属于国家出版社的重要职责之一。为此，国家出版社下设了一个专门委员会，即马克思委员会，检查对马克思恩格斯著作翻译和再版，梁赞诺夫、斯克沃尔佐夫、斯捷潘诺夫、沃尔夫松、梅谢里亚科夫是委员会的成员。这时出版了一些按原文校订过的重要著作的译本，其中就包括《哲学的贫困》。

1920年12月8日，俄共（布）中央全会作出决定，建立世界上第一个马克思主义博物馆；1921年1月11日，根据梁赞诺夫的倡议，俄共（布）组织局决定，这个新的机构改组为马克思恩格斯研究院，使之成为收集、研究和科学发表马克思主义经典作家著作的科学中心。从1923年起，马克思恩格斯研究院展开了出版活动，他们不仅着手出版《马克思恩格斯全集》，还要重新刊印马克思恩格斯某些最重要的著作。1928年，在马克思恩格斯研究院第一任院长梁赞诺夫的主持下，下设在研究院内的国家出版社出版了由维·查苏里奇翻译、普列汉诺夫校订的《哲学的贫困》单行本。梁赞诺夫亲自为其作序。在这个单行本中，不仅收入了恩格斯为德文版第一、二版作的序言，卡尔·马克思的《论蒲鲁东》，还将1846年12月28日马克思致帕·瓦·安年科夫的信作为附录收入。在单行本的末尾还附有详细的注释和人名索引。1929年，该单行本的正文被收入《马克思恩格斯全集》俄文第一版的第5卷中。梁赞诺夫在这卷的"编者序"中指出："确实，这个译本不是从原文，而是从德文翻译过来的，但我们认真地核对了1847年法文版的原本。……恩格斯为德文版写的序言连同恩格斯在1883至1895年写的其他文章都将收录在第13卷中。"1930年，该单行本再版。

1938年11月14日，联共（布）中央委员会在《关于〈联共（布）党史简明教程〉出版后的宣传工作的决议》中揭露了马克思主义经典作家著作出版中的严重错误。中央委员会要求研究院的工作人员从根本上改革全部工作体系，并指出"清理意识形态部门的疏忽，特别要在马恩列研究院不合格的工作中寻找容许在马克思恩格斯全集翻译成俄语时歪曲和不准确的言辞出现的疏忽"的必要性。决议责成研究院在短期内修正被歪曲的内容，尽快重新出版《马克思恩格斯全集》。因此，从1939年起，开始了苏联出版和发表马克思恩格斯著作的新时期。1939至1940年，苏联马恩列研究院重新出版了一系列马克思恩格斯的著作，包括两卷本的马克思著作选集、《共产党宣言》《社会主义从空想到科学的发展》《雇佣劳动与资本》《工资、价格和利润》《德国农民战争》《法兰西阶级斗争》《费尔巴哈论》《路易·波拿巴的雾月十八日》和《关于共产主义者同盟的历史》等。1941年，新版《哲学的贫困》俄文单行本问世。

1955年，译自法文第一版，并参考了1885年与1892年德文版、1896年法文第二版所作修正的俄文版《哲学的贫困》被收入《马克思恩格斯全集》俄文第二版第4卷。恩格斯为德文第一、二版所作的序言分别被收入《马克思恩格斯全集》俄文第二版的第21、22卷。1956年，苏联国家政治书籍出版社根据《马克思恩格斯全集》俄文第二版的版本出版了《哲学的贫困》单行本，共184页。除正文之外，还包括马恩列研究院所作的说明，恩格斯为德文版第一、二版所作的序言及附录。附录包括1846年12月28日马克思致帕·瓦·安年科夫的信、《关于自由贸易问题的演说》《政治经济学批判》（摘录）以及《论蒲鲁东》四篇文章。从那时起到1973年，《哲学的贫困》单行本在苏联曾以14种语言出版了33次，总印数达到683000份。此后，苏联再没有出版过该书的新版本。

三　国内主要版本和传播情况

《哲学的贫困》是马克思主义在中国传播的重要著作之一，是中国人了解的第一批马克思的主要著作之一。《哲学的贫困》在中国的传播对于马克思主义哲学原理的系统化，对于马克思主义中国化的意义和作用是不容忽视的。

（一）新中国成立前的版本与传播

1903年2月25日，马君武在日本留学生主办的《译书汇编》杂志上发表了题为《社会主义与进化论比较》一文，在介绍西方的社会主义思想时，马君武提到了马克思，并且第一次用"唯物史观"和"阶级斗争"学说来概括马克思的理论。他虽然对马克思思想的实质还缺乏深邃的洞见，但是他已经充分意识到马克思思想的极端重要性以及对改造旧中国的巨大理论和实践意义。在这篇文章的最后，马君武特意列举了西方著名社会主义思想家的代表著作，在马克思的名下列有《英国工人阶级状况》《哲学的贫困》《共产党宣言》《政治经济学批判》和《资本论》，这也许是中国人第一次通过中文知道这部著作。

1903年3月，维新派开办的上海广智书局出版了赵必振翻译的《近世社会主义》一书，作者是日本人福井准造，这是近代中国较为系统地介绍社会主义学说的第一部译著。书中有"加陆马陆科斯（即卡尔·马克思）及其主义"一章，简要介绍了马克思的生平与活动，其中提到了《哲学的贫困》（当时译作《自哲理上所见之贫困》）的写作过程，而且，《哲学的贫困》中一些重要概念，如"生产力""生产关系""唯物史观""剩余价值""阶级斗争""社会主义"等，已经由日语译为中文，开始形成最初的马克思主义理论的概念体系。

1918年底，李大钊在北京大学组织了马克思主义研究团体，即"马尔克斯学说研究会"，到1920年，研究会已经初具规模并开展经常性的研究活动，特别值得一提的是，在李大钊的建议下，研究会建立了中国第一个马克思主义著作的图书室，命名为"亢慕义斋"，收藏有英文版的《哲学的贫困》，还有《共产党宣言》《雇佣劳动与资本》《路易·波拿巴的雾月十八日》《法兰西内战》等英译本。1919年5月，李大钊在《新青年》"马克思号"专辑中发表了《我的马克思主义观（上）》这一长篇论文。李大钊在文中不仅第一次系统介绍了马克思的学说，而且还通过日本学者河上肇的译文，集中展现了马克思表述唯物史观的主要著作，并且直接引用了《哲学的贫困》中的论述，这是中国人第一次了解到该书的内容，这也是书中内容第一次被译为中文，尽管只有简短的一段话。

他写道：

> 他那历史观的纲要，稍见于一八四七年公刊的《哲学的贫困》，及一八四八年公布的《共产者宣言》。而以一定的公式表出他的历史观，还在那一八五九年他作的那《经济学批评》的序文中。现在把这样著作里包含他那历史观的主要部分，节译于下，以供研究的资料。
>
> （一）见于《哲学的贫困》中的："经济学者蒲鲁东氏，把人类在一定的生产关系之下制造罗纱、麻布、绢布的事情，理解地极其明了。可是这一定的社会关系，也和罗纱、麻布等一样，是人类的生产物，他还没有理解。社会关系与生产力有密切的连络。人类随着获得新生产力，变化其生产方法；又随着变化生产方法，——随着变化他们的生活资料的方法——他们全变化他们的社会关系。

手臼造出有封建诸侯的社会。蒸汽制粉机造出有产业的资本家的社会。而这样顺应他们的物质的生产方法，以建设其社会关系的人类，同时又顺应他们的社会关系，以作出其主义、思想、范畴"①。

另一位热情宣传马克思主义的先驱者陈独秀于1922年5月5日，即马克思诞辰104周年之际发表了题为《马克思的两大精神》的一篇短文，陈独秀在文章中谈道："马克思的唯物史观虽然没有专书，但是他所著的《经济学批判》《共产党宣言》《哲学之贫困》三种书里都曾说明过这项道理。"②

李达也是中国共产党建党之前宣传马克思主义的理论家之一，更是堪称建党初期马克思主义出版事业的主要开创者与奠基人。在1921年党的一大上，李达被选为宣传部主任，主管党的宣传出版工作，他还担任中国共产党的第一个党刊，即《共产党》杂志的主编，并参加了《新青年》的编辑工作。1921年9月1日，李达在《新青年》第9卷第5号上登载了《人民出版社通告》，公布了该社当年的出版计划，准备出版"马克思全书"15种，包括《马克思传》《工钱劳动与资本》《价值价格与利润》《哥达纲领批评》《共产党宣言》《法兰西内战》《资本论入门》《剩余价值论》《经济学批评》《革命与反革命》《自由贸易论》《神圣家族》《犹太人问题》《历史法学派之哲学宣言》与《哲学之贫困》。从"马克思全书"的内容上看，涵盖了马克思主义哲学、政治经济学和科学社会主义三个组成部分。这一出版计划由于历史原因未能及时地落实。

1928年上海《思想》月刊第2、3期上发表了李铁声翻译的《〈哲学底贫困〉底拔萃》，这里节译的是该书的哲学内容的片断。译者是根据日本学者浅野晃编辑的《马克思主义的方法的形成——〈哲学的贫困〉中问题的提出与问题的解决》一书的顺序编辑的，该译本有选择

---

① 参见1919年5月、11月《新青年》第6卷第5、6号上的《我的马克思主义观》。
② 《陈独秀文章选编》，北京：生活·读书·新知三联书店1984年版，第193页。

地节译了《哲学的贫困》中的部分内容,并添加了标题,文前译者撰写了序言。以译者为第二章拟定的标题为例:

唯物史观底形成

唯物史观

(A) 社会底经济形态底发展过程。(近代有产者的生产方法底成立)

(B) 社会形态底内的连络底探究,—交互作用与决定要因。对立底均衡。

1. 一般的概括 (下层建筑与上层建筑)

2. 经济构造。生产力与生产关系 (阶级关系)

3. 物质生产底总过程 (生产—交换—分配—消费) 与社会的生活过程

4. 法制的,政治的生活过程

5. 意识过程

(C) 变革的实践。(人们只在能变革的时候才变革。然而,人们要变革。)

从译者为《哲学的贫困》第二章拟定的标题看,当时的人们已经初步理解并掌握唯物史观的主要观点,即生产力决定生产关系、经济基础决定上层建筑这两对社会基本矛盾的原理,并使之合逻辑地引申出阶级斗争和革命的观点。1929 年 10 月,上海水沫书店出版了杜竹君翻译的《哲学之贫困》,这是第一个中文全译本。书前附德文第一版的序言和德文第二版的按语,书后附录包括《论蒲鲁东》《政治经济学批判》第二章 B,即关于货币计量单位的学说,以及《关于自由贸易问题的演说》三篇文章。该版的译者附言写于 1929 年 6 月 15 日。1930 年 10 月,水沫书店再版该书,1946 年 5 月,该版又在作家书屋重印,1947 年 10 月和 1949 年 2 月,作家书屋又发行了第二版和第三版。从《政治经济学批判》和《共产党宣言》转向《哲学的贫困》，说明中国共产党对马克思唯物史观译介的视野拓展了。上海亚东图书馆于 1930 年 4 月出版了由程始仁编译的《辩证法经典》，该书摘译了八篇马克思和恩格斯关于唯物辩证法的论述，其中包括《哲学的贫困》第二章第一节和第五节的后半部分，篇名为"政治经济学的形而上学"。1930 年 8 月，上海山城书店出版了巴克编译的《社会主义底基础》一书，这是一本文摘性专题集，由《哲学的贫困》等 30 余篇著述节译组成。

1932 年 7 月，北平东亚书局出版了许德珩翻译的《哲学之贫乏》，该版根据 1922 年巴黎出版的法文本，同时参阅了 1920 年美国出版的英文本和日译本，因而是一个更为完善的译本。

许德珩在《我翻译〈哲学之贫乏〉的经过》一文中写道，"我之翻译马克思《哲学之贫乏》一书，是当时某些人宣传无政府主义言论的情况下，针对这股思潮而进行的"，"通过二八运动和争回里大的斗争，使我明确认识到：勤工俭学的理想在当时的社会里是很难实现的。无论是实行工读主义还是勤工俭学主义，都不能达到改造社会的目的，只有在马克思主义的指导下进行社会革命才是唯一的出路。从而增强了我攻读马克思主义经典著作的信心和决心，同时对于无政府主义的一套理论也更加不信任"[①]。1929 年秋，上海一家出版社诚邀许德珩翻译马克思的《哲学的贫困》，许德珩欣然接受，他说："我想无政府主义思潮在国内甚是泛滥，马克思的这本书正是批判无政府主义的经典之作，译成中文，亟有必要，于是我就接受了。动手是在这年的十月初。可巧在我翻译了三分之一的时候，一天下午路过上海书店最多的四马路（今为福州路），忽然看见一家书店门口悬着大字广告牌，牌上写着'《哲学之贫困》出版了'。我看了又是欢喜，又是懊悔。欢喜的是，这本书已经出版，令人高兴；懊悔的是我竟然白花费了那些功夫去翻译别人已经出版的书。于是打定主意，决定不再翻译它了。回家来就把这个已经译起

[①] 《马克思恩格斯著作在中国的传播》，北京：人民出版社 1983 年版，第 57、59 页。

四万多字的稿子捆束起来，置之高阁，一方面写信给这家书店老板，表示自己愿意放弃这种工作。这本书在当时就如此搁置下来。"① 后来，许德珩发现前译本存在许多问题，于是重下决心继续开始翻译工作。这一译本在马克思主义翻译和传播历史上具有一定意义，在此之后，怎样更准确、更全面、更深刻地把握马克思的唯物史观就成为中国人的一个重要课题。

1942年至1944年期间，何思敬在抗日战争的艰苦条件下，在延安中央党校完成了《哲学的贫困》一书的翻译工作，这一版的主要特点是参照了英文译本，并在译文中增加了"英文版注"。由于抗战后期与解放战争时期的流动性大，这一版直到1949年9月才由解放社出版，11月又在北京、大连、上海等地同时翻印。1950年12月，中国人民大学重印，书前译者注明"教学用书、非卖品"。1953年11月，第二版第3次印刷时改由人民出版社出版，至1972年7月为第二版第7次印刷。

（二）新中国成立后的版本与传播

新中国成立以后，中国共产党高度重视马克思主义经典著作的编译工作，并自1956年起，中央编译局开始陆续出版《马克思恩格斯全集》（中文第一版），并在第4卷中收录了《哲学的贫困》全文，该卷出版于1958年8月。这一版本针对的是普通工人群众，因此，对于一些基本的哲学术语，编译者都利用注释加以说明，如"形而上学"② 概念。

1961年11月，人民出版社发行了未署译者名的单行本，这一版的正文和注释均采用《马克思恩格斯全集》第4卷的译文，恩格斯写的两篇序言是由徐坚新译的，附录中的四篇译文分别采用已出版的马克思著作。1965年9月，该版进行了第11次印刷。另外，1964年10月，

---

① 《马克思恩格斯著作在中国的传播》，北京：人民出版社1983年版，第61页。
② 《马克思恩格斯全集》第4卷，北京：人民出版社1958年版，第138页。

该版还刊行了一种16开大字本，分三册平装。

自20世纪60年代起，中央编译局开始编选《马克思恩格斯选集》，这是中国读者盼望已久的一套书，但是，四卷本的《马克思恩格斯选集》刚刚印好就爆发了"文化大革命"，这些印好的著作只能被尘封在书库里长达6年之久。1971年，周恩来总理主持召开了全国出版工作座谈会，并明确指示要重新编辑出版四卷本《马克思恩格斯选集》。这套书于1972年5月出版，其中节选了《哲学的贫困》第二章中的部分内容。

这期间，依据中共中央编译局的译文，人民出版社还出版了几种《哲学的贫困》的单行本，如1978年版。北京外文出版社根据《马克思恩格斯全集》俄文第二版的文本出版了俄文版《哲学的贫困》单行本，系32开平装本。

改革开放以后，为了满足广大读者的需求，人民出版社于1995年6月出版发行了《马克思恩格斯选集》第二版，1997年5月第3次印刷，印数达到32000册；2004年5月第5次印刷，印数达42000册；2008年11月第7次印刷，印数已达52000册。2009年12月，人民出版社出版刊行了10卷本的《马克思恩格斯文集》，第一卷中节选了《哲学的贫困》第二章的部分内容。2012年出版的《马克思恩格斯选集》第三版中也节选了《哲学的贫困》第二章的部分内容。以上版本与1958年出版的《马克思恩格斯全集》相比，中央编译局在译文上做了较大修改，在注释方面也有较多的增补，而且为读者提供了更多的背景知识。同时，译文中还体现了恩格斯编辑1885年德文版时的修改情况，马克思在送给娜·吴亭娜那本书中所做的修改也体现在注释中。

总之，《哲学的贫困》在中国的传播与中国革命的历程紧密契合，它对于中国人接受马克思主义原理具有重要作用。

(本文来自2013年中央编译出版社出版的姜海波所著《马克思〈哲学的贫困〉研究读本》有关内容。)

BÜCHEREI DES MARXISMUS-LENINISMUS

Band 2

KARL MARX

DAS ELEND DER PHILOSOPHIE

Antwort auf Proudhons »Philosophie des Elends«

Deutsch von E. Bernstein und K. Kautsky
Mit Vorwort und Noten von Friedrich Engels

DIETZ VERLAG BERLIN
1952

Diese Ausgabe fußt auf der von Engels 1884 eingeleiteten und 1892 in zweiter Auflage erschienenen deutschen Ausgabe. Vorangestellt wurde ein Brief von Marx an Annenkow; angehängt wurden Anmerkungen, Namenverzeichnis und Fremdworterklärung.

Rechtschreibung und Zeichensetzung wurden nach heutigen Regeln geändert; eine Anzahl von Fehlern und Ungenauigkeiten konnte durch Vergleich mit dem in der Marx-Engels-Gesamtausgabe, Erste Abteilung, Band 6, nachgedruckten Original beseitigt werden, woher auch der größte Teil der im Original fehlenden Quellenangaben [in eckigen Klammern] übernommen wurde.

Der Verlag

2. Auflage · 31.–60. Tausend
Copyright 1947 by Dietz Verlag GmbH · Printed in Germany · Alle Rechte vorbehalten · Gestaltung und Typographie: Dietz Entwurf · Lizenznummer 1
Satz und Druck: VEB Offizin Haag-Drugulin in Leipzig III/18/38

Karl Marx an Annenkow

Brüssel, 28. Dezember 1846

Sie würden auf Ihren Brief vom 1. November schon längst eine Antwort von mir erhalten haben, wenn mein Buchhändler mir nicht erst vorige Woche Herrn Proudhons Buch „Die Philosophie des Elends" zugeschickt hätte. Ich habe es in zwei Tagen durchflogen, um Ihnen sofort meine Meinung mitteilen zu können. Da ich das Buch sehr eilig gelesen habe, kann ich nicht auf die Einzelheiten eingehen und kann Ihnen nur den allgemeinen Eindruck mitteilen, den es auf mich gemacht hat. Wenn Sie es wünschen, könnte ich in einem zweiten Brief auf Einzelheiten eingehen.

Ich will Ihnen offen gestehen, daß ich das Buch im allgemeinen schlecht, ja sehr schlecht finde. Sie selbst machen sich in Ihrem Brief lustig „über das bißchen deutsche Philosophie", mit dem Herr Proudhon in diesem unförmigen und anmaßenden Werk prangt, nehmen aber an, daß die ökonomische Darstellung durch das philosophische Gift nicht infiziert worden ist. Ich bin ja auch weit davon entfernt, die Fehler der ökonomischen Darstellung Herrn Proudhons Philosophie zuzuschreiben. Herr Proudhon liefert nicht deshalb eine falsche Kritik der politischen Ökonomie, weil er eine lächerliche Philosophie besitzt, sondern er liefert eine lächerliche Philosophie, weil er die gegenwärtigen sozialen Zustände in ihrer Verkettung (engrènement) – um ein Wort zu gebrauchen, das Herr Proudhon wie viele andere Dinge Fourier entlehnt – nicht begriffen hat.

Warum spricht Herr Proudhon von Gott, von der Universalvernunft, von der unpersönlichen Vernunft der Menschheit, die sich nie irrt, die stets sich selbst gleich war, deren man sich nur richtig bewußt zu sein braucht, um das Richtige zu treffen? Warum macht er in zahmem Hegelianismus, um sich als wilder Mann aufzuspielen?

Er selbst gibt die Lösung des Rätsels. Herr Proudhon erblickt in der Geschichte eine bestimmte Reihe sozialer Entwicklungen; er findet den Fortschritt in der Geschichte verwirklicht; er findet endlich, daß die Menschen, als Individuen genommen, nicht wußten, was sie taten, daß sie sich in bezug auf ihre eigene Bewegung täuschten, das heißt, daß ihre soziale Entwicklung auf den ersten Blick als etwas von ihrer individuellen Entwicklung Verschiedenes, Losgelöstes, Unabhängiges erscheint. Er kann diese Tatsachen nicht erklären, und da kommt ihm die Hypothese von der sich offenbarenden Universalvernunft wie gerufen. Nichts leichter, als mystische Ursachen, d. h. Phrasen, zu erfinden, wo der gesunde Menschenverstand versagt.

Aber gesteht Herr Proudhon nicht, indem er zugibt, daß er von der historischen Entwicklung der Menschen nichts versteht – und er gibt es zu, da er sich der hochtönenden Worte Universalvernunft, Gott usw. bedient –, gesteht er damit nicht implizite und notwendig, daß er unfähig ist, die *ökonomische Entwicklung* zu begreifen?

Was ist die Gesellschaft, welches immer ihre Form sei? Das Produkt der wechselseitigen Aktion der Menschen. Steht es den Menschen frei, diese oder jene Gesellschaftsform zu wählen? Keineswegs. Unterstellen Sie einen bestimmten Entwicklungsstand der Produktivkräfte der Menschen als gegeben, und Sie erhalten eine entsprechende Form des Verkehrs (commerce) und der Konsumtion. Unterstellen Sie bestimmte Stufen der Entwicklung der Produktion, des Verkehrs und der Konsumtion als gegeben, und Sie erhalten eine entsprechende Form sozialer Konstitution, eine entsprechende Organisation der Familie, der Stände oder der Klassen, mit einem Wort, eine entsprechende bürgerliche Gesellschaft (société civile). Unterstellen Sie eine solche Gesellschaft als gegeben, und Sie erhalten einen entsprechenden politischen Zustand (état politique), der nur der offizielle Ausdruck dieser Gesellschaft ist. Das wird Herr Proudhon nie verstehen; denn er glaubt etwas Großes zu tun, wenn er vom Staat (état) an die Gesellschaft, d. h. von der offiziellen Zusammenfassung der Gesellschaft an die offizielle Gesellschaft appelliert.

6

Man braucht nicht hinzuzufügen, daß die Menschen nicht frei über *ihre Produktivkräfte* – die Grundlage ihrer ganzen Geschichte – verfügen; denn jede Produktivkraft ist eine erworbene Kraft, das Produkt einer früheren Tätigkeit. Die Produktivkräfte sind also das Resultat der angewandten Energie der Menschen, doch diese Energie selbst ist begrenzt durch die Umstände, in welche die Menschen sich versetzt finden, durch die bereits erworbenen Produktivkräfte, durch die Gesellschaftsform, die vor ihnen da ist, die sie nicht schaffen, die das Produkt der vorhergehenden Generation ist. Dank der einfachen Tatsache, daß jede nachfolgende Generation von der vorhergehenden Generation erworbene Produktivkräfte vorfindet, die ihr als Rohmaterial für neue Produktion dienen, entsteht ein Zusammenhang in der Geschichte der Menschen, entsteht die Geschichte der Menschheit, die um so mehr zur Geschichte der Menschheit wird, je mehr die Produktivkräfte der Menschen und infolgedessen ihre sozialen Beziehungen sich entwickeln. Die notwendige Folge: Die gesellschaftliche Geschichte der Menschen ist stets nur die Geschichte ihrer individuellen Entwicklung, ob die Menschen sich dessen bewußt sind oder nicht. Ihre materiellen Verhältnisse sind die Grundlage aller ihrer Verhältnisse. Diese materiellen Verhältnisse sind nichts andres als die notwendigen Formen, in denen ihre materielle und individuelle Tätigkeit sich realisiert.

Herr Proudhon verwechselt die Ideen mit den Dingen. Die Menschen verzichten nie auf das, was sie gewonnen haben, aber das bedeutet nicht, daß sie nie auf die gesellschaftliche Form verzichten, in der sie bestimmte Produktivkräfte erworben haben. Ganz im Gegenteil. Um des erzielten Resultats nicht verlustig zu gehen, um die Früchte der Zivilisation nicht zu verlieren, sind die Menschen gezwungen, von dem Augenblick an, wo die Art und Weise ihres Verkehrs (commerce) den erworbenen Produktivkräften nicht mehr entspricht, alle ihre überkommenen Gesellschaftsformen zu ändern. – Ich nehme das Wort Verkehr (commerce) hier in dem weitesten Sinn, den es im Deutschen hat. Zum Beispiel: das Privileg, die Institution der Zünfte und Korporationen, die ganzen Reglementierungen des Mittelalters waren gesellschaftliche Beziehungen, die allein den erworbenen Produktivkräften und dem vorher bestehenden Gesellschaftszustand entsprachen, aus dem diese Institutionen hervorgegangen waren. Unter dem Schutze des zünftigen und reglementierenden Regimes hatten sich Kapitalien angehäuft, hatte sich der Seehandel entwickelt, waren Kolonien gegründet worden – und die Menschen würden eben diese Früchte eingebüßt haben, wenn sie versucht hätten, die Formen beizubehalten, unter deren Schutz diese Früchte gereift waren. So gab es denn auch zwei Donnerschläge: die Revolution von 1640 und die von 1688. Alle alten ökonomischen Formen, die sozialen Beziehungen, welche ihnen entsprachen, der politische Zustand, welcher der offizielle Ausdruck der alten Gesellschaft war, wurden in England zerbrochen. Die ökonomischen Formen, unter denen die Menschen produzieren, konsumieren, austauschen, sind also *vorübergehend und historisch*. Mit der Erwerbung neuer Produktivkräfte ändern die Menschen ihre Produktionsweise, und mit der Produktionsweise ändern sie alle ökonomischen Verhältnisse, die bloß die für diese bestimmte Produktionsweise notwendigen Beziehungen waren.

Das hat Herr Proudhon nicht begriffen und noch viel weniger nachgewiesen. Unfähig, die wirkliche Bewegung der Geschichte zu verfolgen, liefert Herr Proudhon eine Phantasmagorie, die den Anspruch erhebt, eine dialektische Phantasmagorie zu sein. Er fühlt sich nicht bemüßigt, vom 17., 18., 19. Jahrhundert zu sprechen, denn seine Geschichte spielt sich im nebelhaften Bereich der Einbildung ab und ist hoch erhaben über Zeit und Ort. Mit einem Wort: Das ist Hegelscher alter Kohl, das ist keine Geschichte, das ist keine profane Geschichte – Geschichte der Menschen –, sondern heilige Geschichte – Geschichte der Ideen. Nach seiner Ansicht ist der Mensch bloß das Werkzeug, dessen sich die Idee oder die ewige Vernunft zu ihrer Entwicklung bedient. Die *Evolutionen*, von denen Herr Proudhon spricht, sollen die Evolutionen sein, wie sie sich im mystischen Schoß der absoluten Idee abspielen. Zerreißt man den Vorhang dieser mystischen Ausdrucksweise, so heißt das, daß Herr Proudhon uns die Ordnung angibt, in der die ökonomischen Kategorien im Innern seines Kopfes rangieren. Es wird mich nicht viel Mühe kosten, Ihnen zu beweisen, daß dieses Arrangement das Arrangement eines sehr ungeordneten Kopfes ist.

Herr Proudhon eröffnet sein Buch mit einer Betrachtung über den *Wert*, der sein Steckenpferd ist. Auf die Untersuchung dieser gelahrten Betrachtung will ich mich für diesmal nicht einlassen.

Die Reihe der ökonomischen Evolutionen der ewigen Vernunft beginnt mit der *Teilung der Arbeit*. Für Herrn Proudhon ist die Teilung der Arbeit eine ganz einfache Sache. War aber das Kastenregime nicht eine gewisse Teilung der Arbeit? Und war das Zunftsystem nicht eine andre Arbeitsteilung? Und war die Arbeitsteilung der Manufaktur, die um die Mitte des 17. Jahrhunderts beginnt und in der zweiten Hälfte des 18. Jahrhunderts in England endet, nicht ebenfalls völlig verschieden von der Arbeitsteilung in der Großindustrie, der modernen Industrie?

Herr Proudhon ist so weit von der Wahrheit entfernt, daß er unterläßt, was sogar die profanen Ökonomen tun. Um von der Teilung der Arbeit zu reden, hat er es nicht nötig, vom Welt*markt* zu reden. Aber mußte sich die Teilung der Arbeit im 14. und 15. Jahrhundert, wo es noch keine Kolonien gab, wo Amerika für Europa noch nicht existierte, wo Ostasien nur durch Vermittlung von Konstantinopel existierte, nicht von Grund auf unterscheiden von der Teilung der Arbeit des 17. Jahrhunderts, das bereits entwickelte Kolonien hatte?

Das ist noch nicht alles. Was sind die ganze innere Organisation der Völker, alle ihre internationalen Beziehungen anderes als der Ausdruck einer gewissen Teilung der Arbeit? Und müssen sie sich nicht verändern mit der Veränderung der Arbeitsteilung?

Herr Proudhon hat die Frage der Arbeitsteilung so wenig verstanden, daß er nicht einmal die Trennung von Stadt und Land erwähnt, die sich, zum Beispiel, in Deutschland zwischen dem neunten und zwölften Jahrhundert vollzogen hat. So muß diese Trennung für Herrn Proudhon zum ewigen Gesetz werden, weil er weder ihren Ursprung noch ihre Entwicklung kennt. Er spricht deshalb in seinem ganzen Buch so, als ob dieses Erzeugnis einer bestimmten Produktionsweise bis zum Jüngsten Tage fortbestehen würde. Alles, was Herr Proudhon über die Teilung der Arbeit vorbringt, ist bloß ein

Resumé, und dazu noch ein sehr oberflächliches, sehr unvollständiges Resumé dessen, was Adam Smith und tausend andere vor ihm gesagt haben.

Die zweite Evolution sind die *Maschinen*. Der Zusammenhang zwischen der Teilung der Arbeit und den Maschinen ist bei Herrn Proudhon völlig mystisch. Zu jeder Art der Arbeitsteilung gehörten spezifische Produktionsinstrumente. Zum Beispiel verfertigten die Menschen von der Mitte des 17. Jahrhunderts bis zur Mitte des 18. Jahrhunderts nicht alles mit der Hand. Sie besaßen Werkzeuge, und zwar sehr komplizierte Werkzeuge, wie Werkbänke, Schiffe, Hebel usw. usw.

Nichts lächerlicher also, als die Maschinen als Folge aus der Arbeitsteilung im allgemeinen hervorgehen zu lassen.

Ich will nebenbei noch bemerken, daß Herr Proudhon, da er den geschichtlichen Ursprung der Maschinen nicht begriffen, noch weniger ihre Entwicklung verstanden hat. Vor 1825, der Epoche der ersten universellen Krise – kann man sagen –, nahmen die Bedürfnisse der Konsumtion im allgemeinen schneller zu als die Produktion, und die Entwicklung der Maschinen folgte notgedrungen den Bedürfnissen des Marktes. Seit 1825 ist die Erfindung und Anwendung der Maschinen nur das Resultat des Krieges zwischen Unternehmern und Arbeitern. Und auch das ist nur für England richtig. Was die europäischen Nationen betrifft, so sind sie zur Anwendung der Maschinen durch die Konkurrenz gezwungen worden, die die Engländer ihnen machten, sowohl auf ihrem eigenen Markt als auch auf dem Weltmarkt. Was schließlich Nordamerika betrifft, so war die Einführung der Maschinen hier die Folge sowohl der Konkurrenz mit den anderen Völkern als des Mangels an Arbeitskräften, d.h. des Mißverhältnisses zwischen der Bevölkerungszahl und den industriellen Bedürfnissen Nordamerikas. Aus diesen Tatsachen können Sie schließen, welchen Scharfsinn Herr Proudhon entwickelt, wenn er das Gespenst der Konkurrenz als dritte Evolution, als Antithese der Maschinen, heraufbeschwört.

Schließlich ist es überhaupt wahrhaft absurd, die *Maschinen* zu einer ökonomischen Kategorie neben der Arbeitsteilung, der Konkurrenz, dem Kredit usw. zu machen.

Die Maschine ist ebensowenig eine ökonomische Kategorie wie der Ochse, der den Pflug zieht. Die gegenwärtige *Verwendung* der Maschinen gehört zu den Verhältnissen unseres gegenwärtigen Wirtschaftssystems, doch die Art, wie die Maschinen ausgenutzt werden, ist etwas völlig anderes als die Maschinen selbst. Das Pulver bleibt das gleiche, ob man sich seiner bedient, um einen Menschen zu verletzen oder um die Wunden des Verletzten zu verbinden.

Herr Proudhon übertrifft sich selbst, wenn er in seinem Kopfe die Konkurrenz, das Monopol, die Steuer oder die Polizei, die Handelsbilanz, den Kredit, das Eigentum, in der hier angeführten Reihenfolge, heranwachsen läßt. Fast das ganze Kreditwesen war in England zu Anfang des 18. Jahrhunderts vor Erfindung der Maschinen fertig entwickelt. Der Staatskredit war bloß eine neue Art, die Steuern zu erhöhen und die durch den Regierungsantritt der Bourgeoisklasse geschaffenen neuen Bedürfnisse zu befriedigen. Das *Eigentum* bildet schließlich die letzte Kategorie im System des Herrn Proudhon. In der realen Welt dagegen sind die Teilung der Arbeit und alle übrigen Kategorien des Herrn Proudhon gesellschaftliche Verhältnisse, deren Gesamtheit das bildet, was man heute das *Eigentum* nennt; außerhalb dieser Verhältnisse ist das bürgerliche Eigentum nichts als eine metaphysische oder juristische Illusion. Das Eigentum einer anderen Epoche, das Feudaleigentum, entwickelt sich in ganz anderen gesellschaftlichen Verhältnissen. Indem Herr Proudhon aus dem Eigentum ein selbständiges Verhältnis macht, begeht er mehr als einen methodologischen Fehler; er beweist klar, daß er nicht das Band erfaßt hat, das alle Formen der *bürgerlichen* Produktion verknüpft, daß er den *historischen* und *vorübergehenden* Charakter der Produktionsformen in einer bestimmten Epoche nicht begriffen hat. Herr Proudhon, der in unseren gesellschaftlichen Einrichtungen nicht Produkte der Geschichte erblickt, der weder ihren Ursprung noch ihre Entwicklung versteht, kann an ihnen nur eine dogmatische Kritik üben.

So ist denn Herr Proudhon auch gezwungen, zu einer *Fiktion* zu greifen, um die Entwicklung zu erklären. Er bildet sich ein, die Teilung der Arbeit, der Kredit, die Maschinen usw., alles sei erfunden worden, um seiner fixen Idee, der Idee der Gleichheit, zu dienen. Seine Erklärung ist von einer köstlichen Naivität. Man hat diese Dinge für die Gleichheit erfunden, doch leider haben sie sich gegen die Gleichheit gekehrt. Das ist sein ganzes Räsonnement. Das heißt, er geht von einer frei erfundenen Annahme aus, und da die wirkliche Entwicklung und seine Fiktion einander auf Schritt und Tritt widersprechen, schließt er daraus, daß hier ein Widerspruch besteht. Er verhehlt dabei, daß es nur ein Widerspruch zwischen seinen fixen Ideen und der wirklichen Bewegung ist.

So hat Herr Proudhon, hauptsächlich aus Mangel an historischen Kenntnissen, nicht bemerkt: daß die Menschen, indem sie ihre Produktivkräfte entwickeln, das heißt, indem sie leben, gewisse Verhältnisse untereinander entwickeln, und daß die Art dieser Verhältnisse sich mit der Wandlung und dem Wachstum dieser Produktivkräfte notwendig verändert. Er hat nicht gesehen, daß die *ökonomischen Kategorien* nur *Abstraktionen* dieser realen Verhältnisse, daß sie nur so lange Wahrheiten sind, wie diese Verhältnisse bestehen. So verfällt er in den Irrtum der bürgerlichen Ökonomen, die in diesen ökonomischen Kategorien ewige Gesetze sehen und nicht historische Gesetze, die nur für eine bestimmte historische Entwicklung, für eine bestimmte Entwicklung der Produktivkräfte gelten. Statt daher die politisch-ökonomischen Kategorien als Abstraktionen von den wirklichen, vorübergehenden, historischen sozialen Verhältnissen anzusehen, sieht Herr Proudhon, infolge einer mystischen Umkehrung, in den wirklichen Verhältnissen nur Verkörperungen dieser Abstraktionen. Diese Abstraktionen selbst sind Formeln, die seit Anbeginn der Welt im Schoße Gottvaters geschlummert haben.

Hier jedoch wird der gute Herr Proudhon von heftigen Geisteskrämpfen befallen. Wenn alle diese ökonomischen Kategorien Emanationen des göttlichen Herzens, wenn sie das verborgene und ewige Leben der Menschen sind, wie kommt es dann, erstens, daß es Entwicklung gibt, und zweitens, daß Herr Proudhon nicht Konservativer ist? Er erklärt diese offenbaren Widersprüche durch ein ganzes System des Antagonismus.

Greifen wir, um dieses System des Antagonismus zu klären, ein Beispiel heraus.

Das *Monopol* ist gut, denn es ist eine ökonomische Kategorie, also eine Emanation Gottes. Die Konkurrenz ist gut, denn sie ist ebenfalls eine ökonomische Kategorie. Was aber nicht gut, ist die Art der Verwirklichung des Monopols und der Konkurrenz. Was noch schlimmer, ist, daß Monopol und Konkurrenz sich gegenseitig auffressen. Was tun? Da diese beiden ewigen Gedanken Gottes sich widersprechen, scheint es ihm offensichtlich, daß im Schoße Gottes auch eine Synthese dieser beiden Gedanken vorhanden ist, in der die Übel des Monopols durch die Konkurrenz ausgeglichen werden und umgekehrt. Der Kampf zwischen den beiden Ideen wird im Endresultat nur die gute Seite hervortreten lassen. Man muß Gott diesen geheimen Gedanken entreißen, ihn sodann anwenden, und alles ist in schönster Ordnung. Es gilt, die in der Nacht der unpersönlichen Menschheitsvernunft verborgene Formel zu offenbaren. Herr Proudhon zögert keinen Augenblick, sich zum Offenbarer zu machen.

Aber betrachten Sie einen Augenblick das wirkliche Leben. Im gegenwärtigen ökonomischen Leben finden Sie nicht nur die Konkurrenz und das Monopol, sondern auch ihre Synthese, die nicht eine *Formel*, sondern eine *Bewegung* ist. Das Monopol erzeugt die Konkurrenz, die Konkurrenz erzeugt das Monopol. Diese Gleichung beseitigt jedoch keineswegs die Schwierigkeiten der gegenwärtigen Lage, wie die bürgerlichen Ökonomen sich das vorstellen, sondern läßt nur eine noch schwierigere und verworrenere Lage entstehen. Wenn Sie also die Basis verändern, auf der sich die gegenwärtigen ökonomischen Verhältnisse gründen, wenn Sie die heutige Produktions*weise* vernichten, vernichten Sie nicht nur die Konkurrenz, das Monopol und ihren Antagonismus, sondern auch ihre Einheit, ihre Synthese, die Bewegung, die den wirklichen Ausgleich der Konkurrenz und des Monopols darstellt.

Nun will ich Ihnen ein Beispiel von Herrn Proudhons Dialektik vorführen.

Die Freiheit und *die Sklaverei* bilden einen Antagonismus. Ich brauche weder von den guten noch von den schlechten Seiten der Freiheit zu sprechen. Was die Sklaverei betrifft, so brauche ich nicht von ihren schlechten Seiten zu sprechen. Die einzige Sache, die erklärt werden muß, ist die gute Seite der Sklaverei. Es handelt sich nicht um die indirekte Sklaverei, die Sklaverei des Proletariers; es handelt sich um die direkte Sklaverei, um die Sklaverei der Schwarzen in Surinam, in Brasilien, in den Südstaaten Nordamerikas.

Die direkte Sklaverei ist der Angelpunkt unseres heutigen Industrialismus, ebenso wie die Maschinen, der Kredit usw. Ohne Sklaverei keine Baumwolle, ohne Baumwolle keine moderne Industrie. Nur die Sklaverei hat den Kolonien ihren Wert gegeben, die Kolonien haben den Welthandel geschaffen, und der Welthandel ist die notwendige Bedingung der maschinellen Großindustrie. So lieferten denn auch die Kolonien der Alten Welt vor dem Negerhandel nur sehr wenig Produkte und änderten das Antlitz der Erde nicht merklich. Mithin ist die Sklaverei eine ökonomische Kategorie von höchster Bedeutung. Ohne die Sklaverei würde Nordamerika, das fortgeschrittenste Volk, sich in ein patriarchalisches Land verwandeln. Man streiche Nordamerika von der Karte der Völker, und man hat die Anarchie, den völligen Verfall des Handels und der modernen Zivilisation. Doch die Sklaverei verschwinden lassen, hieße Amerika von der Karte der Völker streichen. So findet sich denn auch die Sklaverei, da sie eine ökonomische Kategorie ist, seit Anbeginn der Welt bei allen Völkern. Die modernen Völker haben die Sklaverei lediglich bei sich zu Hause zu maskieren und sie offen in der Neuen Welt einzuführen gewußt. Was soll nun der gute Herr Proudhon nach diesen Reflexionen über die Sklaverei anfangen? Er sucht die Synthese der Freiheit und der Sklaverei, den wahren goldenen Mittelweg (juste milieu), mit anderen Worten: das Gleichgewicht zwischen Sklaverei und Freiheit.

Herr Proudhon hat sehr gut begriffen, daß die Menschen Tuch, Leinwand, Seidenstoffe herstellen, und es ist auch was Rechtes, eine solche Kleinigkeit begriffen zu haben! Nicht begriffen hat Herr Proudhon dagegen, daß die Menschen, je nach ihren Produktivkräften, auch die *sozialen Verhältnisse* produzieren, in denen sie Tuch und Leinwand produzieren. Noch weniger hat Herr Proudhon

14

begriffen, daß die Menschen, die entsprechend ihrer materiellen Produktionsweise die sozialen Verhältnisse produzieren, auch die *Ideen*, die *Kategorien*, das heißt den abstrakten, ideellen Ausdruck eben dieser sozialen Verhältnisse produzieren. Die Kategorien sind also genausowenig ewig wie die Verhältnisse, deren Ausdruck sie sind. Sie sind historische und vorübergehende Produkte. Für Herrn Proudhon sind ganz im Gegenteil die Abstraktionen, die Kategorien die primäre Ursache. Nach ihm bringen sie und nicht die Menschen die Geschichte hervor. *Die Abstraktion, die Kategorie als solche genommen*, das heißt losgelöst von den Menschen und ihrer materiellen Tätigkeit, ist natürlich unsterblich, unabänderlich, unempfindlich, sie ist nur ein Wesen der reinen Vernunft, was lediglich besagen will, daß die Abstraktion, als solche genommen, abstrakt ist – eine prächtige Tautologie!

Die ökonomischen Verhältnisse sind denn auch, unter der Form von Kategorien gesehen, für Herrn Proudhon ewige Formeln, die weder Ursprung noch Fortschritt kennen.

Sagen wir es auf andere Weise: Herr Proudhon behauptet nicht direkt, daß das *bürgerliche Leben* für ihn eine *ewige Wahrheit* ist. Er sagt es indirekt, indem er die Kategorien vergöttlicht, die die bürgerlichen Verhältnisse in der Form des Gedankens ausdrücken. Er nimmt die Produkte der bürgerlichen Gesellschaft für von selbst entstandene, mit eigenem Leben ausgestattete, ewige Wesen, da sie sich ihm in der Form von Kategorien, in der Form des Gedankens darstellen. So kommt er nicht über den bürgerlichen Horizont hinaus. Da er mit bürgerlichen Gedanken derart operiert, als wenn sie ewig wahr wären, sucht er die Synthese dieser Gedanken, ihr Gleichgewicht, und sieht nicht, daß die Art und Weise, wie sie sich gegenwärtig das Gleichgewicht halten, die einzig mögliche Art und Weise ist.

In Wirklichkeit tut er, was alle guten Bourgeois tun. Sie sagen alle, daß die Konkurrenz, das Monopol usw. im Prinzip, das heißt als abstrakte Gedanken genommen, die alleinigen Grundlagen des Lebens sind, in der Praxis aber viel zu wünschen übriglassen. Sie wollen alle die Konkurrenz ohne die unheilvollen Folgen der Konkurrenz. Sie wollen alle das Unmögliche, das heißt bürgerliche

Lebensbedingungen ohne die notwendigen Konsequenzen dieser Bedingungen. Sie verstehen alle nicht, daß die bürgerliche Form der Produktion eine historische und vorübergehende Form ist, genauso wie es die feudale Form war. Dieser Irrtum stammt daher, daß der Bourgeois-Mensch für sie die einzig mögliche Grundlage aller Gesellschaft ist, daher, daß sie sich keinen Gesellschaftszustand denken können, in dem der Mensch aufgehört hätte, Bourgeois zu sein.

Herr Proudhon ist also notwendig *doktrinär*. Die historische Bewegung, die die Welt von heute umwälzt, löst sich für ihn in das Problem auf, das richtige Gleichgewicht, die Synthese zweier bürgerlicher Gedanken zu entdecken. So entdeckt der gewandte Junge durch bloße Pfiffigkeit den verborgenen Gedanken Gottes, die Einheit der zwei isolierten Gedanken, die nur deswegen zwei isolierte Gedanken sind, weil Herr Proudhon sie vom praktischen Leben isoliert hat, von der gegenwärtigen Produktion, welche die Kombination der von diesen Gedanken ausgedrückten Realitäten ist. An die Stelle der großen historischen Bewegung, die aus dem Konflikt zwischen den bereits erworbenen Produktivkräften der Menschen und ihren gesellschaftlichen Verhältnissen hervorgeht, die diesen Produktivkräften nicht mehr entsprechen; an die Stelle der furchtbaren Kriege, die sich zwischen den verschiedenen Klassen einer Nation, zwischen den verschiedenen Nationen vorbereiten; an die Stelle der praktischen und gewaltsamen Aktion der Massen, die allein diese Kollisionen wird zur Entscheidung bringen können; an die Stelle dieser umfassenden, fortgesetzten und komplizierten Bewegung setzt Herr Proudhon die unappetitliche Bewegung seines Kopfes. Die Gelehrten also, die Menschen, die Gott seine intimen Gedanken abzulisten verstehen, machen die Geschichte. Die kleinen Leute haben bloß ihre Offenbarungen in Anwendung zu bringen. Sie verstehen jetzt, warum Herr Proudhon der erklärte Feind jeder politischen Bewegung ist. Die Lösung der gegenwärtigen Probleme liegt für ihn nicht in der öffentlichen Aktion, sondern in den dialektischen Kreisbewegungen innerhalb seines Kopfes. Da für ihn die Kategorien die treibenden Kräfte sind, braucht man nicht das praktische Leben zu ändern, um die Kategorien zu ändern. Ganz im Gegenteil: Man muß die Kategorien ändern, und das wird die Änderung der wirklichen Gesellschaft zur Folge haben.

Von dem Wunsch beseelt, die Widersprüche zu versöhnen, stellt sich Herr Proudhon nicht einmal die Frage, ob nicht eigentlich die Grundlage dieser Widersprüche umgewälzt werden muß. Er gleicht durchaus dem doktrinären Politiker, der im König, in der Deputierten- und Pairskammer integrierende Bestandteile des Gesellschaftslebens, ewige Kategorien sehen will. Nur sucht er nach einer neuen Formel für das Gleichgewicht dieser Mächte, deren Gleichgewicht gerade in der gegenwärtigen Bewegung besteht, in der die eine dieser Mächte bald der Sieger, bald der Sklave der anderen ist. So war im 18. Jahrhundert eine Menge mittelmäßiger Köpfe damit beschäftigt, die einzig richtige Formel zu finden, um die gesellschaftlichen Stände, den Adel, den König, die Parlamente usw. ins Gleichgewicht zu bringen, und über Nacht war alles – König, Parlament und Adel – verschwunden. Das richtige Gleichgewicht in diesem Antagonismus war die Umwälzung aller gesellschaftlichen Verhältnisse, die diesen Feudalgebilden und dem Antagonismus dieser Feudalgebilde als Grundlage dienten.

Da Herr Proudhon auf die eine Seite die ewigen Ideen, die Kategorien der reinen Vernunft setzt, auf die andere Seite die Menschen und ihr praktisches Leben, das nach ihm die Anwendung dieser Kategorien ist, finden Sie bei ihm von Anfang an einen *Dualismus* zwischen dem Leben und den Ideen, zwischen der Seele und dem Körper – einen Dualismus, der in vielen Formen wiederkehrt. Sie sehen jetzt, daß dieser Antagonismus nichts andres ist als die Unfähigkeit des Herrn Proudhon, den irdischen Ursprung und die profane Geschichte der Kategorien, die er vergöttlicht, zu begreifen.

Mein Brief ist bereits zu lang, als daß ich noch über die lächerliche Weise sprechen könnte, in der Herr Proudhon mit dem Kommunismus zu Gericht geht. Vorderhand werden Sie zugeben, daß ein Mensch, der den gegenwärtigen Gesellschaftszustand nicht begriffen hat, noch weniger imstande ist, die Bewegung, die ihn umwälzen will, und die literarischen Äußerungen dieser revolutionären Bewegung zu begreifen.

Der *einzige Punkt*, in dem ich mit Herrn Proudhon vollständig einverstanden bin, ist sein Widerwille gegen die sozialistische Gefühlsduselei. Ich habe mich bereits früher durch meine Spötteleien über den schafsblöden, sentimentalen, utopistischen Sozialismus sehr unbeliebt gemacht. Aber macht sich Herr Proudhon nicht sonderbare Illusionen, wenn er seine Kleinbürger-Sentimentalität, ich meine seine Salbadereien über Ehe, Gattenliebe und all diese Banalitäten, der sozialistischen Sentimentalität gegenüberstellt, die z. B. bei Fourier viel tiefer ist als die aufgeblasenen Plattheiten unseres guten Proudhon? Er empfindet die Nichtigkeit seiner Beweisgründe, seine völlige Unfähigkeit, von diesen Dingen zu sprechen, selber so gut, daß er hemmungslos in Wut ausbricht, deklamiert, irae hominis probi[1] spielt, daß er schäumt, flucht, denunziert, daß er Niedertracht! Zeter und Mordio! schreit, daß er sich an die Brust schlägt und sich vor Gott und den Menschen rühmt, nichts mit den sozialistischen Niederträchtigkeiten zu tun zu haben! Er kritisiert nicht die sozialistischen Sentimentalitäten oder das, was er für Sentimentalitäten hält. Er exkommuniziert als Heiliger, als Papst die armen Sünder und singt Ruhmeshymnen auf das Kleinbürgertum und die elenden, patriarchalischen und Liebesillusionen des trauten Heims. Und das ist durchaus kein Zufall. Herr Proudhon ist vom Scheitel bis zur Sohle Philosoph, Ökonom des Kleinbürgertums. In einer fortgeschrittenen Gesellschaft, und durch den Zwang seiner Lage, wird *der Kleinbürger* einesteils Sozialist, anderenteils Ökonom, das heißt, er ist geblendet von der Herrlichkeit der großen Bourgeoisie und hat Mitgefühl für die Leiden des Volks. Er ist Bourgeois und Volk zugleich. Tief drin in seinem Gewissen redet er sich stolz ein, unparteiisch zu sein, das rechte Gleichgewicht gefunden zu haben, das den Anspruch erhebt, etwas anderes zu sein als der rechte Mittelweg (juste milieu). Ein solcher Kleinbürger vergöttlicht den *Widerspruch*, weil der Widerspruch der Kern seines Wesens ist. Er ist bloß der in Aktion versetzte soziale Widerspruch. Er muß durch die Theorie rechtfertigen, was er in der Praxis ist, und Herr Proudhon hat das Verdienst, der wissenschaftliche Interpret der französischen Klein-

---

[1] Zorn des rechtschaffenen Mannes. *Die Red.*

18

bourgeoisie zu sein, was ein wirkliches Verdienst ist, da die Kleinbourgeoisie ein integrierender Bestandteil aller sich vorbereitenden sozialen Revolutionen sein wird.

Ich hätte Ihnen gerne zusammen mit diesem Brief mein Buch über die politische Ökonomie geschickt, aber bisher ist es mir nicht möglich gewesen, dieses Werk und die Kritik an den deutschen Philosophen und Sozialisten, von der ich Ihnen in Brüssel gesprochen habe, drucken zu lassen. Sie können sich nicht vorstellen, auf welche Schwierigkeiten eine solche Veröffentlichung in Deutschland stößt, einesteils von seiten der Polizei, anderenteils von seiten der Buchhändler, die selbst die interessierten Vertreter all der Richtungen sind, die ich angreife. Und was unsre eigne Partei betrifft, so ist sie nicht nur arm, sondern eine starke Gruppe innerhalb der deutschen kommunistischen Partei nimmt es mir übel, daß ich mich ihren Utopien und ihren Deklamationen widersetze.

Aus dem Französischen

Das Elend der Philosophie.

Antwort
auf
Proudhon's „Philosophie des Elends"

Karl Marx.

Deutsch von E. Bernstein und K. Kautsky.

Mit Vorwort und Noten
von
Friedrich Engels.

— Zweite Auflage. —

Stuttgart.
Verlag von J. H. W. Dietz.
1892.

Titelblatt der letzten von Friedrich Engels bearbeiteten deutschen Ausgabe

Vorwort

Die vorliegende Schrift entstand im Winter 1846/47, zu einer Zeit, wo Marx über die Grundzüge seiner neuen historischen und ökonomischen Anschauungsweise mit sich ins reine gekommen war. Proudhons eben erschienenes „Système des contradictions économiques ou Philosophie de la misère"[1] gab ihm Gelegenheit, diese Grundzüge zu entwickeln im Gegensatz zu den Ansichten des Mannes, der von nun an unter den lebenden französischen Sozialisten die bedeutendste Stelle einnehmen sollte. Seit der Zeit, wo die beiden in Paris oft ganze Nächte lang ökonomische Fragen diskutiert, waren ihre Wege mehr und mehr auseinander gegangen; Proudhons Schrift bewies, daß jetzt schon eine unüberbrückbare Kluft zwischen beiden lag; Ignorieren war damals nicht möglich; und so konstatierte Marx den unheilbaren Riß in dieser seiner Antwort.

Das Gesamturteil Marx' über Proudhon findet sich in dem diesem Vorwort folgenden Aufsatz niedergelegt, der im Berliner „Social-Demokrat" Nr. 16, 17 und 18 von 1865 erschien. Es war der einzige Artikel, den Marx in jenes Blatt schrieb; die alsbald zutage tretenden Versuche des Herrn von Schweitzer, es ins feudale und Regierungsfahrwasser zu lenken, zwangen uns, unsere Mitarbeiterschaft schon nach wenigen Wochen öffentlich zu kündigen.

Für Deutschland hat die vorliegende Schrift gerade im jetzigen Augenblick eine Bedeutung, die Marx selbst nie geahnt hat. Wie konnte er wissen, daß, indem er auf Proudhon losschlug, er den ihm damals selbst dem Namen nach unbekannten Rodbertus, den Strebergott von heute, traf?

Es ist hier nicht der Ort, auf das Verhältnis von Marx und Rod-

---
[1] System der ökonomischen Widersprüche oder Philosophie des Elends. *Die Red.*

bertus einzugehn; dazu wird sich mir wohl demnächst Gelegenheit bieten. Hier nur soviel, daß, wenn Rodbertus Marx anklagt, dieser habe ihn „geplündert" und seine Schrift „Zur Erkenntnis" „in seinem ‚Kapital' ganz hübsch benutzt, ohne ihn zu zitieren", er sich zu einer Verleumdung hinreißen läßt, die nur erklärlich wird durch die Verdrießlichkeit des verkannten Genies und durch seine merkwürdige Unwissenheit über Dinge, die außerhalb Preußens vorgehn, und namentlich über die sozialistische und ökonomische Literatur. Marx sind weder diese Anklagen noch die erwähnte Rodbertussche Schrift je zu Gesicht gekommen; er kannte von Rodbertus überhaupt nur die drei „Sozialen Briefe", und auch diese keinesfalls vor 1858 oder 1859.

Mit mehr Grund behauptet Rodbertus in diesen Briefen, den „konstituierten Wert Proudhons" bereits *vor* Proudhon entdeckt zu haben; wobei er sich freilich wieder irrigerweise schmeichelt, der *erste* Entdecker zu sein. Jedenfalls ist er also in unsrer Schrift mitkritisiert, und dies nötigt mich, auf sein „grundlegendes" Werkchen „Zur Erkenntnis unsrer staatswirtschaftlichen Zustände", 1842, kurz einzugehn, soweit dies nämlich außer dem ebenfalls darin (wieder unbewußt) enthaltnen Weitlingschen Kommunismus auch Antizipationen von Proudhon zutage fördert.

Soweit der moderne Sozialismus, einerlei welcher Richtung, von der bürgerlichen politischen Ökonomie ausgeht, knüpft er fast ausnahmslos an die Ricardosche Werttheorie an. Die beiden Sätze, die Ricardo 1817 gleich am Anfang seiner „Principles"[1] proklamiert: 1. daß der Wert jeder Ware bestimmt wird einzig und allein durch die zu ihrer Produktion erheischte Arbeitsmenge, und 2. daß das Produkt der gesamten gesellschaftlichen Arbeit verteilt wird unter die drei Klassen der Grundbesitzer (Rente), Kapitalisten (Profit) und Arbeiter (Arbeitslohn), diese beiden Sätze wurden schon seit 1821 in England zu sozialistischen Konsequenzen verwertet, und zwar teilweise mit solcher Schärfe und Entschiedenheit, daß diese jetzt fast verschollene, von Marx großenteils erst wieder entdeckte Literatur bis zum Erscheinen des „Kapitals" unübertroffen blieb. Darüber ein andermal. Wenn also Rodbertus 1842 seinerseits sozialistische Kon-

---

[1] Grundsätze (der politischen Ökonomie und Besteuerung). *Die Red.*

sequenzen aus obigen Sätzen zog, so war das für einen Deutschen damals sicherlich ein sehr bedeutender Schritt vorwärts, konnte aber höchstens für Deutschland als neue Entdeckung gelten. Wie wenig neu solche Anwendung der Ricardoschen Theorie war, beweist Marx gegen Proudhon, der an ähnlicher Einbildung litt.

„Wer nur einigermaßen mit der Entwicklung der politischen Ökonomie in England vertraut ist, weiß jedenfalls, daß fast alle Sozialisten dieses Landes, zu verschiedenen Zeiten, die *egalitäre* (d. h. sozialistische) Anwendung der Ricardoschen Theorie vorgeschlagen haben. Wir könnten dem Herrn Proudhon anführen: *Die politische Ökonomie* von Hodgskin, 1822; William Thompson, *An Inquiry into the Principles of the Distribution of Wealth, most conducive to Human Happiness*[1], 1824; T. R. Edmonds, *Practical, Moral and Political Economy*[2], 1828, etc. etc. und noch vier Seiten Etceteras. Wir lassen nur einen englischen Kommunisten sprechen: Bray, in seiner bemerkenswerten Schrift *Labour's Wrongs and Labour's Remedy*[3], Leeds 1839." Und allein die hier gegebenen Zitate aus Bray beseitigen ein gutes Stück der von Rodbertus beanspruchten Priorität.

Damals hatte Marx noch nie das Lesezimmer des Britischen Museums betreten. Er hatte, außer Pariser und Brüsseler Bibliotheken, außer meinen Büchern und Auszügen, während einer sechswöchigen Reise nach England, die wir zusammen im Sommer 1845 machten, nur die in Manchester aufzutreibenden Bücher durchgesehn. Die betreffende Literatur war also in den vierziger Jahren noch keineswegs so unzugänglich wie etwa heutzutage. Wenn sie trotzdem Rodbertus stets unbekannt blieb, so war das lediglich seiner preußischen Lokalborniertheit geschuldet. Er ist der eigentliche Begründer des spezifisch preußischen Sozialismus und wird jetzt endlich als solcher anerkannt.

Indes auch in seinem geliebten Preußen sollte Rodbertus nicht ungestört bleiben. 1859 erschien in Berlin Marx' „Zur Kritik der poli-

---

[1] Untersuchung über die Grundsätze der Verteilung des Reichtums, die zum menschlichen Glück am meisten beitragen. *Die Red.*
[2] Praktische, sittliche und politische Ökonomie. *Die Red.*
[3] Der Arbeit Übel und der Arbeit Heilmittel. *Die Red.*

tischen Ökonomie, erstes Heft". Darin wird unter den Einwürfen der Ökonomen gegen Ricardo als zweiter Einwand hervorgehoben S. 40[1]:

„Wenn der Tauschwert eines Produkts gleich ist der in ihm enthaltenen Arbeitszeit, ist der Tauschwert eines Arbeitstages gleich seinem Produkt. Oder der Arbeitslohn muß dem Produkt der Arbeit gleich sein. Nun ist das Gegenteil der Fall." Dazu die folgende Note: „Dieser von bürgerlich-ökonomischer Seite gegen Ricardo beigebrachte Einwand ward später von sozialistischer Seite aufgegriffen. Die theoretische Richtigkeit der Formel vorausgesetzt, wurde die Praxis des Widerspruchs gegen die Theorie bezichtigt und die bürgerliche Gesellschaft angegangen, praktisch die vermeinte Konsequenz ihres theoretischen Prinzips zu ziehen. In dieser Weise wenigstens kehrten englische Sozialisten die Ricardosche Formel des Tauschwerts gegen die politische Ökonomie." In derselben Note wird verwiesen auf Marx' „Misère de la philosophie"[2], die damals noch überall im Buchhandel zu haben war.

Rodbertus hatte also Gelegenheit genug, sich selbst zu überzeugen, ob seine Entdeckungen von 1842 wirklich neu waren. Statt dessen verkündet er sie immer wieder und hält sie für so unvergleichlich, daß ihm nicht einmal einfällt, Marx könne seine Konsequenzen aus Ricardo ebensogut selbständig gezogen haben wie er, Rodbertus, selbst. Rein unmöglich! Marx hat ihn „geplündert" – ihn, dem derselbe Marx jede Gelegenheit bot, sich zu vergewissern, wie lange vor ihnen beiden diese Schlußfolgerungen, wenigstens in der rohen Form, die sie noch bei Rodbertus haben, in England bereits ausgesprochen waren!

Die einfachste sozialistische Nutzanwendung der Ricardoschen Theorie ist nun die oben gegebne. Sie hat in vielen Fällen zu Einsichten in den Ursprung und die Natur des Mehrwerts geführt, die weit über Ricardo hinausgehn; so unter andern bei Rodbertus. Abgesehn davon, daß er in dieser Beziehung nirgendwo etwas bietet, das nicht schon vor ihm mindestens ebensogut gesagt, leidet seine Darstellung wie die seiner Vorgänger daran, daß er die ökonomischen

---

[1] Karl Marx, „Zur Kritik der politischen Ökonomie", Dietz Verlag, Berlin 1951, S. 60. *Die Red.*

[2] Das Elend der Philosophie. *Die Red.*

Kategorien Arbeit, Kapital, Wert usw. in der ihm von den Ökonomen überlieferten cruden, an der Erscheinung haftenden Form unbesehn übernimmt, ohne sie auf ihren Gehalt zu untersuchen. Hierdurch schneidet er sich nicht nur jeden Weg weiterer Entwicklung ab – im Gegensatz zu Marx, der erst aus diesen seit jetzt 64 Jahren oft wiederholten Sätzen etwas gemacht hat –, sondern eröffnet sich auch den geraden Weg in die Utopie, wie sich zeigen wird.

Die obige Nutzanwendung der Ricardoschen Theorie, daß den Arbeitern, als den alleinigen wirklichen Produzenten, das gesamte gesellschaftliche Produkt, *ihr* Produkt, gehört, führt direkt in den Kommunismus. Sie ist aber, wie Marx in der obigen Stelle auch andeutet, ökonomisch formell falsch, denn sie ist einfach eine Anwendung der Moral auf die Ökonomie. Nach den Gesetzen der bürgerlichen Ökonomie gehört der größte Teil des Produkts *nicht* den Arbeitern, die es erzeugt haben. Sagen wir nun: das ist unrecht, das soll nicht sein, so geht das die Ökonomie zunächst nichts an. Wir sagen bloß, daß diese ökonomische Tatsache unserm sittlichen Gefühl widerspricht. Marx hat daher nie seine kommunistischen Forderungen hierauf begründet, sondern auf den notwendigen, sich vor unsern Augen täglich mehr und mehr vollziehenden Zusammenbruch der kapitalistischen Produktionsweise; er sagt nur, daß der Mehrwert aus unbezahlter Arbeit besteht, was eine einfache Tatsache ist. Was aber ökonomisch formell falsch, kann darum doch weltgeschichtlich richtig sein. Erklärt das sittliche Bewußtsein der Masse eine ökonomische Tatsache, wie seinerzeit die Sklaverei oder die Fronarbeit, für unrecht, so ist das ein Beweis, daß die Tatsache selbst sich schon überlebt hat, daß andre ökonomische Tatsachen eingetreten sind, kraft deren jene unerträglich und unhaltbar geworden ist. Hinter der formellen ökonomischen Unrichtigkeit kann also ein sehr wahrer ökonomischer Inhalt verborgen sein. Näher auf die Bedeutung und Geschichte der Mehrwertstheorie einzugehn, ist hier nicht der Ort.

Daneben kann man aber aus der Ricardoschen Werttheorie noch andre Folgerungen ziehn und hat sie gezogen. Der Wert der Waren wird durch die zu ihrer Erzeugung erheischte Arbeit bestimmt. Nun aber findet sich, daß in dieser schlechten Welt die Waren bald über, bald unter ihrem Wert verkauft werden, und zwar nicht nur infolge von Konkurrenzschwankungen. Die Profitrate hat ebensosehr die Tendenz, sich für alle Kapitalisten auf dasselbe Niveau auszugleichen, wie die Warenpreise die Tendenz haben, vermittelst Nachfrage und Angebot sich auf den Arbeitswert zu reduzieren. Die Profitrate aber berechnet sich auf das in einem industriellen Geschäft angelegte Gesamtkapital. Da nun in zwei verschiednen Geschäftszweigen das Jahresprodukt gleiche Arbeitsmengen verkörpern, also gleiche Werte darstellen kann, auch der Arbeitslohn in beiden gleich hoch, die vorgeschossenen Kapitale aber in dem einen Geschäftszweig doppelt oder dreimal so groß sein können, und oft sind, wie im andern, so kommt hier das Ricardosche Wertgesetz, wie schon Ricardo selbst entdeckte, in Widerspruch mit dem Gesetz der gleichen Profitrate. Werden die Produkte beider Geschäftszweige zu ihren Werten verkauft, so können die Profitraten nicht gleich sein; sind aber die Profitraten gleich, so können die Produkte beider Geschäftszweige nicht durchweg zu ihren Werten verkauft werden. Wir haben hier also einen Widerspruch, eine Antinomie zweier ökonomischer Gesetze; die praktische Lösung macht sich nach Ricardo (Kap. I, Sektion 4 und 5) in der Regel zugunsten der Profitrate auf Kosten des Werts.

Nun hat aber die Ricardosche Wertbestimmung, trotz ihrer ominösen Eigenschaften, eine Seite, die sie dem braven Bürger lieb und teuer macht. Sie appelliert mit unwiderstehlicher Gewalt an sein Gerechtigkeitsgefühl. Gerechtigkeit und Gleichheit der Rechte, das sind die Grundpfeiler, auf die der Bürger des achtzehnten und neunzehnten Jahrhunderts sein Gesellschaftsgebäude errichten möchte über den Trümmern der feudalen Ungerechtigkeiten, Ungleichheiten und Privilegien. Und die Bestimmung des Warenwerts durch Arbeit und der nach diesem Wertmaß sich vollziehende freie Austausch der Arbeitsprodukte zwischen gleichberechtigten Warenbesitzern, das sind, wie Marx schon nachgewiesen, die realen Grundlagen, auf denen die gesamte politische, juristische und philosophische Ideologie des modernen Bürgertums sich aufgebaut hat. Einmal die Erkenntnis gegeben, daß die Arbeit das Maß des Warenwertes ist, muß sich auch das bessere Gefühl des braven Bürgers tief verletzt fühlen durch die

Schlechtigkeit einer Welt, die dies Grundgesetz der Gerechtigkeit zwar dem Namen nach anerkennt, aber der Sache nach jeden Augenblick ungeniert beiseite zu setzen scheint. Und namentlich der Kleinbürger, dessen ehrliche Arbeit – wenn sie auch nur die seiner Gesellen und Lehrlinge ist – täglich mehr und mehr entwertet wird durch die Konkurrenz der Großproduktion und der Maschinen, namentlich der Kleinproduzent muß sich sehnen nach einer Gesellschaft, worin der Austausch der Produkte nach ihrem Arbeitswert endlich einmal eine volle und ausnahmslose Wahrheit wird; in andern Worten: Er muß sich sehnen nach einer Gesellschaft, in der ein einzelnes Gesetz der Warenproduktion ausschließlich und unverkürzt gilt, aber die Bedingungen beseitigt sind, unter denen es überhaupt gelten kann, nämlich die übrigen Gesetze der Warenproduktion und weiterhin der kapitalistischen Produktion.

Wie tief diese Utopie in der Denkweise des modernen – wirklichen oder ideellen – Kleinbürgers begründet ist, beweist die Tatsache, daß sie schon 1831 von John Gray systematisch entwickelt, in den dreißiger Jahren in England praktisch versucht und theoretisch breitgetreten, 1842 von Rodbertus in Deutschland, 1846 von Proudhon in Frankreich als neueste Wahrheit proklamiert, noch 1871 von Rodbertus abermals als Lösung der sozialen Frage und gleichsam als sein soziales Testament verkündet wurde, und 1884 wieder Anhang findet bei dem Streberheer, das auf den Namen Rodbertus hin den preußischen Staatssozialismus auszubeuten sich anschickt.

Die Kritik dieser Utopie ist von Marx so erschöpfend sowohl gegen Proudhon wie gegen Gray (siehe den Anhang dieser Schrift) geliefert, daß ich mich hier beschränken kann auf einige Bemerkungen über die speziell Rodbertussche Form ihrer Begründung und Ausmalung.

Wie schon gesagt: Rodbertus übernimmt die herkömmlichen ökonomischen Begriffsbestimmungen ganz in der Form, in der sie ihm von den Ökonomen überliefert worden. Er macht nicht den geringsten Versuch, sie zu untersuchen. Wert ist ihm „die Geltung einer Sache gegen die übrigen nach Quantität, diese Geltung als Maß aufgefaßt". Diese, gelind gesagt, höchst loddrige Definition gibt uns im besten Fall eine Vorstellung davon, wie der Wert ungefähr aussieht, aber sagt absolut nicht, was er ist. Da dies aber alles ist, was Rodbertus uns vom Wert zu sagen weiß, ist es begreiflich, daß er nach einem außerhalb des Werts liegenden Wertmaßstab sucht. Nachdem er auf dreißig Seiten Gebrauchswert und Tauschwert mit der von Herrn Adolph Wagner so unendlich bewunderten Kraft des abstrakten Denkens kunterbunt durcheinander geworfen, kommt er zu dem Resultat, daß es ein wirkliches Wertmaß nicht gibt und man sich mit einem Surrogatmaß begnügen müsse. Ein solches könne die Arbeit abgeben, aber nur dann, wenn Produkte gleicher Arbeitsquantitäten sich stets gegen Produkte gleicher Arbeitsquantitäten austauschten; sei es, daß dies „an sich schon der Fall ist, oder daß Vorkehrungen getroffen werden", die dies sicherstellen. Wert und Arbeit bleiben also ohne irgendwelchen sachlichen Zusammenhang, trotzdem daß das ganze erste Kapitel darauf verwendet wird, uns auseinanderzusetzen, daß und warum die Waren „Arbeit kosten" und nichts als Arbeit.

Die Arbeit nun wird wieder unbesehn in der Form genommen, in der sie bei den Ökonomen vorkommt. Und nicht einmal das. Denn wenn auch mit zwei Worten auf die Intensitätsunterschiede der Arbeit hingewiesen wird, so wird die Arbeit doch ganz allgemein als „kostend", also wertmessend, angeführt, einerlei, ob sie unter den normalen gesellschaftlichen Durchschnittsbedingungen verausgabt wird oder nicht. Ob die Produzenten zehn Tage auf die Herstellung von Produkten verwenden, die in einem Tage hergestellt werden können, oder nur einen, ob sie die besten oder die schlechtesten Werkzeuge anwenden, ob sie ihre Arbeitszeit auf Herstellung gesellschaftlich nötiger Artikel und in der gesellschaftlich erheischten Quantität verwenden, oder ob sie ganz unbegehrte Artikel oder begehrte Artikel über oder unter Bedarf anfertigen – von alledem ist keine Rede: Arbeit ist Arbeit, Produkt gleicher Arbeit muß ausgetauscht werden gegen Produkt gleicher Arbeit. Rodbertus, der sonst jederzeit, ob angebracht oder nicht, bereit ist, sich auf den nationalen Standpunkt zu stellen und von der Höhe der allgemein gesellschaftlichen Warte die Verhältnisse der Einzelproduzenten zu überschauen, vermeidet dies hier ängstlich. Und zwar nur deshalb, weil er schon von der ersten Zeile seines Buches an direkt auf die Utopie des Arbeitsgelds lossteuert und jede Untersuchung der Arbeit in ihrer wertbildenden Eigenschaft ihm unpassierbare Felsblöcke ins Fahrwasser schleudern müßte. Sein Instinkt war hier bedeutend stärker als seine Kraft des abstrakten Denkens, die beiläufig nur vermittelt der konkretesten Gedankenlosigkeit bei Rodbertus zu entdecken ist.

Der Übergang zur Utopie ist nun im Handumdrehen gemacht. Die „Vorkehrungen", die den Warenaustausch nach Arbeitswert als ausnahmslose Regel sicherstellen, machen keine Schwierigkeit. Die übrigen Utopisten dieser Richtung, von Gray bis Proudhon, plagen sich damit ab, gesellschaftliche Einrichtungen auszuklügeln, die diesen Zweck verwirklichen sollen. Sie versuchen wenigstens, die ökonomische Frage auf ökonomischem Wege, durch Aktion der austauschenden Warenbesitzer selbst, zu lösen. Rodbertus hat es viel leichter. Als guter Preuße appelliert er an den Staat: Ein Dekret der Staatsgewalt befiehlt die Reform.

Damit ist denn der Wert glücklich „konstituiert", aber keineswegs die von Rodbertus beanspruchte Priorität dieser Konstituierung. Im Gegenteil, Gray wie Bray – neben vielen andern – haben diesen Gedanken: den frommen Wunsch nach Vorkehrungen, vermittelst deren die Produkte unter allen Umständen stets und nur zu ihrem Arbeitswert sich austauschen, lange und oft vor Rodbertus bis zum Überdruß wiederholt.

Nachdem der Staat den Wert – wenigstens eines Teils der Produkte, denn Rodbertus ist auch bescheiden – dermaßen konstituiert, gibt er sein Arbeitspapiergeld aus, macht den industriellen Kapitalisten Vorschüsse davon, mit denen diese die Arbeiter lohnen, worauf die Arbeiter mit dem erhaltenen Arbeitspapiergeld die Produkte kaufen und so den Rückfluß des Papiergelds an seinen Ausgangspunkt vermitteln. Wie wunderschön sich dies abwickelt, das müssen wir von Rodbertus selbst hören.

„Was die zweite Bedingung betrifft, so wird die nötige Vorkehrung, daß der im Zettel bescheinigte Wert wirklich im Verkehr vorhanden ist, dadurch getroffen, daß nur derjenige, der ein Produkt wirklich abgibt, einen Zettel erhält, in welchem genau die Arbeitsquantität bemerkt ist, durch welche das Produkt hergestellt worden. Wer ein Produkt von zwei Tagen Arbeit abgibt, erhält einen Zettel, auf dem ‚zwei Tage' bemerkt stehn. Durch die genaue Beobachtung dieser Regel bei der Emission muß notwendig auch diese zweite Bedingung erfüllt werden. Denn da nach unsrer Voraussetzung der wirkliche Wert der Güter immer mit derjenigen Arbeitsquantität zusammenfällt, welche ihre Herstellung gekostet hat, und diese Arbeitsquantität ihren Maßstab in der gewöhnlichen Zeiteinteilung besitzt, so hat jemand, der ein Produkt hingibt, auf das zwei Tage Arbeit verwandt sind, wenn er zwei Tage bescheinigt erhält, auch nicht mehr oder weniger Wert bescheinigt oder angewiesen erhalten, als er in der Tat abgeliefert hat – und da ferner *nur* derjenige eine solche Bescheinigung erhält, der wirklich ein Produkt in den Verkehr geliefert hat, so ist es auch gewiß, daß der im Zettel bemerkte Wert zur Befriedigung der Gesellschaft vorhanden ist. Denkt man sich nun den Kreis der Teilung der Arbeit auch noch so weit, so muß, wenn genau diese Regel befolgt wird, *die Summe des vorhandnen Wertes der Summe des bescheinigten Wertes genau gleich sein.* Da aber die Summe des bescheinigten Wertes genau auch die Summe des angewiesenen Wertes ist, so muß auch diese *mit dem vorhandnen Wert notwendig aufgehn, alle Ansprüche werden befriedigt und die Liquidation richtig vermittelt sein.*" (S. 166, 167.)

Wenn bisher Rodbertus stets das Unglück hatte, mit seinen neuen Entdeckungen zu spät zu kommen, so hat er diesmal wenigstens das Verdienst *einer* Art Originalität: In dieser kindlich naiven, durchsichtigen, ich möchte sagen echt pommerschen Form hat keiner seiner Konkurrenten die Torheit der Arbeitsgeld-Utopie auszusprechen gewagt. Da für jeden Papierschein ein entsprechender Wertgegenstand geliefert worden und kein Wertgegenstand wieder abgegeben wird außer gegen einen entsprechenden Papierschein, so muß die Summe der Papierscheine stets durch die Summe der Wertgegenstände gedeckt sein; die Rechnung geht auf ohne den geringsten Rest, es stimmt bis auf die Arbeitssekunde, und kein im Dienst noch so ergrauter Regierungs-Hauptkassen-Rentamtskalkulator kann den geringsten Rechenfehler nachweisen. Was will man mehr?

In der heutigen kapitalistischen Gesellschaft produziert jeder industrielle Kapitalist auf eigne Faust, was, wie und wieviel er will. Der gesellschaftliche Bedarf aber bleibt ihm eine unbekannte Größe, sowohl was die Qualität, die Art der bedurften Gegenstände wie deren Quantität angeht. Was heute nicht rasch genug geliefert werden kann, mag morgen weit über Bedarf ausgeboten werden. Trotzdem wird schließlich der Bedarf so oder so, schlecht oder recht, befriedigt, und die Produktion richtet sich im ganzen und großen schließlich auf die bedurften Gegenstände. Wie wird diese Ausgleichung des Widerspruchs bewirkt? Durch die Konkurrenz. Und wie bringt die Konkurrenz diese Lösung fertig? Einfach, indem sie die nach Art oder Menge für den augenblicklichen gesellschaftlichen Bedarf unbrauchbaren Waren unter ihren Arbeitswert entwertet und es auf diesem Umwege den Produzenten fühlbar macht, daß sie entweder überhaupt unbrauchbare oder an sich brauchbare Artikel in unbrauchbarer, überflüssiger Menge hergestellt haben. Es folgt hieraus zweierlei:

Erstens, daß die fortwährenden Abweichungen der Warenpreise von den Warenwerten die notwendige Bedingung sind, unter der und durch die allein der Warenwert zum Dasein kommen kann. Nur durch die Schwankungen der Konkurrenz und damit der Warenpreise setzt sich das Wertgesetz der Warenproduktion durch, wird die Bestimmung des Warenwerts durch die gesellschaftlich notwendige Arbeitszeit eine Wirklichkeit. Daß dabei die Erscheinungsform des Werts, der Preis, in der Regel etwas anders aussieht als der Wert, den er zur Erscheinung bringt, dies Schicksal teilt der Wert mit den meisten gesellschaftlichen Verhältnissen. Der König sieht meist auch ganz anders aus als die Monarchie, die er vorstellt. In einer Gesellschaft austauschender Warenproduzenten die Wertbestimmung durch Arbeitszeit herstellen wollen, dadurch, daß man der Konkurrenz verbietet, diese Wertbestimmung durch Druck auf die Preise in der einzigen Weise herzustellen, in der sie überhaupt hergestellt werden kann, heißt also nur beweisen, daß man die übliche utopistische Mißachtung der ökonomischen Gesetze sich wenigstens auf diesem Gebiete angeeignet hat.

Zweitens: Indem die Konkurrenz innerhalb einer Gesellschaft austauschender Warenproduzenten das Wertgesetz der Warenproduktion zur Geltung bringt, setzt sie eben dadurch die unter den Umständen einzig mögliche Organisation und Ordnung der gesellschaftlichen Produktion durch. Nur vermittelst der Entwertung oder Überwertung der Produkte werden die einzelnen Warenproduzenten mit der Nase darauf gestoßen, was und wieviel davon die Gesellschaft braucht oder nicht braucht. Gerade diesen einzigen Regulator aber will die von Rodbertus mitvertretene Utopie abschaffen. Und wenn wir dann fragen, welche Garantie wir haben, daß von jedem Produkt die nötige Quantität und nicht mehr produziert wird, daß wir nicht an Korn und Fleisch Hunger leiden, während wir im Rübenzucker ersticken und im Kartoffelschnaps ersaufen, daß wir nicht Hosen genug haben, um unsere Blöße zu bedecken, während die Hosenknöpfe millionenweise umherwimmeln – so zeigt uns Rodbertus triumphierend seine famose Rechnung, wonach für jedes überflüssige Pfund Zucker, für jedes unverkaufte Faß Schnaps, für jeden unannähbaren Hosenknopf der richtige Schein ausgestellt worden ist, eine Rechnung, die genau „aufgeht", nach der „alle Ansprüche befriedigt werden und die Liquidation richtig vermittelt" ist. Und wer's nicht glaubt, der wende sich an den Regierungs-Hauptkassen-Rentamtskalkulator X in Pommern, der die Rechnung revidiert und richtig befunden und der als noch nie im Kassedefekt ertappt durchaus glaubwürdig ist.

Und nun betrachte man die Naivität, mit der Rodbertus die Industrie- und Handelskrisen vermittelst seiner Utopie beseitigen will. Sobald die Warenproduktion Weltmarktsdimensionen angenommen hat, erledigt sich die Ausgleichung zwischen den für Privatrechnung produzierenden Einzelproduzenten und dem ihnen nach Quantität und Qualität des Bedarfs mehr oder weniger unbekannten Markt, für den sie produzieren, durch ein Weltmarktsungewitter, eine Handelskrise.[1] Verbietet man nun der Konkurrenz, den Einzelprodu-

---

[1] Wenigstens war dies der Fall bis vor kurzem. Seitdem Englands Weltmarktsmonopol mehr und mehr gebrochen wird durch die Beteiligung Frankreichs, Deutschlands und vor allem Amerikas am Welthandel, scheint eine

zenten durch Steigen oder Fallen der Preise mitzuteilen, wie der Weltmarkt steht, so verbindet man ihnen die Augen vollständig. Die Warenproduktion so einrichten, daß die Produzenten gar nichts mehr erfahren können über den Stand des Markts, für den sie produzieren – das ist allerdings eine Kur für die Krisenkrankheit, um die der Doktor Eisenbart Rodbertus beneiden könnte.

Man begreift jetzt, warum Rodbertus den Wert der Waren durch „Arbeit" kurzweg bestimmt und höchstens verschiedne Intensitätsgrade der Arbeit zuläßt. Hätte er untersucht, wodurch und wie die Arbeit Wert schafft und daher auch bestimmt und mißt, so kam er auf die gesellschaftlich notwendige Arbeit, notwendig für das einzelne Produkt sowohl gegenüber andern Produkten derselben Art wie auch gegenüber dem gesellschaftlichen Gesamtbedarf. Damit kam er vor die Frage: wie die Anpassung der Produktion der einzelnen Warenproduzenten an den gesellschaftlichen Gesamtbedarf sich vollzieht; und damit war seine ganze Utopie unmöglich gemacht. Er zog es diesmal in der Tat vor, „zu abstrahieren", nämlich von dem, worauf es gerade ankam.

Jetzt endlich kommen wir zu dem Punkt, in dem Rodbertus uns wirklich etwas Neues bietet; etwas, das ihn von allen seinen zahlreichen Mitgenossen der Arbeitsgeld-Tauschwirtschaft unterscheidet. Sie alle verlangen diese Tauscheinrichtung zum Zweck der Abschaffung der Ausbeutung der Lohnarbeit durch das Kapital. Jeder Produzent soll den vollen Arbeitswert seines Produktes erhalten. Darin sind sie alle einig, von Gray bis Proudhon. Keineswegs, sagt Rodbertus. Die Lohnarbeit und ihre Ausbeutung bleibt.

Erstens kann der Arbeiter in keinem denkbaren Gesellschaftszustand den ganzen Wert seines Produkts zum Verzehren erhalten; es müssen stets aus dem produzierten Fonds eine Reihe wirtschaftlich unproduktiver, aber notwendiger Funktionen mit bestritten, also auch die betreffenden Leute mit erhalten werden. – Dies ist nur

---

neue Ausgleichungsform sich geltend zu machen. Die der Krise vorhergehende Periode allgemeiner Prosperität will noch immer nicht kommen. Bleibt sie ganz aus, so müßte chronische Stagnation der Normalzustand der modernen Industrie werden, mit nur geringen Schwankungen.

richtig, solange die heutige Teilung der Arbeit gilt. In einer Gesellschaft mit Verpflichtung zu allgemeiner produktiver Arbeit, die doch auch „denkbar" ist, fällt dies weg. Bleiben aber würde die Notwendigkeit eines gesellschaftlichen Reserve- und Akkumulationsfonds, und daher würden auch dann zwar *die* Arbeiter, d. h. alle, im Besitz und Genuß ihres Gesamtproduktes bleiben, nicht aber jeder einzelne seinen „vollen Arbeitsertrag" genießen. Die Erhaltung ökonomisch unproduktiver Funktionen aus dem Arbeitsprodukt ist auch von den andern Arbeitsgeld-Utopisten nicht übersehn worden. Aber sie lassen die Arbeiter sich zu diesem Zweck auf üblichem demokratischem Wege selbst besteuern, während Rodbertus, dessen gesamte Sozialreform von 1842 auf den damaligen preußischen Staat zugeschnitten ist, die ganze Sache in das Befinden der Bürokratie legt, die dem Arbeiter seinen Anteil an seinem eignen Produkt von oben herab bestimmt und in Gnaden zukommen läßt.

Zweitens aber soll auch Grundrente und Profit unverkürzt fortbestehn. Denn auch die Grundbesitzer und industriellen Kapitalisten üben gewisse, gesellschaftlich nützliche oder sogar nötige, wenn auch wirtschaftlich unproduktive Funktionen aus und erhalten in Grundrente und Profit gewissermaßen Gehalt dafür – eine bekanntlich selbst 1842 keineswegs neue Auffassung. Eigentlich bekommen sie jetzt viel zuviel für das Wenige, das sie, und schlecht genug, leisten, aber Rodbertus hat nun einmal, wenigstens für die nächsten 500 Jahre, eine privilegierte Klasse nötig, und so soll die gegenwärtige Rate des Mehrwerts, um mich korrekt auszudrücken, bestehn bleiben, aber nicht gesteigert werden dürfen. Diese gegenwärtige Rate des Mehrwerts nimmt Rodbertus an zu 200 Prozent, d. h. bei zwölfstündiger Arbeit täglich soll der Arbeiter nicht zwölf Stunden bescheinigt erhalten, sondern nur vier, und der in den übrigen acht Stunden produzierte Wert soll zwischen Grundbesitzer und Kapitalist verteilt werden. Die Rodbertusschen Arbeitsbescheinigungen lügen also direkt. Man muß aber eben wieder ein pommerscher Rittergutsbesitzer sein, um sich einzubilden, eine Arbeiterklasse würde sich das gefallen lassen, zwölf Stunden zu arbeiten, um vier Arbeitsstunden bescheinigt zu erhalten. Übersetzt man den Hokuspokus der kapitalistischen Produktion in diese naive Sprache, wo er als unverhüllter Raub erscheint, so macht man ihn unmöglich. Jeder dem Arbeiter gegebne Schein wäre eine direkte Aufforderung zur Rebellion und fiele unter § 110 des Deutschen Reichsstrafgesetzbuches. Man muß nie ein andres Proletariat gesehn haben als das noch tatsächlich in halber Leibeigenschaft befangne Taglöhnerproletariat eines pommerschen Ritterguts, wo Stock und Peitsche herrschen und wo alle hübschen Frauenzimmer des Dorfes zum Harem des gnädigen Herrn gehören, um sich vorzustellen, solche Unverschämtheit dürfe man den Arbeitern bieten. Aber unsre Konservativen sind nun einmal unsre größten Revolutionäre.

Wenn aber unsre Arbeiter sanftmütig genug sind, sich aufbinden zu lassen, sie hätten während ganzer zwölf Stunden harter Arbeit in Wirklichkeit nur vier Stunden gearbeitet, so soll ihnen dafür zum Lohn garantiert werden, daß in alle Ewigkeit ihr Anteil an ihrem eignen Produkt nicht unter ein Drittel fallen soll. Dies ist in der Tat Zukunftsmusik auf der Kindertrompete und nicht wert, daß man ein Wort darüber verliert. Soweit also in der Arbeitsgeld-Tauschutopie Rodbertus etwas Neues bietet, ist dies Neue einfach kindisch und steht tief unter den Leistungen seiner zahlreichen Genossen vor wie nach ihm.

Für die Zeit, wo Rodbertus' „Zur Erkenntnis usw." erschien, war es unbedingt ein bedeutendes Buch. Seine Fortführung der Ricardoschen Werttheorie in der einen Richtung war ein vielversprechender Anfang. War sie auch nur für ihn und für Deutschland neu, so steht sie doch im ganzen auf gleicher Höhe wie die Leistungen seiner bessern englischen Vorgänger. Aber es war eben nur ein Anfang, aus dem nur durch gründliche und kritische weitere Arbeit ein wirklicher Gewinn für die Theorie zu erlangen war. Diese Weiterführung jedoch schnitt er sich selbst ab dadurch, daß er gleich von vornherein auch die Weiterführung Ricardos in der zweiten Richtung, der Richtung auf die Utopie, mit in Angriff nahm. Damit verlor er die erste Bedingung aller Kritik – die Unbefangenheit. Er arbeitete los auf ein vorher bestimmtes Ziel, er wurde Tendenzökonom. Einmal gefangengenommen von seiner Utopie, hatte er sich alle Möglichkeit des Fortschreitens in der Wissenschaft versperrt. Von 1842 bis zu seinem Tode dreht er sich im Kreise, wiederholt stets dieselben bereits in der ersten Schrift ausgesprochenen oder angedeuteten Gedanken, fühlt sich verkannt, findet sich geplündert, wo nichts zu plündern war, und verschließt sich zuletzt nicht ohne Absicht gegen die Erkenntnis, daß er im Grunde doch nur schon längst Entdecktes wieder entdeckt hat.

*

An einigen Stellen weicht die Übersetzung vom gedruckten französischen Original ab. Es beruht dies auf handschriftlichen Änderungen von Marx, die auch in der vorbereiteten, neuen französischen Ausgabe ihren Platz finden werden.

Es ist wohl kaum nötig, darauf aufmerksam zu machen, daß die in dieser Schrift gebrauchte Ausdrucksweise nicht ganz mit der des „Kapitals" stimmt. So wird hier noch von der *Arbeit* als Ware, von Kauf und Verkauf der Arbeit gesprochen, statt der Arbeits*kraft*.

Als Ergänzung sind in dieser Ausgabe noch zugefügt: 1. eine Stelle aus der Marxschen Schrift „Zur Kritik der politischen Ökonomie", Berlin 1859, über die *erste* Arbeitsgeld-Austauschutopie von John Gray, und 2. eine Übersetzung der Brüsseler Rede (1848) von Marx über Freihandel, die derselben Entwicklungsperiode des Verfassers angehört wie die „Misère".

London, 23. Oktober 1884

Friedrich Engels

Zur zweiten Auflage

habe ich nur zu bemerken, daß der im französischen Text verschriebene Name Hopkins (auf S. 45[1]) durch den richtigen Hodgskin ersetzt und ebendaselbst die Jahreszahl der Schrift von William Thompson auf 1824 berichtigt ist. Womit das bibliographische Gewissen des Herrn Professor Anton Menger[1] hoffentlich beruhigt ist.

London, 29. März 1892

Friedrich Engels

---

[1] S. 89 dieser Ausgabe. *Die Red.*

KARL MARX
Über P. J. Proudhon

(*Brief an J. B. Schweitzer*)

Aus dem „Social-Demokrat" Nr. 16, 17 und 18, Jahrgang 1865

London, 24. Januar 1865

Sehr geehrter Herr!

Ich erhielt gestern einen Brief, worin Sie von mir ausführliche Beurteilung *Proudhons* verlangen. Zeitmangel erlaubt mir nicht, Ihren Wunsch zu befriedigen. Zudem habe ich *keine* seiner Schriften hier zur Hand. Um Ihnen jedoch meinen guten Willen zu zeigen, werfe ich rasch eine kurze Skizze hin. Sie können dann nachholen, zusetzen, auslassen, kurz und gut damit machen, was Ihnen gutdünkt. („Wir hielten es für das beste", setzte die Redaktion in einer Note hinzu, „das Schreiben *unverändert* zu geben.")

Proudhons erster Versuche erinnere ich mich nicht mehr. Seine Schularbeit über die „*Langue universelle*"[1] zeigt, wie ungeniert er sich an Probleme wagte, zu deren Lösung ihm auch die ersten Vorkenntnisse fehlten.

Sein erstes Werk „*Qu'est-ce que la propriété?*"[2] ist unbedingt sein bestes Werk. Es ist epochemachend, wenn nicht durch neuen Inhalt, so doch durch die neue und kecke Art, Altes zu sagen. In den Werken der ihm bekannten französischen Sozialisten und Kommunisten war natürlich die „propriété" nicht nur mannigfach kritisiert, sondern auch utopistisch „*aufgehoben*" worden. Proudhon verhält sich in jener Schrift zu St. Simon und Fourier ungefähr wie sich Feuerbach zu Hegel verhält. Verglichen mit Hegel ist Feuerbach durchaus arm. Dennoch war er epochemachend *nach* Hegel, weil er den Ton legte auf gewisse, dem christlichen Bewußtsein unangenehme und für den Fortschritt der Kritik wichtige Punkte, die Hegel in einem mystischen clair-obscur[3] gelassen hatte.

---
[1] allgemeine Sprache; Weltsprache. *Die Red.*
[2] Was ist das Eigentum? *Die Red.*
[3] Halbdunkel. *Die Red.*

Wenn ich mich so ausdrücken darf, herrscht in jener Schrift Proudhons noch starke Muskulatur des Stils. Und ich halte den Stil derselben für ihr Hauptverdienst. Man sieht, daß selbst da, wo nur Altes reproduziert wird, Proudhon selbständig findet; daß das, was er sagt, ihm selbst neu war und als neu gilt. Herausfordernder Trotz, der das ökonomische „Allerheiligste" antastet, geistreiche Paradoxie, womit der gemeine Bürgerverstand gefoppt wird, zerreißendes Urteil, bittre Ironie, dann und wann durchschauend ein tiefes und wahres Gefühl der Empörung über die Infamie des Bestehenden, revolutionärer Ernst – durch alles das elektrisierte „*Qu'est-ce que la propriété?*" und gab einen großen Anstoß bei seinem ersten Erscheinen. In einer streng wissenschaftlichen Geschichte der politischen Ökonomie wäre die Schrift kaum erwähnenswert. Aber solche Sensationalschriften spielen in den Wissenschaften ebensogut ihre Rolle wie in der Romanliteratur. Man nehme z. B. *Malthus*' Schrift über „*Population*" [1]. In ihrer ersten Ausgabe ist sie nichts als ein „*sensational pamphlet*" [2], dazu *Plagiat* von Anfang zu Ende. Und doch, wieviel Anstoß gab dies *Pasquill auf das Menschengeschlecht*!

Läge Proudhons Schrift vor mir, so wäre an einigen Beispielen seine *erste Manier* leicht nachzuweisen. In den Paragraphen, die er selbst für die wichtigsten hielt, ahmt er Kants Behandlung der *Antinomien* nach – es war dies der einzige deutsche Philosoph, den er damals aus Übersetzungen kannte – und läßt den starken Eindruck zurück, daß ihm, wie Kant, die Lösung der Antinomien für etwas gilt, das „*jenseits*" des menschlichen Verstandes fällt, d. h. worüber sein eigner Verstand im unklaren bleibt.

Trotz aller scheinbaren Himmelsstürmerei findet man aber schon in „Qu'est-ce que la propriété?" den Widerspruch, daß Proudhon einerseits die Gesellschaft vom Standpunkt und mit den Augen eines französischen Parzellenbauern (später petit bourgeois [3]) kritisiert, andererseits den von den Sozialisten ihm überlieferten Maßstab anlegt.

---

[1] Bevölkerung. *Die Red.*
[2] aufsehenerregende Flugschrift. *Die Red.*
[3] Kleinbürger. *Die Red.*

Das Ungenügende der Schrift war schon in ihrem Titel angedeutet. Die Frage war so falsch gestellt, daß sie nicht richtig beantwortet werden konnte. Die *antiken „Eigentumsverhältnisse"* waren untergegangen in den *feudalen*, die feudalen in den *„bürgerlichen"*. Die Geschichte selbst hatte so ihre Kritik an den vergangnen *Eigentumsverhältnissen* ausgeübt. Das, worum es sich für Proudhon eigentlich handelte, war das bestehende *modern-bürgerliche Eigentum*. Auf die Frage, was dies sei, konnte nur geantwortet werden durch eine kritische Analyse der „politischen Ökonomie", die das Ganze jener *Eigentumsverhältnisse*, nicht in ihrem *juristischen* Ausdruck als *Willensverhältnisse*, sondern in ihrer realen Gestalt, d. h. als *Produktionsverhältnisse*, umfaßte. Indem Proudhon aber die Gesamtheit dieser ökonomischen Verhältnisse in die allgemeine juristische Vorstellung: *„das Eigentum" „la propriété"*, verflocht, konnte er auch nicht über die Antwort hinauskommen, die *Brissot* mit denselben Worten in einer ähnlichen Schrift schon vor 1789 gegeben hatte: „La propriété c'est le vol."[1]

Im besten Fall kommt dabei nur heraus, daß die bürgerlich-juristischen Vorstellungen von *„Diebstahl"* auch auf des Bürgers eignen *„redlichen"* Erwerb passen. Andererseits verwickelte sich Proudhon, da der *„Diebstahl"* als gewaltsame Verletzung des Eigentums *das Eigentum voraussetzt*, in allerlei ihm selbst unklare Hirngespinste über *das wahre bürgerliche Eigentum*.

Während meines Aufenthalts in Paris, 1844, trat ich zu Proudhon in persönliche Beziehung. Ich erwähne das hier, weil ich zu einem gewissen Grad mit schuld bin an seiner „*Sophistication*", wie die Engländer die Fälschung eines Handelsartikels nennen. Während langer, oft übernächtiger Debatten infizierte ich ihn zu seinem großen Schaden mit Hegelianismus, den er doch bei seiner Unkenntnis der deutschen Sprache nicht ordentlich studieren konnte. Was ich begann, setzte nach meiner Ausweisung aus Paris Herr *Karl Grün* fort. Der hatte als Lehrer der deutschen Philosophie noch den Vorzug vor mir, daß er selbst nichts davon verstand.

Kurz vor Erscheinen seines zweiten bedeutenden Werkes „*Philo-*

---
[1] Eigentum ist Diebstahl. *Die Red.*

sophie de la misère etc." kündigte mir Proudhon dieses selbst in einem sehr ausführlichen Brief an, worin u. a. die Worte unterlaufen: „J'attends votre férule critique."[1] Indes fiel diese bald in einer Weise auf ihn (in meiner Schrift „Misère de la philosophie etc.", Paris 1847), die unserer Freundschaft für immer ein Ende machte.

Aus dem hier Gesagten ersehen Sie, daß Proudhons „*Philosophie de la misère ou Système des contradictions économiques*" eigentlich erst die Antwort enthielt auf die Frage: „*Qu'est-ce que la propriété?*" Er hatte in der Tat erst nach dem Erscheinen dieser Schrift seine ökonomischen Studien begonnen; er hatte entdeckt, daß die von ihm aufgeworfene Frage nicht beantwortet werden konnte mit einer *Invektive*, sondern nur durch *Analyse* der modernen „*politischen Ökonomie*". Er versuchte zugleich das *System* der ökonomischen Kategorien dialektisch darzustellen. An die Stelle der unlösbaren „*Antinomien*" *Kants* sollte der *Hegelsche* „*Widerspruch*" als Entwicklungsmittel treten.

Zur Beurteilung seines zweibändigen, dickleibigen Werkes muß ich Sie auf meine Gegenschrift verweisen. Ich zeigte darin u. a., wie wenig er in das Geheimnis der wissenschaftlichen Dialektik eingedrungen; wie er andererseits die Illusionen der spekulativen Philosophie teilt, indem er die *ökonomischen Kategorien, statt als theoretische Ausdrücke historischer, einer bestimmten Entwicklungsstufe der materiellen Produktion entsprechender Produktionsverhältnisse* zu begreifen, sie in präexistierende, *ewige Ideen* verfaselt, und wie er auf diesem Umwege wieder auf dem Standpunkt der bürgerlichen Ökonomie ankommt.[2]

---

[1] Ich erwarte Ihre strenge Kritik. *Die Red.*

[2] „Wenn die Ökonomen sagen, daß die gegenwärtigen Verhältnisse – die Verhältnisse der bürgerlichen Produktion – *natürliche* sind, so geben sie damit zu verstehn, daß es Verhältnisse sind, in denen die Erzeugung des Reichtums und die Entwicklung der Produktivkräfte sich gemäß den Naturgesetzen vollziehen. Somit sind diese Verhältnisse selbst von dem Einfluß der Zeit unabhängige *Naturgesetze*. Es sind *ewige Gesetze*, welche stets die Gesellschaft zu regieren haben. Somit hat es eine Geschichte gegeben, aber es gibt keine mehr." (S. 104 der vorliegenden [1892; S. 141/142 dieser Ausgabe. *Die Red.*] und S. 113 der französischen Ausgabe. Die Übersetzer.)

42

Ich zeige weiter noch, wie durchaus mangelhaft und teilweise selbst schülerhaft seine Bekanntschaft mit der „politischen Ökonomie", deren Kritik er unternahm, und wie er mit den Utopisten auf eine sogenannte „*Wissenschaft*" Jagd macht, wodurch eine Formel für die „Lösung der sozialen Frage" a priori herausspintisiert werden soll, statt die Wissenschaft aus der kritischen Erkenntnis der geschichtlichen Bewegung zu schöpfen, einer Bewegung, die selbst die *materiellen Bedingungen der Emanzipation* produziere. Namentlich aber wird gezeigt, wie Proudhon über die Grundlage des Ganzen, den *Tauschwert*, im unklaren, falschen und halben bleibt, ja die utopistische Auslegung der *Ricardo*schen Werttheorie für die Grundlage einer neuen Wissenschaft versieht. Über seinen allgemeinen Standpunkt urteile ich zusammenfassend wie folgt:

„Jedes ökonomische Verhältnis hat eine gute und eine schlechte Seite, das ist der einzige Punkt, in dem Herr Proudhon sich nicht selbst ins Gesicht schlägt. Die gute Seite sieht er von den Ökonomen hervorgehoben. Die schlechte von den Sozialisten angeklagt. Er entlehnt den Ökonomen die Notwendigkeit der ewigen Verhältnisse; er entlehnt den Sozialisten die Illusion, in dem Elend nur das Elend zu erblicken (statt darin die revolutionäre, zerstörende Seite zu erblicken, welche die alte Gesellschaft umstürzen wird). Er ist mit beiden einverstanden, wobei er sich auf die Autorität der Wissenschaft zu stützen sucht. Die Wissenschaft reduziert sich für ihn auf den zwerghaften Umfang einer wissenschaftlichen Formel; er ist der Mann auf der Jagd nach Formeln. Demgemäß schmeichelt sich Herr Proudhon, die Kritik sowohl der politischen Ökonomie als des Kommunismus gegeben zu haben – er steht tief unter beiden. Unter den Ökonomen, weil er als Philosoph, der eine magische Formel bei der Hand hat, sich erlassen zu können glaubt, in die rein ökonomischen Details einzugehen; unter den Sozialisten, weil er weder genügend Mut noch genügend Einsicht besitzt, sich, und wäre es nur spekulativ, über den Bourgeoishorizont zu erheben ... Er will als Mann der Wissenschaft über Bourgeois und Proletariern schweben; er ist nur der Kleinbürger, der beständig zwischen dem Kapital und der Arbeit, zwischen der politischen Ökonomie und dem Kommunismus

43

hin- und hergeworfen wird." (S. 109, 110 der vorliegenden[1] und S. 119, 120 der französischen Ausgabe. Die Übersetzer.)

Hart, wie das vorstehende Urteil klingt, muß ich noch heute jedes Wort desselben unterschreiben. Zugleich aber bedenke man, daß zur Zeit, wo ich Proudhons Buch für den Kodex des Sozialismus des petit bourgeois erklärte und dies theoretisch nachwies, Proudhon noch als Ultra-Erzrevolutionär von politischen Ökonomisten und von Sozialisten zugleich verketzert ward. Deshalb habe ich später auch nie eingestimmt in das Geschrei über seinen „*Verrat*" an der Revolution. Es war nicht seine Schuld, wenn er, von andern wie von sich selbst ursprünglich mißverstanden, unberechtigte Hoffnungen nicht erfüllt hat.

In der „*Philosophie de la misère*" springen alle Mängel der Proudhonschen Darstellungsweise im Kontrast zu „*Qu'est-ce que la propriété?*" sehr ungünstig hervor. Der Stil ist oft, was die Franzosen *ampoulé*[2] nennen. Hochtrabend spekulatives Kauderwelsch, deutschphilosophisch sein sollend, tritt regelrecht ein, wo ihm die gallische Verstandesschärfe ausgeht. Ein marktschreierischer, selbstlobhudelnder, ein renommistischer Ton, namentlich das stets so unerquickliche Gesalbader von und falsches Gepränge mit „*Wissenschaft*", gellt einem fortwährend ins Ohr. Statt der wirklichen Wärme, welche die erste Schrift durchleuchtet, wird sich hier an gewissen Stellen systematisch in eine fliegende Hitze hineindeklamiert. Dazu das unbeholfen-widrige Gelehrttun des Autodidakten, dessen naturwüchsiger Stolz auf originelles Selbstdenken bereits gebrochen ist und der nun als Parvenü der Wissenschaft mit dem, was er nicht ist und nicht hat, sich spreizen zu müssen wähnt. Dann die Gesinnung des Kleinbürgers, der etwa einen Mann wie *Cabet*, respektabel wegen seiner praktischen Stellung zum französischen Proletariat, unanständig brutal – weder scharf noch tief, noch selbst richtig – angreift, dagegen z. B. einem *Dunoyer* (allerdings „Staatsrat") gegenüber artig tut, obgleich die ganze Bedeutung jenes Dunoyer in dem komischen Ernst bestand, womit er drei dicke, unerträglich langweilige Bände

---

[1] 1892; S. 146/147 dieser Ausgabe. *Die Red.*
[2] schwülstig. *Die Red.*

44

hindurch den Rigorismus predigte, den Helvétius so charakterisiert: „*On veut que les malheureux soient parfaits*" (Man verlangt, daß die Unglücklichen vollkommen sein sollen).

Die Februarrevolution [2] kam Proudhon in der Tat sehr ungelegen, da er just einige Wochen zuvor unwiderleglich bewiesen hatte, daß „*die Ära der Revolutionen*" für immer vorüber sei. Sein Auftreten in der Nationalversammlung, so wenig Einsicht in die vorliegenden Verhältnisse es bewies, verdient alles Lob. *Nach* der Juniinsurrektion [3] war es ein Akt großen Mutes. Es hatte außerdem die günstige Folge, daß Herr *Thiers* in seiner Gegenrede gegen Proudhons Vorschläge, die dann als besondere Schrift veröffentlicht ward, ganz Europa bewies, auf welchem Kleinkinderkatechismus-Piedestal dieser geistige Pfeiler der französischen Bourgeoisie stand. Herrn *Thiers* gegenüber schwoll *Proudhon* in der Tat zu einem vorsündflutlichen Kolosse auf.

Proudhons Entdeckung des „crédit gratuit"¹ und die auf ihn basierte „*Volksbank*" (banque du peuple) waren seine letzten ökonomischen „Taten". In meiner Schrift „*Zur Kritik der politischen Ökonomie*", *Heft 1, Berlin 1859* (p. 59–64), findet man den Beweis, daß die theoretische Grundlage seiner Ansicht aus einer Verkennung der ersten Elemente der bürgerlichen „politischen Ökonomie", nämlich des Verhältnisses der *Waren* zum *Geld*, entspringt, während der praktische Überbau bloße Reproduktion viel älterer und weit besser ausgearbeiteter Pläne war. Daß das Kreditwesen, ganz wie es z. B. im Anfang des 18. und später wieder des 19. Jahrhunderts in England dazu diente, das Vermögen von einer Klasse auf die andere zu übertragen, unter bestimmten ökonomischen und politischen Umständen zur Beschleunigung der Emanzipation der arbeitenden Klasse dienen kann, unterliegt nicht dem geringsten Zweifel, ist selbstverständlich. Aber das *zinstragende Kapital* als die *Hauptform des Kapitals* betrachten, aber eine besondere Anwendung des Kreditwesens, angebliche Abschaffung des Zinses, zur Basis der Gesellschaftsumgestaltung machen wollen, ist eine durchaus *spießbürgerliche* Phantasie. Man findet diese Phantasie daher in der Tat auch des weiteren

---
¹ zinsloser Kredit. *Die Red.*

ausgepatscht bereits bei den *ökonomischen Wortführern der englischen Kleinbürgerschaft des siebzehnten Jahrhunderts*. Proudhons Polemik mit Bastiat (1850), bezüglich des zinstragenden Kapitals, steht tief unter der „*Philosophie de la misère*". Er bringt es fertig, selbst von Bastiat geschlagen zu werden, und bricht in burleskes Gepolter aus, wo sein Gegner ihm Gewalt antut.

Vor wenigen Jahren schrieb Proudhon eine Preisschrift – ich glaube von der Lausanner Regierung veranlaßt – über die „*Steuern*". Hier erlischt auch die letzte Spur von Genialität. Es bleibt nichts als der petit bourgeois tout pur[1].

Was Proudhons politische und philosophische Schriften angeht, so zeigt sich in allen derselbe widerspruchsvolle, zwieschlächtige Charakter wie in den ökonomischen Arbeiten. Dabei haben sie nur lokalfranzösischen Wert. Seine Angriffe gegen Religion, Kirche usw. besitzen jedoch ein großes lokales Verdienst zu einer Zeit, wo die französischen Sozialisten es passend hielten, dem bürgerlichen Voltairianismus des 18. und der deutschen Gottlosigkeit des 19. Jahrhunderts durch Religiosität überlegen zu sein. Wenn Peter der Große die russische Barbarei durch Barbarei niederschlug, so tat Proudhon sein Bestes, das französische Phrasenwesen durch die Phrase niederzuwerfen.

Als nicht nur schlechte Schriften, sondern als Gemeinheiten, jedoch dem kleinbürgerlichen Standpunkt entsprechende Gemeinheiten, sind zu bezeichnen seine Schrift über den „*coup d'état*"[4], worin er mit L. Bonaparte kokettiert, ihn in der Tat den französischen Arbeitern mundgerecht zu machen strebt, und seine letzte Schrift gegen *Polen*, worin er dem Zaren zur Ehre kretinartigen Zynismus treibt.

Man hat *Proudhon* oft mit *Rousseau* verglichen. Nichts kann falscher sein. Eher hat er Ähnlichkeit mit *Nic. Linguet,* dessen „*Théorie des lois civiles*"[2] übrigens ein sehr geniales Buch ist.

Proudhon neigte von Natur zur Dialektik. Da er aber nie die wirklich wissenschaftliche Dialektik begriff, brachte er es nur zur So-

---

[1] Kleinbürger von reinstem Wasser. *Die Red.*
[2] Theorie der bürgerlichen Gesetze. *Die Red.*

phistik. In der Tat hing das mit seinem kleinbürgerlichen Standpunkt zusammen. Der Kleinbürger ist wie der Geschichtsschreiber *Raumer* zusammengesetzt aus einerseits und andrerseits. So in seinen ökonomischen Interessen, und *daher* in seiner Politik, seinen religiösen, wissenschaftlichen und künstlerischen Anschauungen. So in seiner Moral, so in everything[1]. Er ist der lebendige Widerspruch. Ist er dabei, wie Proudhon, ein geistreicher Mann, so wird er bald mit seinen eigenen Widersprüchen spielen lernen und sie je nach Umständen zu auffallenden, geräuschvollen, manchmal skandalösen, manchmal brillanten Paradoxen ausarbeiten. Wissenschaftlicher Charlatanismus und politische Akkommodation sind von solchem Standpunkt unzertrennlich. Es bleibt nur noch ein treibendes Motiv, die *Eitelkeit* des Subjekts, und es fragt sich, wie bei allen Eiteln, nur noch um den Erfolg des Augenblicks, um das Aufsehen des Tages. So erlischt notwendig der einfache sittliche Takt, der einen Rousseau z. B. selbst jedem Scheinkompromiß mit den bestehenden Gewalten stets fernhielt.

Vielleicht wird die Nachwelt die jüngste Phase des Franzosentums dadurch charakterisieren, daß Louis Bonaparte sein Napoleon war und Proudhon sein Rousseau-Voltaire.

Sie müssen nun selbst die Verantwortlichkeit dafür übernehmen, daß Sie, so bald nach dem Tode des Mannes, die Rolle des Totenrichters mir aufgebürdet.

        Ihr ganz ergebener
        Karl Marx

---

[1] in allem. *Die Red.*

Vorrede

Herr Proudhon genießt das Unglück, auf eigentümliche Art verkannt zu werden. In Frankreich hat er das Recht, ein schlechter Ökonom zu sein, weil man ihn für einen tüchtigen deutschen Philosophen hält; in Deutschland dagegen darf er ein schlechter Philosoph sein, weil er für einen der stärksten französischen Ökonomen gilt. In unserer Doppeleigenschaft als Deutscher *und* Ökonom sehen wir uns veranlaßt, gegen diesen doppelten Irrtum Protest einzulegen.

Der Leser wird begreifen, daß wir bei dieser undankbaren Arbeit mehrfach die Kritik des Herrn Proudhon über die der deutschen Philosophie in den Hintergrund treten lassen und nebenbei uns einige Bemerkungen über die politische Ökonomie überhaupt gestatten mußten.

Brüssel, den 15. Juni 1847

Karl Marx

Das Werk des Herrn Proudhon ist nicht ganz einfach eine Abhandlung über politische Ökonomie, ein gewöhnliches Buch, es ist eine Bibel: „Mysterien", „Geheimnisse, dem Busen Gottes entrissen", „Offenbarungen", nichts davon fehlt. Aber da heutzutage die Propheten gewissenhafter geprüft werden als die profanen Autoren, muß sich der Leser schon darein ergeben, mit uns die trockene und dunkle Gelehrsamkeit der „Genesis" zu durchwandern, um sich dann mit Herrn Proudhon in die ätherischen und fruchtbaren Gefilde des *Übersozialismus* zu erheben (siehe Proudhon, *Phil. de la misère*, Prolog, S. III, Zeile 20).

ERSTES KAPITEL

Eine wissenschaftliche Entdeckung

§1. *Gegensatz von Gebrauchswert und Tauschwert*

„Die Eigenschaft aller Produkte, seien sie industrielle oder Naturprodukte: dem Unterhalt des Menschen zu dienen, wird im besonderen *Gebrauchswert* genannt, ihre Eigenschaft, sich gegeneinander auszutauschen, *Tauschwert*... Wie wird der Gebrauchswert Tauschwert? ... Die Erzeugung der Idee des (Tausch-)Wertes ist von den Ökonomen nicht mit hinreichender Sorgfalt gekennzeichnet worden, wir haben daher hier haltzumachen. Da nämlich unter den Dingen, deren ich bedarf, eine große Zahl nur in mäßiger Menge oder selbst gar nicht in der Natur sich vorfindet, so bin ich gezwungen, der Produktion dessen, was mir fehlt, nachzuhelfen, und da ich nicht an so viele Dinge selbst Hand anlegen kann, so werde ich anderen Menschen, meinen Mitarbeitern in verschiedenen Tätigkeitszweigen, *den Vorschlag machen*, mir einen Teil ihrer Produkte im *Austausch* gegen meines abzutreten." (Proudhon, Bd. I, Kap. 2.)

Herr Proudhon nimmt sich vor, uns vor allen Dingen die doppelte Natur des Wertes, *„die Unterscheidung des Wertes in sich"*, das Hervorgehen des Tauschwertes aus dem Gebrauchswerte, auseinanderzusetzen. Mit Herrn Proudhon müssen auch wir bei diesem Transsubstantiationsakt haltmachen. Sehen wir, wie sich dieser Akt nach unserm Verfasser vollzieht.

Eine sehr große Zahl von Produkten findet sich nicht in der Natur, sondern ist nur herzustellen durch die Industrie. Sobald die Bedürfnisse die freiwillige Produktion der Natur überschreiten, ist der Mensch gezwungen, zur industriellen Produktion seine Zuflucht zu nehmen. Was ist diese Industrie in der Vorstellung des Herrn Proudhon? Welches ist ihr Ursprung? Ein einzelner Mensch, der das Bedürfnis nach einer großen Anzahl von Dingen empfindet, „kann nicht an soviel Dinge selbst Hand anlegen". Soviel zu befriedigende Bedürfnisse setzen voraus soviel zu produzierende Dinge. Kein Produkt ohne Produktion. Soviel zu produzierende Dinge setzen aber schon mehr voraus als die aushelfende Hand eines einzelnen Menschen. Von dem Augenblick jedoch, wo mehr als eine zur Produktion beitragende Hand vorausgesetzt wird, wird bereits eine ganze, auf Teilung der Arbeit begründete Produktion unterstellt. So unterstellt das Bedürfnis, wie Herr Proudhon es annimmt, die Arbeitsteilung vollständig. Die Arbeitsteilung vorausgesetzt, haben wir den Austausch und folglich auch den Tauschwert. Ebensogut konnten wir den Tauschwert von vornherein als gegeben voraussetzen.

Aber Herr Proudhon hat es vorgezogen, im Kreise zu laufen; folgen wir ihm also auf seinen Umwegen, die uns stets wieder zu seinem Ausgangspunkt zurückführen werden.

Um aus dem Zustand, wo jeder als Einsiedler für sich produziert, heraus und zum Austausch zu gelangen, „wende ich mich", sagt Herr Proudhon, „an meine Mitarbeiter in verschiedenen Tätigkeitszweigen". Ich habe also Mitarbeiter, die alle verschiedenen Beschäftigungen obliegen, ohne daß wir darum, ich und alle anderen – immer nach der Voraussetzung des Herrn Proudhon –, aus der vereinsamten und wenig sozialen Stellung der Robinsons herausgetreten wären. Die Mitarbeiter und die verschiedenen Tätigkeitszweige, Arbeitsteilung und Austausch, den letztere in sich begreift, sind da, vom Himmel gefallen.

Fassen wir zusammen: Ich habe Bedürfnisse, die sich auf Arbeitsteilung und Austausch gründen. Indem Herr Proudhon diese Bedürfnisse voraussetzt, hat er auch bereits den Austausch und den Tauschwert vorausgesetzt, „dessen Entstehung er gerade mit größerer Sorgfalt als die übrigen Ökonomen zu kennzeichnen" sich vornimmt.

Herr Proudhon hätte ebensogut die Reihenfolge der Vorgänge umkehren können, ohne die Richtigkeit seiner Schlüsse zu beeinträchtigen. Um den Tauschwert zu erklären, bedarf es des Austausches. Um den Austausch zu erklären, bedarf es der Arbeitsteilung. Um die Arbeitsteilung zu erklären, bedarf es der Bedürfnisse, welche die Arbeitsteilung nötig machen. Um diese Bedürfnisse

52

zu erklären, muß man sie einfach „*voraussetzen*", was keineswegs heißt sie leugnen, entgegen dem ersten Axiom im Prolog des Herrn Proudhon: „Gott voraussetzen, heißt ihn leugnen" (Prolog, S. 1).

Wie verfährt nun Herr Proudhon mit der Teilung der Arbeit, die er als bekannt voraussetzt, um den Tauschwert zu erklären, der für ihn stets das Unbekannte bleibt?

„Ein Mensch" macht sich auf, „anderen Menschen, seinen Mitarbeitern in verschiedenen Tätigkeitszweigen, *vorzuschlagen*", den Austausch herzustellen und einen Unterschied zwischen Gebrauchswert und Tauschwert zu machen. Mit der Annahme dieser vorgeschlagenen Unterscheidung haben die Mitarbeiter Herrn Proudhon keine weitere „Sorgfalt" überlassen als die, von dieser Tatsache Akt zu nehmen, die „Entstehung der Idee des Wertes" in seiner Abhandlung über politische Ökonomie zu vermerken, sie „zu kennzeichnen". Aber er soll uns noch immer die „Entstehung" dieses Vorschlages erklären, uns endlich einmal sagen, wie dieser einzelne Mensch, dieser Robinson, plötzlich auf den Einfall gekommen ist, „seinen Mitarbeitern" einen Vorschlag der *bekannten* Art zu machen, und wie diese Mitarbeiter ihn ohne irgendwelchen Einwand angenommen haben.

Herr Proudhon geht auf diese genealogischen Einzelheiten nicht ein. Er gibt einfach der Tatsache des Austausches eine Art historischen Gepräges, indem er sie vorführt unter der Form eines Antrages, welchen ein Dritter gestellt, dahingehend, den Austausch einzuführen.

Hier haben wir eine kleine Probe von der „*historischen und beschreibenden Methode*" des Herrn Proudhon, der eine so souveräne Verachtung für die „historische und beschreibende Methode" von Adam Smith und Ricardo an den Tag legt.

Der Austausch hat seine eigene Geschichte. Er macht verschiedene Phasen durch.

Es gab eine Zeit, wo man, wie im Mittelalter, nur den Überfluß austauschte, den Überschuß der Produktion über den Verbrauch.

Es gab ferner eine Zeit, wo nicht nur der Überfluß, sondern alle Produkte, das ganze industrielle Dasein, in den Handel übergegangen waren, wo die ganze Produktion vom Austausch abhing. Wie diese zweite Phase des Austausches, den Tauschwert auf seiner zweiten Potenz, erklären?

Herrn Proudhons Antwort ist sofort fertig: Man nehme an, daß ein Mensch „anderen Menschen, seinen Mitarbeitern in verschiedenen Tätigkeitszweigen, *vorgeschlagen*" habe, den Tauschwert auf seine zweite Potenz zu erheben.

Kam endlich eine Zeit, wo alles, was die Menschen bisher als unveräußerlich betrachtet hatten, Gegenstand des Austausches, des Schachers, veräußert wurde. Es ist dies die Zeit, wo selbst Dinge, die bis dahin mitgeteilt wurden, aber nie ausgetauscht, gegeben, aber nie verkauft, erworben, aber nie gekauft: Tugend, Liebe, Überzeugung, Wissen, Gewissen usw., wo mit einem Wort alles Sache des Handels wurde. Es ist die Zeit der allgemeinen Korruption, der universellen Käuflichkeit oder, um die ökonomische Ausdrucksweise zu gebrauchen, die Zeit, in der jeder Gegenstand, ob physisch oder moralisch, als Handelswert auf den Markt gebracht wird, um auf seinen richtigsten Wert abgeschätzt zu werden.

Wie nun diese neue und letzte Phase des Austausches – den Tauschwert auf seiner dritten Potenz – erklären?

Herrn Proudhons Antwort wäre sofort fertig: Nehmt an, eine Person habe „anderen Personen, ihren Mitarbeitern in verschiedenen Tätigkeitszweigen, *vorgeschlagen*", aus der Tugend, der Liebe usw. einen Handelswert zu machen, den Tauschwert auf seine dritte und letzte Potenz zu erheben.

Man sieht, „die historische und beschreibende Methode" des Herrn Proudhon ist zu allem gut, beantwortet alles, erklärt alles. Handelt es sich darum, „die Erzeugung einer ökonomischen Idee" historisch zu erklären, so setzt er einen Menschen voraus, der anderen Menschen, „seinen Mitarbeitern in verschiedenen Tätigkeitszweigen", vorschlägt, diesen Akt der Erzeugung zu vollziehen, und alles ist fertig.

Von nun ab akzeptieren wir „die Erzeugung" des Tauschwertes als einen vollzogenen Akt; es bleibt jetzt nur noch die Beziehung des Tauschwertes zum Gebrauchswert auseinanderzusetzen. Hören wir Herrn Proudhon:

54

„Die Ökonomen haben den doppelten Charakter des Wertes sehr gut hervorgehoben, was sie aber nicht mit derselben Deutlichkeit ausgedrückt haben, ist seine sich selbst *widersprechende Natur* – hier beginnt unsere Kritik... Es bedeutet wenig, beim Gebrauchswert und Tauschwert auf jenen überraschenden Kontrast hinzuweisen, bei dem die Ökonomen nur etwas sehr Einfaches zu sehen gewohnt sind, es gilt zu zeigen, daß diese vorgebliche Einfachheit ein tiefes Mysterium verbirgt, welches zu durchdringen unsere Pflicht ist... Um uns technisch auszudrücken, stehen Gebrauchswert und Tauschwert im umgekehrten Verhältnis zueinander."

Wenn wir den Gedanken des Herrn Proudhon richtig erfaßt haben, so will er folgende vier Punkte feststellen:

1. Gebrauchwert und Tauschwert bilden „einen überraschenden Kontrast", stehen im Gegensatz zueinander.

2. Gebrauchswert und Tauschwert stehen im umgekehrten Verhältnis zueinander, widersprechen sich.

3. Die Ökonomen haben weder den Gegensatz noch den Widerspruch gesehen oder erkannt.

4. Die Kritik des Herrn Proudhon fängt an mit dem Ende.

Auch wir fangen an mit dem Ende, und um die Ökonomen von den Anklagen des Herrn Proudhon zu entlasten, wollen wir zwei ziemlich bedeutende Ökonomen sprechen lassen.

Sismondi: „Der Handel hat alle Dinge auf den Gegensatz zwischen Gebrauchswert und Tauschwert zurückgeführt, usw." (*Études*[1], Bd. II, S. 162, Brüsseler Ausgabe.)

Lauderdale: „Im allgemeinen nimmt der Nationalreichtum (Gebrauchswert) in dem Verhältnis ab, wie die Einzelvermögen durch das Steigen des Tauschwertes anwachsen; und in dem Maße, wie dieselben durch das Fallen dieses Wertes abnehmen, steigt in der Regel der erstere." (*Recherches sur la nature et l'origine de la richesse publique;* traduit par Lagentie de Lavaisse[2], Paris 1808 [S. 33].)

Sismondi hat auf den *Gegensatz* zwischen Gebrauchswert und

---
[1] Studien. *Die Red.*
[2] Untersuchungen über die Natur und den Ursprung des öffentlichen Reichtums, übersetzt von Lagentie de Lavaisse. *Die Red.*

Tauschwert seine Haupttheorie begründet, nach welcher das Einkommen abnimmt im Verhältnis, wie die Produktion gesteigert wird.

Lauderdale hat sein System auf das umgekehrte Verhältnis beider Wertarten begründet, und seine Theorie war zur Zeit *Ricardos* so populär, daß dieser von ihr wie von einer bekannten Sache sprechen durfte. „Durch Verwirrung der Begriffe von Tauschwert und Reichtum (Gebrauchswert) kam man zur Behauptung, man könne den Reichtum vermehren durch Verminderung der Menge der zum Leben notwendigen, nützlichen oder angenehmen Dinge." (Ricardo, *Principes d'économie politique*, traduit par Constancio, annotés par J.-B. Say[1], Paris 1835, Bd. II, Kapitel *Über Wert und Reichtum*.)

Wir sehen, daß die Ökonomen vor Herrn Proudhon auf das tiefe Mysterium vom Gegensatz und Widerspruch „hingewiesen" haben. Sehen wir jetzt, wie Herr Proudhon nach den Ökonomen seinerseits dieses Mysterium erklärt.

Der Tauschwert eines Produkts fällt in dem Maße, wie das Angebot zunimmt, wenn die Nachfrage dieselbe bleibt; mit anderen Worten: Je mehr ein Produkt *im Verhältnis zur Nachfrage* überreichlich vorhanden ist, um so niedriger ist sein Tauschwert oder Preis. *Umgekehrt:* Je schwächer das Angebot im Verhältnis zur Nachfrage ist, um so höher steigt der Tauschwert oder Preis des Produkts; mit anderen Worten: Je größer die Seltenheit der angebotenen Produkte im Verhältnis zur Nachfrage, um so größer die Preiserhöhung. Der Tauschwert eines Produktes hängt von seinem Überfluß oder seiner Seltenheit ab, aber stets im Verhältnis zur Nachfrage. Man nehme ein mehr als seltenes, meinetwegen in seiner Art einziges Produkt – es wird mehr als überreichlich vorhanden, es wird überflüssig sein, wenn keine Nachfrage dafür da ist. Umgekehrt, man nehme ein ins Millionenfache vervielfältigtes Produkt, es wird stets selten sein, wenn es nicht die Nachfrage deckt, d. h. wenn zuviel Nachfrage nach ihm ist.

Das sind, möchten wir sagen, fast gemeinplätzliche Wahrheiten,

---

[1] Grundsätze der politischen Ökonomie, übersetzt von Constancio, mit Anmerkungen versehen von J.-B. Say. *Die Red.*

und doch mußten wir sie hier wieder vorführen, um die Mysterien des Herrn Proudhon verständlich zu machen.

„So daß, wenn man das Prinzip bis zu seinen letzten Konsequenzen verfolgen wollte, man zu diesem logischsten aller Schlüsse gelangen müßte, daß die Dinge, deren Gebrauch notwendig und deren Menge unbegrenzt ist, umsonst zu haben sein, und diejenigen, deren Nutzwert Null und deren Seltenheit außerordentlich ist, unendlich hoch im Preise stehen müßten. Was die Verwirrung auf den Gipfel steigert, ist, daß in der Praxis diese beiden Extreme nicht vorkommen: Einerseits kann kein menschliches Produkt je zu unendlicher Menge anwachsen; andererseits müssen die seltensten Dinge bis zu einem gewissen Grade nützlich sein, sonst würden sie gar keinen Wert haben können. Gebrauchswert und Tauschwert sind also notwendigerweise miteinander verbunden, obwohl sie ihrer Natur nach sich beständig auszuschließen streben." (Bd. I, S. 39.)

Was steigert die Verwirrung des Herrn Proudhon auf den höchsten Gipfel? Ganz einfach, daß er die *Nachfrage* vergessen hat und daß ein Ding nur überreichlich oder selten vorhanden ist, je nachdem es verlangt wird. Einmal die Nachfrage beiseite gelassen, setzt er den Tauschwert der *Seltenheit* und den Gebrauchswert dem *Überfluß* gleich. In der Tat, wenn er sagt, daß die Dinge, „deren *Nutzwert Null* und deren *Seltenheit außerordentlich* ist, *unendlich hoch im Preise* stehen", sagt er ganz einfach, daß Tauschwert lediglich Seltenheit ist. „Äußerste Seltenheit und Nützlichkeit gleich Null", das ist Seltenheit schlechtweg. „Unendlich hoher Preis" ist das Maximum des Tauschwertes, ist der reine Tauschwert. Diese beiden Ausdrücke stellt er in Gleichung. Tauschwert und Seltenheit sind somit gleichbedeutende Bezeichnungen. Indem er zu diesen angeblich „äußersten Konsequenzen" gelangt, hat Herr Proudhon allerdings die Worte aufs Äußerste getrieben, aber nicht den Inhalt, den sie ausdrücken, und er treibt damit mehr Rhetorik als Logik. Da, wo er neue Konsequenzen gefunden zu haben glaubt, findet er nur seine ursprünglichen Voraussetzungen in ihrer ganzen Nacktheit wieder. Dank demselben Verfahren bringt er es fertig, Gebrauchswert und reinen Überfluß als gleichbedeutend hinzustellen.

Nachdem er Tauschwert und Seltenheit, Gebrauchswert und Überfluß gleichgesetzt hat, ist Herr Proudhon ganz verwundert, daß er weder den Gebrauchswert in Seltenheit und Tauschwert noch den Tauschwert in Überfluß und Gebrauchswert findet; und da er ferner einsieht, daß in der Praxis diese Extreme nicht vorkommen, bleibt ihm nichts übrig, als an ein Mysterium zu glauben. Er kennt einen Preis, der unendlich hoch ist, eben weil es keine Käufer für ihn gibt, und Käufer wird er nie finden, solange er von der Nachfrage absieht.

Andererseits scheint der Überfluß des Herrn Proudhon von selbst zu entstehen. Er vergißt ganz, daß es Leute gibt, die ihn produzieren, und daß es in ihrem Interesse liegt, die Nachfrage nie aus dem Auge zu verlieren. Wenn nicht, wie käme Herr Proudhon sonst dazu, zu behaupten, daß die Dinge, die einen sehr großen Nutzwert haben, sehr billig sein oder sogar nichts kosten müßten? Er hätte im Gegenteil zu dem Schluß kommen müssen, daß man den Überfluß, die Produktion der sehr nützlichen Dinge, einschränken müsse, wenn man ihren Preis, ihren Tauschwert erhöhen will.

Wenn früher die französischen Weinbauern ein Gesetz verlangten, welches die Anlage neuer Weinberge untersagte, wenn die Holländer die Gewürze Asiens verbrannten, die Nelkenbäume auf den Molukken ausrotteten, so wollten sie einfach den Überfluß vermindern, um den Tauschwert zu erhöhen. Das ganze Mittelalter verfuhr nach demselben Prinzip, als es durch Gesetze die Anzahl der Gesellen einschränkte, die jeder einzelne Meister beschäftigen, die Zahl der Werkzeuge, die er in Anwendung bringen durfte. (Vgl. Anderson, *Geschichte des Handels*.)

Nachdem er nun Überfluß als Gebrauchswert und Seltenheit als Tauschwert hingestellt – nichts leichter als der Nachweis, daß Überfluß und Seltenheit sich umgekehrt zueinander verhalten –, identifiziert Herr Proudhon den Gebrauchswert mit dem *Angebot* und den Tauschwert mit der *Nachfrage*. Um die Antithese noch krasser erscheinen zu lassen, schiebt er einen andern Ausdruck unter und setzt „*Meinungswert*" statt *Tauschwert*. So ist der Streit auf ein anderes Gebiet verlegt, und wir haben auf der einen Seite die *Nützlich-*

keit (Gebrauchswert, Angebot), auf der anderen die *Meinung* (Tauschwert, Nachfrage).

Wie diese einander widersprechenden Faktoren aussöhnen? Was tun, um sie in Einklang zu setzen? Läßt sich zum mindesten ein Punkt finden, der ihnen gemeinsam ist?

Sicher, ruft Herr Proudhon aus, es gibt einen: der *freie Wille*. Der Preis, der aus diesem Kampf zwischen Angebot und Nachfrage, zwischen Nutzen und Meinung, sich ergibt, kann nicht der Ausdruck der ewigen Gerechtigkeit sein.

Herr Proudhon entwickelt diese Antithese weiter:

„In meiner Eigenschaft als *freier Käufer* bin ich Richter über mein Bedürfnis, Richter über die Zweckmäßigkeit des Gegenstandes, Richter über den Preis, den ich dafür anlegen *will*. Andererseits bist du als *freier Produzent* Herr über die *Herstellungsmittel* und folglich imstande, deine Kosten zu verringern." (Bd. I, S. 41.)

Und da Nachfrage oder Tauschwert identisch ist mit Meinung, so sieht sich Herr Proudhon veranlaßt zu sagen:

„Es ist erwiesen, daß es der *freie Wille* ist, der den Gegensatz zwischen Gebrauchswert und Tauschwert herbeiführt. Wie diesen Gegensatz auflösen, solange der freie Wille besteht? Und wie den freien Willen opfern, ohne den Menschen preiszugeben?" (Bd. I, S. 41.)

Hier ist es also nicht möglich, zu einem Resultat zu gelangen. Wir haben einen Kampf zwischen zwei sozusagen inkommensurablen Mächten, zwischen Nutzen und Meinung, zwischen freiem Käufer und freiem Produzenten.

Sehen wir die Dinge etwas näher an.

Das Angebot stellt nicht ausschließlich den Nutzen, die Nachfrage nicht lediglich die Meinung dar. Bietet derjenige, der nachfragt, nicht ebenfalls selbst irgendein Produkt oder das Vertretungszeichen aller Produkte: Geld, an und vertritt er nicht als Anbietender nach Herrn Proudhon den Nutzen oder Gebrauchswert?

Der Anbietende, andererseits, hält er nicht gleichzeitig Nachfrage nach irgendeinem Produkt oder dem Vertretungszeichen aller Produkte: Geld? Und wird er damit nicht Vertreter der Meinung, des Meinungs- oder Tauschwertes?

59

Die Nachfrage ist gleichzeitig ein Angebot, das Angebot gleichzeitig eine Nachfrage. Somit beruht die Antithese des Herrn Proudhon, die einfach Angebot und Nachfrage mit Nutzen und Meinung identifiziert, lediglich auf einer hohlen Abstraktion.

Was Herr Proudhon Gebrauchswert nennt, nennen andere Ökonomen mit ebensoviel Recht Meinungswert. Wir wollen nur Storch anführen. (*Cours d'économie politique*[1], Paris 1823, S. 88 u. 99.)

Nach ihm heißen die Dinge, für die wir Bedürfnis empfinden, *Bedürfnisse; Werte* diejenigen, denen wir einen Wert beilegen. Die meisten Dinge haben nur Wert, weil sie die durch die Meinung geschaffenen Bedürfnisse befriedigen. Die Meinung über unsere Bedürfnisse kann wechseln, und so auch die Nützlichkeit der Dinge, die nur die Beziehung dieser Dinge zu unseren Bedürfnissen ausdrückt. Selbst die natürlichen Bedürfnisse wechseln beständig. In der Tat, welche Verschiedenheit besteht nicht z. B. zwischen den Gegenständen, die bei den verschiedenen Völkern als Hauptnahrung dienen!

Der Kampf findet nicht zwischen Nutzen und Meinung statt: Er geht vor zwischen dem Handelswert, den der Anbietende fordert, und dem Handelswert, den der Nachfragende anbietet. Der Tauschwert des Produktes ist stets die Resultante dieser einander widersprechenden Abschätzungen.

In letzter Instanz stellen Angebot und Nachfrage die Produktion und die Konsumtion einander gegenüber, aber Produktion und Konsumtion begründet auf den Austausch zwischen einzelnen.

Das Produkt, welches man anbietet, ist nicht das Nützliche an und für sich. Der Konsument erst bestimmt seine Nützlichkeit. Und selbst wenn man ihm die Eigenschaft der Nützlichkeit zuerkennt, so stellt es nicht die Nützlichkeit als solche dar. Im Verlauf der Produktion ward es gegen alle Produktionskosten ausgetauscht, gegen Rohstoffe, Arbeitslöhne usw., alles Dinge, die einen Handelswert haben. Somit vertritt das Produkt in den Augen des Produzenten eine Summe von Handelswerten. Was er anbietet, ist nicht nur ein nützlicher Gegenstand, sondern auch, und zwar vor allem, ein Tauschwert.

---

[1] Kursus der politischen Ökonomie. *Die Red.*

Was die Nachfrage anbetrifft, so ist sie nur wirksam, soweit sie über Tauschmittel verfügt. Diese Mittel sind selbst wiederum Produkte, Tauschwerte.

In Angebot und Nachfrage finden wir somit einerseits ein Produkt, welches Tauschwerte gekostet hat, und das Bedürfnis zu verkaufen; andererseits Mittel, die Tauschwerte gekostet haben, und den Wunsch zu kaufen.

Herr Proudhon stellt den *freien Käufer* dem *freien Produzenten* gegenüber. Er legt beiden rein metaphysische Eigenschaften bei. Daher kann er auch sagen: „Es ist erwiesen, daß der *freie Wille* des Menschen es ist, der den Gegensatz zwischen Gebrauchswert und Tauschwert hervorruft." [I, 41.]

Solange der Produzent in einer auf Arbeitsteilung und Einzelaustausch begründeten Gesellschaft produziert – und das ist die Voraussetzung des Herrn Proudhon –, ist er gezwungen zu verkaufen. Herr Proudhon macht den Produzenten zum Herrn der Produktionsmittel, er wird uns aber zugeben, daß der Besitz dieser Produktionsmittel nicht vom *freien Willen* abhängt. Mehr noch: Diese Produktionsmittel sind zum großen Teil Produkte, die er vom Ausland bezieht, und in der modernen Produktion ist er nicht einmal frei, die Menge, die er will, zu produzieren; der jeweilige Stand der Entwicklung der Produktionskräfte zwingt ihn, auf dieser oder jener bestimmten Stufenleiter zu produzieren.

Der Konsument ist nicht freier als der Produzent. Seine Meinung hängt ab von seinen Mitteln und seinen Bedürfnissen. Beide werden durch seine soziale Lage bestimmt, die wiederum selbst abhängt von der allgemeinen sozialen Organisation. Allerdings der Arbeiter, der Kartoffeln kauft, und die ausgehaltene Mätresse, die Spitzen kauft, folgen beide nur ihrer respektiven Meinung; aber die Verschiedenheit ihrer Meinungen erklärt sich durch die Verschiedenheit der Stellung, die sie in der Welt einnehmen und die selbst wiederum ein Produkt der sozialen Organisation ist.

Ist das System der Bedürfnisse in seiner Gesamtheit auf die Meinung oder auf die gesamte Organisation der Produktion begründet? In den meisten Fällen entspringen die Bedürfnisse aus der Produktion oder aus einem auf die Produktion begründeten allgemeinen Zustand. Der Welthandel dreht sich fast ausschließlich um Bedürfnisse – nicht der Einzelkonsumtion, sondern der Produktion. Um ein anderes Beispiel zu wählen, setzt nicht das Bedürfnis nach Notaren ein gegebenes Zivilrecht voraus, das nur der Ausdruck einer bestimmten Entwicklung des Eigentums, d. h. der Produktion, ist?

Es genügt Herrn Proudhon nicht, aus dem Verhältnis von Angebot und Nachfrage die Elemente auszumerzen, von denen wir gesprochen. Er treibt die Abstraktion auf die Spitze, indem er alle Produzenten in *einen einzigen* Produzenten, alle Konsumenten in *einen einzigen* Konsumenten zusammenschweißt und den Kampf zwischen diesen beiden chimärischen Personen sich ausspielen läßt. Aber in der wirklichen Welt wickeln sich die Dinge anders ab. Die Konkurrenz zwischen den Anbietenden sowohl wie die Konkurrenz zwischen den Nachfragenden bildet ein notwendiges Element des Kampfes zwischen Käufern und Verkäufern, dessen Ergebnis der Tauschwert ist.

Nachdem er Produktionskosten und Konkurrenz ausgemerzt hat, kann Herr Proudhon die Formel von Angebot und Nachfrage nach Belieben aufs Absurde reduzieren.

„Angebot und Nachfrage", sagt er, „sind nichts anderes als zwei *zeremonielle Formen*, die dazu dienen, Gebrauchswert und Tauschwert einander gegenüberzustellen und ihre Versöhnung[5] zu veranlassen. Es sind die beiden elektrischen Pole, die, in Verbindung gesetzt, die Wahlverwandtschaftserscheinung, *Austausch* genannt, zur Folge haben müssen." (Bd. I, S. 49 u. 50.)

Ebensogut könnte man sagen, der Austausch sei nur eine „zeremonielle Form", um den Konsumenten und den Konsumtionsgegenstand zusammenzuführen. Ebensogut könnte man sagen, alle ökonomischen Beziehungen seien nur „zeremonielle Formen", um den unmittelbaren Konsum zu vermitteln. Angebot und Nachfrage sind Verhältnisse einer gegebenen Produktion, nicht mehr und nicht weniger als der Einzelaustausch.

Worin besteht somit die ganze Dialektik des Herrn Proudhon? Darin, daß er für Gebrauchs- und Tauschwert, für Angebot und

Nachfrage abstrakte und sich widersprechende Begriffe setzt, wie Seltenheit und Überfluß, Nützlichkeit und Meinung, *einen* Produzenten und *einen* Konsumenten, beide *Ritter vom freien Willen*.

Und worauf wollte er hinaus?

Sich das Mittel freihalten, früher oder später eines der ausgemerzten Elemente, die *Produktionskosten*, einzuführen als die *Synthese* zwischen Gebrauchswert und Tauschwert. Und so bilden denn in seinen Augen die Produktionskosten den *synthetischen* oder *konstituierten Wert*.

§2. Der konstituierte oder synthetische Wert

„Der (Tausch-)Wert ist der Eckstein des ökonomischen Gebäudes." Der „*konstituierte*" Wert ist der Eckstein des Systems der ökonomischen Widersprüche.

Was ist nun dieser „*konstituierte Wert*", der die ganze Entdeckung des Herrn Proudhon in der politischen Ökonomie ausmacht?

Die Nützlichkeit einmal vorausgesetzt, ist die Arbeit die Quelle des Wertes. Das Maß der Arbeit ist die Zeit. Der relative Wert der Produkte wird bestimmt durch die Arbeitszeit, die zu ihrer Herstellung aufgewendet werden mußte. Der Preis ist der in Geld ausgedrückte relative Wert eines Produktes. Der *konstituierte* Wert endlich eines Produktes ist ganz einfach der Wert, der konstituiert wird durch die in demselben enthaltene Arbeitszeit.

Wie Adam Smith die *Arbeitsteilung* entdeckt hat, so behauptet Herr Proudhon, den „*konstituierten Wert*" entdeckt zu haben. Das ist nicht just „etwas Unerhörtes", indes muß man zugeben, daß in keiner Entdeckung der ökonomischen Wissenschaft etwas Unerhörtes liegt. Immerhin sucht Herr Proudhon, der die ganze Bedeutung seiner Entdeckung ahnt, das Verdienst derselben abzuschwächen, „um den Leser über seine Ansprüche auf Originalität zu beruhigen und die Geister wieder auszusöhnen, deren Ängstlichkeit neuen Ideen wenig günstig ist". Nach Maßgabe jedoch, wie er seinen Vorläufern den Anteil zumißt, den jeder von ihnen an der Feststellung des Wertes gehabt, kommt er gezwungenermaßen dahin, laut zu verkünden, daß ihm der größte, der Löwenanteil gebührt.

„Die synthetische Wertidee wurde von Adam Smith in unbestimmter Weise erfaßt..., aber diese Wertidee war bei Adam Smith ganz intuitiv: Die Gesellschaft jedoch ändert ihre Gewohnheiten nicht auf bloße Intuitionen hin, sie folgt erst der Autorität der Tatsache. Die Antinomie mußte auf eine eindrucksvollere und präzisere Art und Weise hervorgehoben werden: J.-B. Say war ihr hauptsächlicher Dolmetscher." [I, 66.]

Da haben wir die Geschichte der Entdeckung des synthetischen Wertes fix und fertig: Adam Smith gebührt die vage Intuition, J.-B. Say die Antinomie, Herrn Proudhon die konstituierende und „konstituierte" Wahrheit. Und man täusche sich nicht: Alle anderen Ökonomen, von Say bis Proudhon, haben sich im Geleise der Antinomie bewegt. „Es ist unglaublich, daß so viele verständige Menschen sich seit vierzig Jahren gegen eine so einfache Idee abquälen. Aber nein, *die Vergleichung der Werte wird vollzogen, ohne daß es zwischen ihnen irgendeinen Vergleichspunkt gäbe und ohne Maßeinheit:* – das haben die *Ökonomen des neunzehnten Jahrhunderts*, anstatt die revolutionäre Theorie der Gleichheit zu erfassen, gegen alle und jeden zu behaupten sich entschlossen. *Was wird die Nachwelt dazu sagen?*" (Bd. I, S. 68.)

Die auf so brüske Art angerufene Nachwelt wird zunächst über die Chronologie in Zweifel geraten. Sie muß sich notwendig fragen: Sind denn Ricardo und seine Schule keine Ökonomen des neunzehnten Jahrhunderts? Das System Ricardos, der als Prinzip aufstellte, „daß der relative Wert der Waren ausschließlich auf der zu ihrer Herstellung erforderten Arbeit beruht", datiert vom Jahre 1817. Ricardo ist das Haupt einer ganzen Schule, die seit der Restauration [6] in England herrscht. Die Ricardosche Lehre repräsentiert schroff, unbarmherzig die ganze englische Bourgeoisie, die selbst wiederum der Typus der modernen Bourgeoisie überhaupt ist. „Was die Nachwelt dazu sagen wird?" Sie wird nicht sagen, daß Herr Proudhon Ricardo nicht gekannt hat, denn er spricht von ihm, lang und breit, er kommt immer wieder auf ihn zurück und sagt schließlich, daß sein System „Kohl" ist. Wenn sich die Nachwelt jemals hineinmischt, so wird sie vielleicht sagen, daß Herr Proudhon, aus Furcht, die Anglophobie seiner Leser zu verletzen, es vorgezogen hat, sich zum verantwortlichen Herausgeber der Ideen Ricardos herzugeben. Wie dem jedoch sei, wird sie es sehr naiv finden, daß Herr Proudhon das als „revolutionäre Zukunftstheorie" hinstellt, was Ricardo wissenschaftlich nachgewiesen hat als die Theorie der gegenwärtigen, der bürgerlichen Gesellschaft, und daß er somit als Auflösung der Antinomie zwischen Gebrauchswert und Tauschwert das annimmt, was Ricardo und dessen Schule lange vor ihm als die wissenschaftliche Formel der einen Seite der Antinomie, des *Tauschwertes*, aufgestellt haben. Aber lassen wir ein für allemal die Nachwelt beiseite und konfrontieren wir Herrn Proudhon mit seinem Vorgänger Ricardo. Folgende Stellen aus diesem Schriftsteller fassen seine Werttheorie zusammen:

„Nicht die Nützlichkeit ist das Maß des *Tauschwertes*, obwohl sie ein notwendiges Element desselben ist." (S. 3, Bd. I, von „*Principes de l'économie politique* etc.", traduit de l'anglais[1] par J.S. Constancio, Paris 1835.)

„Die Dinge, sobald sie einmal als an sich nützlich anerkannt sind, ziehen ihren Tauschwert aus zwei Quellen: aus ihrer Seltenheit und der zu ihrer Gewinnung nötigen Arbeitsmenge. Es gibt Dinge, deren Wert nur von ihrer Seltenheit abhängt. Da keine Arbeit ihre Zahl vermehren kann, so kann ihr Wert nur sinken auf Grund ihres größeren Überflusses. Hierhin gehören Bildsäulen, kostbare Gemälde usw. Dieser Wert hängt einzig von dem Vermögen, dem Geschmack und der Laune derer ab, die Lust verspüren, diese Gegenstände zu besitzen." (Bd. I, S. 4 u. 5, a. a. O.) „Sie machen jedoch nur ein sehr geringes Quantum der Waren aus, die täglich ausgetauscht werden. Da die größte Anzahl der Gegenstände, die man zu besitzen wünscht, Erzeugnisse der Industrie sind, kann man sie, sobald man die zu ihrer Herstellung notwendige Arbeit aufwenden will, nicht nur in

---

[1] übersetzt aus dem Englischen. Siehe S. 56 dieser Ausgabe, Fußnote. *Die Red.*

einem Lande, sondern in mehreren Ländern in fast unbegrenzter Menge vervielfältigen." (Bd. I, S. 5, a. a. O.) „Wenn wir also von Waren, ihrem Tauschwert und den Prinzipien reden, nach denen sich ihr Preis regelt, so haben wir nur diejenigen Waren im Auge, deren Menge durch menschliche Arbeit beliebig vermehrt werden kann, deren Produktion durch die Konkurrenz gefördert wird und auf keine Hindernisse stößt." (Bd. I, S. 5.)

Ricardo zitiert Adam Smith, der nach ihm „die erste Quelle des Tauschwertes mit *großer Genauigkeit* entwickelt hat" (Smith, I, Kap. 5), und fügt hinzu:

„Daß dies (die Arbeitszeit nämlich) in Wahrheit die Grundlage des Tauschwertes aller Dinge ist, die ausgenommen, welche durch menschliche Arbeit nicht beliebig vermehrt werden können, ist ein höchst wichtiger Lehrsatz der politischen Ökonomie: Denn aus keiner Quelle sind soviel Irrtümer geflossen, soviel Meinungsverschiedenheiten in dieser Wissenschaft entsprungen wie aus der oberflächlichen und wenig präzisen Auslegung des Wortes *Wert*." (Bd. I, S. 8.)

„Wenn die in einen Gegenstand hineingelegte Arbeitsmenge es ist, die seinen Tauschwert bestimmt, so folgt daraus, daß jede Vermehrung der Arbeitsmenge notwendigerweise den Wert des Gegenstandes vermehren muß, auf den sie verwendet wurde, und daß ebenso jede Verminderung der Arbeit den Preis desselben vermindern muß." (Bd. I, S. 8.)

Ricardo macht dann Adam Smith den Vorwurf:

1. Daß er „für den Wert einen anderen Maßstab als die Arbeit aufstellte, bald den Wert des Getreides, bald die Arbeitsmenge, welche eine Sache zu kaufen vermag usw." (Bd. I, S. 9 u. 10.)

2. Daß er „das Prinzip ohne Vorbehalt einräume und doch seine Anwendung auf den ursprünglichen rohen Zustand der Gesellschaft beschränke, der der Anhäufung der Kapitalien und dem Privateigentum an Grund und Boden vorhergeht". (Bd. I, S. 21.)

Ricardo sucht den Nachweis zu liefern, daß das Grundeigentum, d. h. die (Boden-)Rente, den Wert der Lebensmittel nicht beeinflussen kann und daß die Akkumulation der Kapitalien nur einen zeitweiligen und oszillierenden Einfluß auf das Verhältnis der Werte ausübt, die bestimmt werden durch das Verhältnis der zu ihrer Herstellung aufgewendeten Arbeitsmenge. Um diesen Satz zu beweisen, entwickelt er seine berühmte Grundrententheorie, analysiert er das Kapital und gelangt in letzter Instanz dahin, in demselben nur aufgehäufte Arbeit zu finden. Alsdann entwickelt er eine ganze Theorie über das Verhältnis von Arbeitslohn und Profit und beweist, daß Lohn und Profit im umgekehrten Verhältnis zueinander steigen und fallen, ohne den Wert des Produktes zu beeinflussen. Er übersieht dabei nicht den Einfluß, den die Anhäufung der Kapitalien und ihre verschiedene Natur (fixes und flüssiges Kapital) sowie die Lohnhöhe auf den verhältnismäßigen Wert der Produkte ausüben können. Es sind das sogar die hauptsächlichsten Probleme, die Ricardo beschäftigen.

„Keine Ersparnis von Arbeit", sagt er, „ermangelt je, den relativen Wert[1] einer Ware sinken zu machen, sei es, daß diese Ersparnis die Arbeit, die zur Verfertigung des Gegenstandes selbst nötig ist, betrifft, sei es, daß sie sich auf die zur Bildung des bei dieser Verfertigung angewendeten Kapitals bezieht." (Bd. I, S. 28.) „Solange daher ein Arbeitstag dem einen die gleiche Menge Fisch und dem andern ebensoviel Wildbret abwirft, wird die natürliche Höhe der bezüglichen Tauschpreise stets dieselbe bleiben, welche Veränderungen auch sonst in den Arbeitslöhnen und Profiten vorgehen mögen und unbeschadet aller Einwirkungen der Kapitalanhäufung." (Bd. I, S. 32.) „Wir haben die Arbeit als die Grundlage des Wertes der Dinge betrachtet und die zu deren Herstellung notwendige Arbeitsmenge als den Maßstab, der die Menge der Waren bestimmt, die im Austausch für andere hingegeben werden müssen; aber wir haben nicht die Absicht zu leugnen, daß in dem jeweiligen Preis

---

[1] Ricardo bestimmt bekanntlich den Wert einer Ware durch die „Menge der Arbeit, die zu ihrer Erlangung erforderlich ist". Die in jeder auf Warenproduktion beruhenden Produktionsweise, also auch in der kapitalistischen, herrschende Austauschform bringt es aber mit sich, daß dieser Wert nicht direkt in Mengen von Arbeit ausgedrückt wird, sondern in Mengen einer anderen Ware. Der Wert einer Ware, ausgedrückt in einem Quantum einer anderen Ware (Geld oder nicht), heißt bei Ricardo ihr relativer Wert. F. E.

der Waren zufällige und vorübergehende Abweichungen von diesem ursprünglichen natürlichen Preise vorkommen." (Bd. I, S. 105, a. a. O.) „Die Produktionskosten sind es, die in letzter Instanz den Preis der Dinge bestimmen, und nicht, wie man oft behauptet hat, das Verhältnis zwischen Angebot und Nachfrage." (Bd. II, S. 253.)

Lord Lauderdale hatte die Veränderungen des Tauschwertes nach dem Gesetz von Angebot und Nachfrage oder von Seltenheit und Überfluß in Beziehung zur Nachfrage entwickelt. Nach ihm kann der Wert einer Sache steigen, wenn deren Menge abnimmt, aber die Nachfrage nach ihr wächst; er kann sinken, je nachdem ihre Menge zunimmt oder die Nachfrage nach ihr abnimmt. So kann der Wert eines Gegenstandes sich verändern durch die Einwirkung von acht verschiedenen Ursachen, nämlich der vier Ursachen, welche auf diesen selbst Bezug haben, und der vier Ursachen, welche sich auf das Geld oder jede andere Ware beziehen, die als Maß ihres Wertes dient. Ricardo widerlegt das folgendermaßen:

„Produkte, welche das *Monopol* eines einzelnen oder einer Gesellschaft sind, ändern ihren Wert nach dem Gesetz, welches Lord Lauderdale aufgestellt hat; sie sinken entsprechend dem Wachsen des Angebots und steigen mit dem Verlangen, welches die Käufer an den Tag legen, sie zu erwerben; ihr Preis steht in keinem notwendigen Verhältnis zu ihrem natürlichen Wert. Was aber die Dinge betrifft, die der Konkurrenz unter den Verkäufern unterliegen und deren Menge bis zu einem gewissen Grade vermehrt werden kann, so hängt ihr Preis endgültig nicht von dem Stande der Nachfrage und Zufuhr, sondern von der Vermehrung oder Verminderung der Produktionskosten ab." (Bd. II, S. 259.)

Wir überlassen es dem Leser, die so präzise, klare, einfache Sprache Ricardos mit den rhetorischen Anstrengungen zu vergleichen, die Herr Proudhon anstellt, um zur Festsetzung des Tauschwertes durch die Arbeitszeit zu gelangen.

Ricardo zeigt uns die wirkliche Bewegung der bürgerlichen Produktion, die den Wert konstituiert. Herr Proudhon abstrahiert von dieser wirklichen Bewegung und quält sich ab, um neue Prozesse zu erfinden und die Welt nach einer angeblich neuen Formel einzurichten, die nur der theoretische Ausdruck der von Ricardo so schön dargelegten wirklichen Bewegung ist. Ricardo nimmt seinen Ausgangspunkt aus der bestehenden Gesellschaft, um uns zu zeigen, wie sie den Wert konstituiert, Herr Proudhon nimmt als Ausgangspunkt den konstituierten Wert, um vermittelst dieses Wertes eine neue soziale Welt zu konstituieren. Für Herrn Proudhon muß der konstituierte Wert sich im Kreis bewegen und für eine bereits auf Grund dieses Wertmaßstabes völlig konstituierte Welt neuerdings konstituierend werden. Die Bestimmung des Wertes durch die Arbeitszeit ist für Ricardo das Gesetz des Tauschwertes, für Herrn Proudhon ist sie die Synthesis von Gebrauchswert und Tauschwert. Ricardos Theorie der Werte ist die wissenschaftliche Darlegung des gegenwärtigen ökonomischen Lebens, die Werttheorie des Herrn Proudhon ist die utopische Auslegung der Theorie Ricardos. Ricardo konstatiert die Wahrheit seiner Formel, indem er sie aus allen wirtschaftlichen Vorgängen ableitet und auf diese Art alle Erscheinungen erklärt, selbst diejenigen, welche im ersten Augenblick ihr zu widersprechen scheinen, wie die Rente, die Akkumulation der Kapitalien und das Verhältnis der Löhne zu den Profiten. Gerade das ist es, was seine Lehre zu einem wissenschaftlichen System macht; Herr Proudhon, der diese Formel Ricardos mittelst rein willkürlicher Hypothesen neuerdings gefunden hat, ist demgemäß gezwungen, einzelne ökonomische Tatsachen zu suchen, die er martert und fälscht, um sie als Beispiele, als bereits bestehende Anwendungen, als Keime der Verwirklichung seiner neuschöpferischen Idee hinstellen zu können. (Siehe unten § 3, *Anwendung des konstituierten Wertes.*)

Gehen wir jetzt zu den Schlüssen über, welche Herr Proudhon aus seinem (durch die Arbeitszeit) konstituierten Wert zieht.

Eine gewisse Menge der Arbeit ist gleichwertig dem Produkt, welches durch diese Arbeitsmenge geschaffen worden.

Jeder Arbeitstag gilt soviel wie ein anderer Arbeitstag; d. h. bei gleicher Menge gilt die Arbeit des einen soviel wie die Arbeit des andern: Es gibt keinen qualitativen Unterschied. Bei gleicher Arbeitsmenge tauscht sich das Produkt des einen für das Produkt des andern. Alle Menschen sind Lohnarbeiter, und zwar für gleiche Arbeitszeit gleich bezahlt. Vollständige Gleichheit beherrscht den Tausch.

Sind diese Schlüsse die natürlichen und notwendigen Konsequenzen des „konstituierten", d. h. des durch die Arbeitszeit bestimmten Wertes?

Wenn der Wert einer Ware bestimmt wird durch die zu ihrer Herstellung erforderliche Arbeitsmenge, so folgt daraus notwendigerweise, daß der Wert der Arbeit, d. h. der Arbeitslohn, gleichfalls durch die Arbeitsmenge bestimmt wird, die zu seiner Herstellung erforderlich ist. Der Lohn, d. h. der relative Wert oder der Preis der Arbeit, wird demnach bestimmt durch die Arbeitszeit, die erforderlich ist zur Erzeugung alles dessen, was der Arbeiter zu seinem Unterhalt bedarf. „*Vermindert die Herstellungskosten* der Hüte, und ihr Preis wird schließlich auf ihren neuen natürlichen Preis herabgehen, mag auch die Nachfrage sich verdoppeln, verdreifachen oder vervierfachen. *Vermindert die Unterhaltskosten der Menschen* durch Ermäßigung des natürlichen Preises der zum Leben notwendigen Nahrung und Kleidung, und ihr werdet sehen, wie die Löhne fallen, selbst wenn die Nachfrage nach Arbeitern erheblich steigen sollte." (Ricardo, Bd. II, S. 253.)

Gewiß, die Sprache Ricardos ist so zynisch wie nur etwas. Die Fabrikationskosten von Hüten und die Unterhaltskosten des Menschen in ein und dieselbe Reihe stellen, heißt die Menschen in Hüte verwandeln. Aber man schreie nicht zu sehr über den Zynismus. Der Zynismus liegt in der Sache und nicht in den Worten, welche die Sache bezeichnen. Französische Schriftsteller, wie die Herren Droz, Blanqui, Rossi und andere, machen sich das unschuldige Vergnügen, ihre Erhabenheit über die englischen Schriftsteller dadurch zu dokumentieren, daß sie den Anstand einer „humanitären" Sprache zu beobachten suchen; wenn sie Ricardo und seiner Schule ihre zynische Sprache vorwerfen, so nur, weil es sie verletzt, die ökonomischen Beziehungen in ihrer ganzen Nacktheit aufgedeckt, die Mysterien der Bourgeoisie verraten zu sehen.

Fassen wir zusammen: Die Arbeit, wo sie selbst Ware ist, mißt sich als solche durch die Arbeitszeit, welche zur Herstellung der

Ware Arbeit notwendig ist. Und was ist zur Herstellung der Ware Arbeit nötig? Genau die Arbeitszeit, die notwendig ist zur Herstellung der Gegenstände, die unerläßlich sind zum ununterbrochenen Unterhalt der Arbeit, d. h. um den Arbeiter in den Stand zu setzen, sein Leben zu fristen und seine Rasse fortzupflanzen. Der natürliche Preis der Arbeit ist nichts anderes als das Minimum des Lohnes.[1] Wenn der Marktpreis des Lohnes sich über seinen natürlichen Preis erhebt, so kommt dies gerade daher, daß das von Herrn Proudhon als Prinzip aufgestellte Wertgesetz in dem Wechsel des Verhältnisses von Angebot und Nachfrage sein Gegengewicht findet. Aber das Lohnminimum bleibt nichtsdestoweniger der Mittelpunkt, nach welchem der Marktpreis des Lohnes gravitiert.

So ist der durch die Arbeitszeit gemessene Wert notwendigerweise die Formel der modernen Sklaverei der Arbeiter, anstatt, wie Herr Proudhon behauptet, die „revolutionäre Theorie" der Emanzipation des Proletariats zu sein.

Sehen wir nunmehr zu, in wie vielen Fällen die Arbeitszeit als Maßstab des Wertes unverträglich ist mit dem bestehenden Antagonismus der Klassen und der ungleichen Verteilung des Arbeitsertrages zwischen dem unmittelbaren Produzenten (dem Arbeiter) und dem Besitzer des Produktes.

---

[1] Der Satz, daß der „natürliche", d.h. normale Preis der Arbeitskraft zusammenfällt mit dem Minimum des Lohnes, d. h. mit dem Wertäquivalent der zum Leben und zur Fortpflanzung des Arbeiters absolut notwendigen Lebensmittel – dieser Satz wurde zuerst von mir aufgestellt in den „Umrissen zu einer Kritik der Nationalökonomie" (Deutsch-Französische Jahrbücher, Paris 1844[7]) und in der „Lage der arbeitenden Klasse in England". Wie man hier sieht, hatte Marx diesen Satz damals akzeptiert. Von uns beiden hat Lassalle ihn übernommen. Wenn aber auch in der Wirklichkeit der Arbeitslohn die beständige Tendenz hat, sich seinem Minimum zu nähern, so ist der obige Satz dennoch falsch. Die Tatsache, daß die Arbeitskraft in der Regel und im Durchschnitt unter ihrem Wert bezahlt wird, kann ihren Wert nicht ändern. Im „Kapital" hat Marx sowohl den obigen Satz richtiggestellt (Abschnitt: Kauf und Verkauf der Arbeitskraft) wie auch (Kap. XXIII, Das allgemeine Gesetz der kapitalistischen Akkumulation) die Umstände entwickelt, welche der kapitalistischen Produktion erlauben, den Preis der Arbeitskraft mehr und mehr unter ihren Wert zu drücken. F. E.

Nehmen wir irgendein Produkt, z. B. die Leinwand. Als solches enthält dieselbe ein bestimmtes Quantum Arbeit. Dieses Arbeitsquantum wird stets das gleiche sein, wie immer die Lage derer sich zueinander gestalten möge, die zur Herstellung dieses Produktes mitgewirkt haben.

Nehmen wir ein anderes Produkt: Tuch, welches dasselbe Arbeitsquantum erfordert haben möge wie die Leinwand.

Wenn ein Austausch dieser beiden Produkte stattfindet, so findet Austausch gleicher Arbeitsmengen statt. Tauscht man diese gleichen Mengen von Arbeitszeit aus, so tauscht man keineswegs die gegenseitige Lage der Produzenten aus, noch ändert man irgend etwas an der Lage von Arbeitern und Fabrikanten unter sich. Behaupten, daß dieser Austausch von durch Arbeitszeit gemessenen Produkten zur Folge habe eine gleiche Bezahlung aller Produzenten, heißt voraussetzen, daß dem Tausch eine gleiche Beteiligung am Produkte vorausgegangen sei. Ist der Austausch des Tuches gegen Leinwand vollzogen, so werden die Produzenten des Tuches denjenigen Anteil an der Leinwand haben, der ihrem früheren Anteil am Tuche entspricht.

Herrn Proudhons Illusion kommt daher, daß er für Konsequenz nimmt, was höchstens als eine unbewiesene Voraussetzung gelten kann.

Gehen wir weiter.

Setzt die Arbeitszeit als Maßstab des Wertes wenigstens voraus, daß die (Arbeits-)Tage *gleichwertig* sind, das heißt daß der Arbeitstag des einen soviel wert ist wie der Arbeitstag des anderen? Nein.

Nehmen wir einmal an, der Arbeitstag eines Goldarbeiters sei drei Arbeitstagen eines Webers gleichwertig, so wird jeder Wechsel im Wertverhältnis der Schmuckwaren gegen Gewebe, soweit er nicht eine vorübergehende Folge der Schwankungen von Angebot und Nachfrage ist, zur Ursache haben eine Verminderung oder Vermehrung der zur Herstellung der einen oder der anderen Art Produkte angewendeten Arbeitszeit. Gesetzt, drei Arbeitstage verschiedener Arbeiter verhalten sich zueinander wie 1, 2, 3, so wird jeder Wechsel im relativen Wert ihrer Produkte auch eine Änderung sein nach diesem selben Verhältnis von 1, 2, 3. Auf diese Art kann man den Wert durch die Arbeitszeit messen, trotz der Ungleichheit des Wertes der verschiedenen Arbeitstage; doch müssen wir, um ein solches Maß anwenden zu können, einen vergleichenden Maßstab für die verschiedenen Arbeitstage haben: Diesen Maßstab liefert die Konkurrenz.

Gilt deine Arbeitsstunde soviel wie die meinige? Diese Frage wird durch die Konkurrenz entschieden.

Die Konkurrenz bestimmt, nach einem amerikanischen Ökonomen, wieviel Tage einfacher (unqualifizierter) Arbeit in einem Tage zusammengesetzter (qualifizierter) Arbeit enthalten sind. Setzt diese Reduktion von Arbeitstagen zusammengesetzter Arbeit in Arbeitstage einfacher Arbeit nicht voraus, daß man die einfache Arbeit an sich als Wertmaß annimmt? Wird das Quantum der Arbeit an sich, ohne Rücksicht auf die Qualität, als Wertmesser genommen, so setzt dies voraus, daß die einfache Arbeit der Angelpunkt der Industrie geworden ist. Sie setzt voraus, daß die Arbeiten durch die Unterordnung des Menschen unter die Maschine oder die äußerste Arbeitsteilung gleichgemacht sind, daß die Menschen gegenüber der Arbeit verschwinden, daß der Pendel der Uhr der genaue Messer für das Verhältnis der Leistungen zweier Arbeiter geworden, wie er es für die Schnelligkeit zweier Lokomotiven ist. So muß es nicht mehr heißen, daß eine (Arbeits-)Stunde eines Menschen gleichkommt der Stunde eines andern Menschen, sondern daß vielmehr ein Mensch während einer Stunde soviel wert ist wie ein anderer Mensch während einer Stunde. Die Zeit ist alles, der Mensch ist nichts mehr, er ist höchstens noch die Verkörperung der Zeit. Es handelt sich nicht mehr um die Qualität. Die Quantität allein entscheidet alles: Stunde gegen Stunde, Tag gegen Tag; aber diese Gleichmachung der Arbeit ist keineswegs das Werk von Herrn Proudhons ewiger Gerechtigkeit. Sie ist ganz einfach ein Ergebnis der modernen Industrie.

In der mit Maschinen arbeitenden Fabrik unterscheidet sich die Arbeit des einen Arbeiters fast in nichts mehr von der Arbeit eines anderen Arbeiters: Die Arbeiter können sich voneinander nur unterscheiden durch das Quantum von Zeit, welches sie bei der Arbeit aufwenden. Nichtsdestoweniger erscheint dieser quantitative Unterschied von einem gewissen Gesichtspunkte aus qualitativ, insofern die für die Arbeit aufgewendete Zeit abhängt einerseits von rein materiellen Bedingungen, wie physische Konstitution, Alter, Geschlecht, anderseits von moralischen, rein negativen Umständen, wie Geduld, Unempfindlichkeit und Emsigkeit. Endlich, wenn es einen qualitativen Unterschied in der Arbeit der Arbeiter gibt, so ist dies höchstens eine Qualität von der schlechtesten Qualität, die weit entfernt ist, eine unterscheidende Spezialität zu sein. Das ist in letzter Instanz der Stand der Dinge in der modernen Industrie. Und auf diese bereits in der Maschinenarbeit verwirklichte Gleichheit setzt Herr Proudhon seinen Hobel der „Gleichmachung" an, die er universell zu verwirklichen vorhat in der „Zeit, die kommen wird".

Alle „egalitären" Folgerungen, welche Herr Proudhon aus der Theorie Ricardos zieht, beruhen auf einem fundamentalen Irrtum. Er verwechselt nämlich den durch die aufgewendete Arbeitsmenge bestimmten Warenwert mit dem Warenwert, bestimmt durch den „*Wert der Arbeit*". Wenn diese beiden Arten, den Wert der Waren zu messen, dasselbe ausdrückten, so könnte man unterschiedslos sagen: Der Wert irgendeiner Ware wird gemessen durch die in ihr verkörperte Arbeitsmenge; oder aber: er wird gemessen durch die Menge von Arbeit, die er zu kaufen imstande ist; oder endlich: er wird gemessen durch die Menge von Arbeit, welche ihn zu erwerben vermag. Aber dem ist bei weitem nicht so. Der Wert der Arbeit kann ebensowenig als Maßstab des Wertes dienen wie der Wert jeder anderen Ware. Einige Beispiele werden genügen, das eben Gesagte dem Verständnis näherzubringen.

Wenn ein Scheffel Getreide zwei Arbeitstage an Stelle eines einzigen kostete, so würde er das Doppelte seines ursprünglichen Wertes besitzen; aber er würde nicht die doppelte Arbeitsmenge in Bewegung setzen, denn er würde nicht mehr Nährstoff enthalten als zuvor. So wäre der Wert des Getreides, gemessen durch die zu dessen Hervorbringung angewendete Arbeitsmenge, verdoppelt; aber gemessen, sei es durch die Arbeitsmenge, die er kaufen kann, oder durch die Arbeitsmenge, die ihn kaufen kann, ist er weit entfernt, verdoppelt zu sein. Anderseits, wenn dieselbe Arbeit doppelt soviel Kleidungsstücke wie früher erzeugt, so fiele der Wert derselben um die Hälfte; aber nichtsdestoweniger wäre diese doppelte Menge von Kleidern dadurch nicht so weit herabgedrückt, daß sie nur über die halbe Menge Arbeit verfügen könnte, noch wäre dieselbe Arbeit imstande, über die doppelte Menge von Kleidungsstücken zu verfügen; denn die Hälfte der Kleider würde nach wie vor den Arbeitern denselben Dienst leisten.

Es widerspricht somit den ökonomischen Tatsachen, den Wert der Lebensmittel durch den Wert der Arbeit zu messen; das hieße, sich in einem fehlerhaften Kreislauf bewegen, den relativen Wert durch einen relativen Wert bestimmen, der seinerseits erst wieder bestimmt werden muß.

Es unterliegt keinem Zweifel, daß Herr Proudhon diese beiden Maßstäbe durcheinanderwirft: die zur Herstellung einer Ware notwendige Arbeitszeit und den Wert der Arbeit. „Die Arbeit eines jeden Menschen", sagt er, „kann den Wert kaufen, den sie in sich schließt." [I, S. 81.] Somit gilt nach ihm ein gewisses in einem Produkt fixiertes Arbeitsquantum ebensoviel wie die Entlohnung des Arbeiters, d. h. wie der Wert der Arbeit. Dies ist auch derselbe Schluß, der ihm erlaubt, Produktionskosten und Löhne gleichzusetzen.

„Was ist der Lohn? Der Herstellungspreis von Getreide usw., der vollständige Preis jedes Dinges." Einige Zeilen später: „Der Lohn ist die Proportionalität der Elemente, die den Reichtum bilden." [I, S. 110.] Was ist der Lohn? Der Wert der Arbeit.

Adam Smith nimmt zum Maßstab des Wertes bald die zur Herstellung einer Ware notwendige Arbeitszeit, bald den Wert der Arbeit. Ricardo hat diesen Irrtum aufgedeckt, indem er die Verschiedenheit dieser beiden Messungsarten klar nachwies. Herr Proudhon überbietet noch den Irrtum von Adam Smith, indem er zwei Dinge identifiziert, die jener nur nebeneinander gebraucht.

Um das rechte Verhältnis zu finden, nach welchem die Arbeiter an den Produkten teilhaben sollen, oder, mit anderen Worten, um den relativen Wert der Arbeit zu bestimmen, sucht Herr Proudhon einen Maßstab für den relativen Wert der Waren. Um den Maßstab für den relativen Wert der Waren zu bestimmen, weiß er nichts Besseres auszuklügeln, als uns als Äquivalent für eine gewisse Menge von Arbeit die Summe der durch sie geschaffenen Produkte hinzustellen, was vermuten läßt, daß die ganze Gesellschaft aus nichts als Arbeitern besteht, die als Lohn ihr eigenes Produkt bekommen. In zweiter Linie behauptet er die Gleichwertigkeit der Arbeitstage der verschiedenen Arbeiter als Tatsache, mit einem Wort, er sucht den Maßstab für den relativen Wert der Waren, um zur gleichen Entlohnung der Arbeiter zu gelangen, und nimmt die Gleichheit der Löhne als bereits fertige Tatsache hin, um sich auf die Suche nach dem relativen Wert der Waren zu machen. Welch bewunderungswürdige Dialektik!

„Say und die Ökonomen, welche ihm folgen, haben bemerkt, daß, da die Arbeit selbst der Schätzung unterworfen, kurz, eine Ware wie jede andere ist, es ein fehlerhafter Kreislauf sei, sie als Prinzip und entscheidenden Faktor des Wertes zu nehmen. Diese Ökonomen haben damit, mit Verlaub zu sagen, eine ungeheuerliche Unachtsamkeit an den Tag gelegt. Man sagt von der Arbeit, daß sie einen Wert hat *(valoir)*, nicht sowohl als eigentliche Ware als im Hinblick auf die Werte, welche man in ihr potentiell enthalten annimmt. Der Wert der Arbeit ist ein figürlicher Ausdruck, eine Antizipierung der Ursache vor der Wirkung; er ist eine Fiktion von demselben Kaliber wie die *Produktivität des Kapitals*. Die Arbeit produziert, das Kapital hat Wert (vaut) ... Durch eine Art Ellipse sagt man Wert der Arbeit... Die Arbeit wie die Freiheit ... ist etwas seiner Natur nach Vages und Unbestimmtes, was jedoch gemäß seinem Objekt bestimmte Form annimmt, d. h. welches durch das Produkt Realität wird." [I, 61.]

„Aber wozu sich dabei aufhalten? Sobald der Ökonom (lies: Herr Proudhon) den Namen des Dinges, *vera rerum vocabula*[1], wechselt, gesteht er implizite seine Ohnmacht ein und streckt die Waffen." (Proudhon, I, 188.)

Wir haben gesehen, wie Herr Proudhon aus dem Wert der Arbeit

---

[1] die wahren Namen der Dinge. *Die Red.*

den „entscheidenden Faktor" des Wertes der Produkte macht, in einer Weise, daß für ihn der *Lohn*, wie der „Wert der Arbeit" gemeinhin genannt wird, den „vollständigen Preis jedes Dinges" bildet. Darum verwirrt ihn der Einwand von Say. Er sieht in der Ware Arbeit, die eine furchtbare Realität ist, nur eine grammatische Ellipse. Demgemäß ist die ganze heutige, auf den Warencharakter der Arbeit begründete Gesellschaft von jetzt an eine poetische Lizenz, auf einen figürlichen Ausdruck begründet. Will die Gesellschaft „alle Unzuträglichkeiten ausmerzen", unter denen sie zu leiden hat, nun, so merze sie die anstößigen Ausdrücke aus, so ändere sie die Sprache; und sie braucht sich zu diesem Behufe nur an die Akademie zu wenden, um von ihr eine neue Ausgabe ihres Wörterbuchs zu verlangen. Nach allem, was wir gesehen haben, begreifen wir leicht, warum Herr Proudhon in einem Werk über politische Ökonomie lange Dissertationen über Etymologie und andere Teile der Grammatik abhandeln muß. So diskutiert er noch gelehrt über die veraltete Ableitung des Wortes *servus*[1] von *servare*[2]. Diese philologischen Dissertationen haben einen tiefen Sinn, einen esoterischen Sinn, sie machen einen wesentlichen Teil der Beweisführung des Herrn Proudhon aus.

Die Arbeit ist, soweit sie gekauft und verkauft wird, eine Ware wie jede andere Ware und hat daher einen Tauschwert. Aber der Wert der Arbeit oder die Arbeit als Ware produziert ebensowenig, wie der Wert des Getreides oder das Getreide als Ware zur Nahrung dient.

Die Arbeit „gilt" mehr oder weniger, je nachdem die Lebensmittelpreise höher oder niedriger sind, je nachdem Angebot von und Nachfrage nach Arbeitskräften in diesem oder jenem Grade vorhanden ist usw. usw.

Die Arbeit ist nicht etwas „Vages", es ist immer eine bestimmte Arbeit, nie Arbeit im allgemeinen, die man kauft und verkauft. Es ist nicht nur die Arbeit, deren Beschaffenheit durch das Objekt bestimmt wird, auch das Objekt wird bestimmt durch die spezifische Beschaffenheit der Arbeit.

---

[1] Diener, Sklave. *Die Red.*
[2] dienen. *Die Red.*

Insofern die Arbeit gekauft und verkauft wird, ist sie selbst Ware. Warum kauft man sie? „Im Hinblick auf die Werte, welche man in ihr potentiell enthalten annimmt." Aber wenn man sagt, daß irgendeine Sache Ware ist, so handelt es sich nicht mehr um den Zweck, zu dem sie gekauft wird, das heißt um den Nutzen, den man aus ihr ziehen, den Gebrauch, den man von ihr machen will. Sie ist Ware als Gegenstand des Handels. Alle Klügeleien des Herrn Proudhon beschränken sich auf folgendes: Man kauft die Arbeit nicht als Objekt unmittelbarer Konsumierung. Nein, man kauft sie als Produktionsmittel, wie man eine Maschine kauft. Solange die Arbeit Ware ist, hat sie Wert, aber produziert nicht.

Herr Proudhon hätte ebensogut sagen können, daß es absolut keine Waren gibt, da jede Ware nur zu irgendeinem bestimmten Gebrauchszweck gekauft wird und niemals als Ware an sich. Wenn Herr Proudhon den Wert der Waren durch die Arbeit mißt, so überkommt ihn ein unbestimmtes Gefühl, daß es unmöglich ist, die Arbeit, soweit sie einen Wert hat, die Ware Arbeit, nicht auch diesem selben Maßstab zu unterwerfen. Er ahnt, daß er damit das Lohnminimum zum natürlichen und normalen Preis der unmittelbaren Arbeit stempelt, daß er also den gegenwärtigen Zustand der Gesellschaft akzeptiert. Und so, um sich dieser fatalen Konsequenz zu entziehen, macht er kehrt und behauptet, daß die Arbeit keine Ware ist, daß sie keinen Wert haben kann. Er vergißt, daß er selbst den Wert der Arbeit als Maßstab genommen hat; er vergißt, daß sein ganzes System auf der Ware Arbeit beruht, auf der Arbeit, die man verschachert, kauft und verkauft, die sich austauscht gegen Produkte usw., auf der Arbeit endlich, die unmittelbar Einkommensquelle des Arbeiters ist – er vergißt alles.

Um sein System zu retten, entschließt er sich, die Basis desselben zu opfern.

„Et propter vitam vivendi perdere causas!"[1]

Wir gelangen jetzt zu einer neuen Erklärung des „*konstituierten Wertes*".

---

[1] Und wegen des Lebens die Gründe zum Leben preisgeben! Juvenal, Satiren, 8/84. *Die Red.*

„Der Wert ist das *Proportionalitätsverhältnis* (rapport de proportionnalité) der Produkte, welche den Reichtum bilden."

Bemerken wir zunächst, daß das einfache Wort „relativer" oder „Tauschwert" die Idee irgendeines Verhältnisses einschließt, in welchem sich die Produkte gegenseitig austauschen. Wenn man diesem Verhältnis den Namen Proportionalitätsverhältnis gibt, so hat man nichts am relativen Wert geändert, außer dem Namen. Weder die Herabdrückung noch die Steigerung des Wertes eines Produktes nehmen ihm die Eigenschaft, sich in irgendeinem „Proportionalitätsverhältnis" zu den anderen Produkten, die den Reichtum bilden, zu befinden.

Warum also dieser neue Ausdruck, der keine neue Idee zutage fördert?

Das „Proportionalitätsverhältnis" läßt an viele andere ökonomische Verhältnisse denken, wie an die Proportionalität der Produktion, die rechte Proportion zwischen Angebot und Nachfrage usw.; und Herr Proudhon hat an alles das gedacht, als er diese didaktische Paraphrase des Tauschwertes formulierte.

Da zunächst der relative Wert der Produkte bestimmt wird durch die zur Herstellung eines jeden derselben aufgewendete entsprechende Arbeitsmenge, so bedeutet das Proportionalitätsverhältnis, auf diesen speziellen Fall angewendet, die entsprechende Menge von Produkten, die in einer gegebenen Zeit hergestellt werden und infolgedessen gegeneinander ausgetauscht werden können.

Sehen wir nun, welchen Gebrauch Herr Proudhon von diesem Proportionalitätsverhältnis macht.

Alle Welt weiß, daß, wenn Angebot und Nachfrage sich ausgleichen, der relative Wert eines Produktes genau bestimmt wird durch die in ihm fixierte Arbeitsmenge, d. h. daß dieser relative Wert das Proportionalitätsverhältnis genau in dem Sinne ausdrückt, in dem wir es soeben erklärt haben. Herr Proudhon stellt die Reihenfolge der Dinge auf den Kopf. Man fange an, sagt er, den relativen Wert eines Produktes durch die in ihm fixierte Arbeitsmenge zu messen, und Angebot und Nachfrage werden sich unfehlbar ausgleichen. Die Produktion wird der Konsumtion entsprechen, das

Produkt wird stets ausgetauscht werden können, sein laufender Marktpreis wird genau seinen richtigen Wert ausdrücken. Anstatt mit jedermann zu sagen: Wenn das Wetter schön ist, sieht man viele Leute spazierengehen, läßt Herr Proudhon seine Leute spazierengehen, um ihnen gutes Wetter zusichern zu können.

Was Herr Proudhon als Folgerung aus dem *a priori* durch die Arbeitszeit bestimmten Tauschwert hinstellt, könnte nur gerechtfertigt werden vermittelst eines Gesetzes, das ungefähr folgenden Wortlaut haben müßte:

Die Produkte werden künftig ausgetauscht im genauen Verhältnis der Arbeitszeit, die sie gekostet haben. Welches auch das Verhältnis von Angebot und Nachfrage sei, der Austausch der Waren soll stets so vor sich gehen, als ob dieselben im Verhältnis zur Nachfrage produziert worden wären. Möge Herr Proudhon es übernehmen, ein solches Gesetz zu formulieren und durchzusetzen, und wir wollen ihm die Beweise erlassen. Wenn er im Gegenteil darauf Wert legt, seine Theorie nicht als Gesetzgeber zu rechtfertigen, sondern als Ökonom, so wird er zu beweisen haben, daß die zur Herstellung einer Ware nötige *Zeit* genau ihren *Nützlichkeits*grad anzeigt und außerdem ihr Proportionalitätsverhältnis zur Nachfrage und folglich zur Summe des gesellschaftlichen Reichtums feststellt. In diesem Falle werden, wenn ein Produkt sich zu einem seinen Herstellungskosten gleichen Preise verkauft, Angebot und Nachfrage sich stets ausgleichen; denn die Produktionskosten gelten als der Ausdruck des wahren Verhältnisses von Angebot zu Nachfrage.

Herr Proudhon versucht in der Tat den Beweis zu liefern, daß die Arbeitszeit, die zur Herstellung eines Produktes erforderlich ist, sein richtiges Verhältnis zu den Bedürfnissen ausdrückt, so daß die Gegenstände, deren Produktion am wenigsten Zeit kostet, solche von unmittelbarstem Nutzen sind, und so Schritt vor Schritt weiter. Bereits die bloße Produktion eines Luxusobjekts beweist, nach dieser Lehre, daß die Gesellschaft Zeit überflüssig hat, die ihr erlaubt, ein Luxusbedürfnis zu befriedigen.

Den Beweis für seine Behauptung findet Herr Proudhon in der Beobachtung, daß die nützlichsten Dinge am wenigsten Produktionszeit erfordern, daß die Gesellschaft stets mit den leichtesten Industrien beginnt und daß sie sich „allmählich auf die Produktion von Gegenständen wirft, die mehr Arbeitszeit kosten und höheren Bedürfnissen entsprechen".

Herr Proudhon entlehnt Herrn Dunoyer das Beispiel der extraktiven Industrie – Einsammlung, Weide, Jagd, Fischerei usw. –, welche die einfachste, am wenigsten kostspielige Industrie ist und mittelst deren der Mensch „den ersten Tag seiner zweiten Schöpfung" begonnen hat. [I, S. 78.] Der erste Tag seiner ersten Schöpfung ist in der Genesis geschildert, die uns Gott als den ersten Industriellen der Welt vorführt.

Die Dinge vollziehen sich ganz anders, als Herr Proudhon denkt. Mit dem Moment, wo die Zivilisation beginnt, beginnt die Produktion sich aufzubauen auf den Gegensatz der Berufe, der Stände, der Klassen, schließlich auf den Gegensatz zwischen angehäufter und unmittelbarer Arbeit. Ohne Gegensatz kein Fortschritt; das ist das Gesetz, dem die Zivilisation bis heute gefolgt ist. Bis jetzt haben sich die Produktivkräfte auf Grund dieser Herrschaft des Klassengegensatzes entwickelt. Heute behaupten, daß, weil alle Bedürfnisse aller Arbeiter befriedigt waren, sich die Menschen der Erzeugung von Produkten höherer Ordnung, komplizierteren Industrien haben widmen können, das hieße, von dem Klassengegensatz abstrahieren und die ganze historische Entwicklung auf den Kopf stellen. Das wäre dasselbe, als ob man sagen wollte, daß, weil man unter den römischen Kaisern Muränen in künstlichen Teichen ernährte, man die ganze römische Bevölkerung im Überfluß ernähren konnte; während gerade im Gegenteil das römische Volk des Nötigsten entbehrte, um Brot zu kaufen, die römischen Aristokraten hingegen nicht der Sklaven ermangelten, um sie den Muränen als Futter vorzuwerfen.

Der Preis der Lebensmittel ist fast stetig gestiegen, während der Preis der Manufaktur- und Luxusartikel fast stetig gesunken ist. Man nehme die Landwirtschaft selbst: Die unentbehrlichsten Gegenstände, wie Getreide, Fleisch usw., steigen im Preis, während Baumwolle, Zucker, Kaffee usw. in überraschendem Grade stetig fallen.

Und selbst unter den eigentlichen Eßwaren sind die Luxusartikel, wie Artischocken, Spargel usw., heute verhältnismäßig billiger als die nötigsten Lebensmittel. In unserer Epoche ist das Überflüssige leichter herzustellen als das Notwendige. Endlich sind in verschiedenen historischen Epochen die gegenseitigen Verhältnisse der Preise nicht sowohl verschiedene, sondern vielmehr entgegengesetzte. Im ganzen Mittelalter waren die landwirtschaftlichen Produkte verhältnismäßig billiger als die Manufakturprodukte; in der Neuzeit ist das Verhältnis ein entgegengesetztes. Hat deshalb die Nützlichkeit der landwirtschaftlichen Produkte seit dem Mittelalter abgenommen?

Die Verwendung der Produkte wird bestimmt durch die sozialen Verhältnisse, in welchen sich die Konsumenten befinden, und diese Verhältnisse selbst beruhen auf dem Gegensatze der Klassen.

Die Baumwolle, die Kartoffel und der Branntwein sind Gegenstände des allgemeinsten Gebrauches. Die Kartoffeln haben die Skrofeln erzeugt; die Baumwolle hat zum großen Teil die Schafwolle und das Leinen verdrängt, obwohl Leinen und Schafwolle in vielen Fällen von viel größerem Nutzen sind, sei es auch nur in hygienischer Beziehung. Endlich hat der Branntwein über Bier und Wein gesiegt, obwohl der Branntwein als Genußmittel allgemein als Gift anerkannt ist. Während eines ganzen Jahrhunderts kämpften die Regierungen vergeblich gegen das europäische Opium; die Ökonomie gab den Ausschlag, sie diktierte dem Konsum ihre Befehle.

Warum aber sind Baumwolle, Kartoffeln und Branntwein die Angelpunkte der bürgerlichen Gesellschaft? Weil zu ihrer Herstellung am wenigsten Arbeit erforderlich ist und sie infolgedessen am niedrigsten im Preise stehen. Warum entscheidet das Minimum des Preises in bezug auf das Maximum der Konsumtion? Vielleicht etwa wegen der absoluten Nützlichkeit dieser Gegenstände, wegen der ihnen innewohnenden Nützlichkeit, wegen ihrer Nützlichkeit, insofern sie auf die nützlichste Art den Bedürfnissen des Arbeiters als Menschen und nicht des Menschen als Arbeiters entsprechen? Nein; sondern weil in einer auf das *Elend* begründeten Gesellschaft die *elendesten* Produkte das naturnotwendige Vorrecht haben, dem Gebrauch der großen Masse zu dienen.

Behaupten wollen, daß, weil die wenigst teuren Dinge mehr im Gebrauch sind, sie deshalb von größerem Nutzen sein müssen, heißt behaupten, daß der infolge der geringen Produktionskosten desselben so verbreitete Gebrauch des Branntweins der zwingendste Beweis seiner Nützlichkeit ist, heißt, dem Proletarier vorreden, daß die Kartoffel ihm heilsamer ist als das Fleisch, heißt, den gegenwärtigen Stand der Dinge akzeptieren, heißt endlich, mit Herrn Proudhon eine Gesellschaft verherrlichen, ohne sie zu verstehen.

In einer künftigen Gesellschaft, wo der Klassengegensatz verschwunden ist, wo es keine Klassen mehr gibt, würde der Gebrauch nicht mehr von dem *Minimum* der Produktionszeit abhängen, sondern die Produktionszeit, die man den verschiedenen Gegenständen widmet, würde bestimmt werden durch ihre gesellschaftliche Nützlichkeit.

Um zur Behauptung des Herrn Proudhon zurückzukommen, so kann, sobald einmal die zur Produktion eines Gegenstandes notwendige Arbeitszeit nicht der Ausdruck seines Nützlichkeitsgrades ist, der im voraus durch die Arbeitszeit bestimmte Tauschwert dieses Gegenstandes niemals maßgebend sein für das richtige Verhältnis von Angebot zur Nachfrage, d. h. für das Proportionalitätsverhältnis in dem Sinne, den Herr Proudhon zur Zeit mit diesem Wort verbindet.

Es ist nicht der Verkauf irgendeines Produktes zu seinem Kostenpreise, der das „Proportionalitätsverhältnis" von Angebot und Nachfrage, d. h. die verhältnismäßige Quote dieses Produktes gegenüber der Gesamtheit der Produktion konstituiert; es sind vielmehr die *Schwankungen von Angebot und Nachfrage*, die den Produzenten die Menge angeben, in welcher eine gegebene Ware produziert werden muß, um im Austausch wenigstens die Produktionskosten erstattet zu erhalten, und da diese Schwankungen beständig stattfinden, so herrscht auch eine beständige Bewegung in Anlegung und Zurückziehung von Kapitalien in den verschiedenen Zweigen der Industrie.

„Nur nach Maßgabe solcher Schwankungen werden die Kapitalien gerade in dem erforderlichen *Verhältnis* und nicht darüber hinaus zur Produktion der verschiedenen Waren verwendet, nach denen Nachfrage besteht. Durch Steigen oder Sinken des Preises erheben sich die Profite über, beziehungsweise fallen sie unter ihr allgemeines Niveau, und dadurch werden die Kapitalien angezogen zu oder abgelenkt von dem besonderen Geschäftszweig, welcher die eine oder die andere dieser Schwankungen erfahren hat." – „Wenn wir unsere Augen auf die Märkte der großen Städte werfen, so sehen wir, mit welcher Regelmäßigkeit sie mit allen Sorten von Waren, einheimischen wie ausländischen, in der erforderlichen Menge versehen werden, und wie verschieden auch die Nachfrage sich gestalte durch die Wirkung von Laune und Geschmack oder der Bevölkerungsveränderung, ohne daß Stockung infolge überreichlicher, noch übertriebene Teurung infolge mangelnder Zufuhr oft vorkommen: und man muß zugestehen, daß das Prinzip, welches das Kapital den verschiedenen Industriebranchen in dem *genau erforderlichen Verhältnis* zuführt, mächtiger wirkt, als man gewöhnlich annimmt." (Ricardo, Bd. I, S. 105 u. 108.)

Wenn Herr Proudhon zugibt, daß der Wert der Produkte durch die Arbeitszeit bestimmt wird, so muß er gleichfalls die oszillatorische Bewegung anerkennen, die[8] allein aus der Arbeitszeit das Maß des Wertes macht. Es gibt kein fertig konstituiertes „Proportionalitätsverhältnis", es gibt nur eine konstituierende Bewegung.

Wir haben gesehen, in welchem Sinne es richtig ist, von der „Proportionalität" als einer Konsequenz des durch die Arbeitszeit bestimmten Wertes zu sprechen. Wir werden nunmehr sehen, wie diese Messung durch die Zeit, von Herrn Proudhon „Gesetz der Proportionalität" genannt, sich in ein Gesetz der *Disproportionalität* verwandelt.

Jede neue Erfindung, welche es ermöglicht, in einer Stunde zu produzieren, was bisher in zwei Stunden produziert wurde, entwertet alle gleichartigen Produkte, die sich auf dem Markte befinden. Die Konkurrenz zwingt den Produzenten, das Produkt von zwei Stunden ebenso billig zu verkaufen wie das Produkt einer Stunde. Die Konkurrenz führt das Gesetz durch, nach welchem der Wert eines Produktes durch die zu seiner Herstellung notwendige Arbeitszeit bestimmt wird. Die Tatsache, daß die Arbeitszeit als Maß des Tauschwertes dient, wird auf diese Art zum Gesetz einer beständigen *Entwertung* der Arbeit. Noch mehr; die Entwertung erstreckt sich nicht nur auf die dem Markt zugeführten Waren, sondern auch auf die Produktionsinstrumente und auf ganze Werkstätten. Diese Tatsache deutet bereits Ricardo an, indem er sagt: „Durch das beständige Wachstum der Produktivität wird der Wert verschiedener bereits früher produzierter Dinge beständig vermindert." (Bd. II, S. 59.) Sismondi geht noch weiter. Er sieht in diesem durch die Arbeitszeit „*konstituierten* Wert" die Quelle aller heutigen Widersprüche zwischen Handel und Industrie. „Der Tauschwert", sagt er, „wird in letzter Instanz stets durch die Menge von Arbeit bestimmt, die notwendig ist, um den abgeschätzten Gegenstand zu beschaffen: nicht durch die, welche er seinerzeit gekostet hat, sondern durch die, welche er künftighin kosten würde, infolge vielleicht verbesserter Hilfsmittel; und obwohl diese Menge schwer abzuschätzen ist, wird sie doch stets genau durch die Konkurrenz bestimmt... Sie ist die Basis, auf Grund deren sowohl die Forderung des Verkäufers wie das Angebot des Käufers berechnet wird. Der erstere wird vielleicht behaupten, daß der Gegenstand ihn zehn Arbeitstage gekostet hat; aber wenn der andere sich überzeugt, daß derselbe künftig in acht Arbeitstagen hergestellt werden kann, und die Konkurrenz beiden Kontrahenten den Beweis dafür liefert, so wird der Wert auf nur acht Tage herabgesetzt und der Handel auf diesen Preis hin abgeschlossen. Beide Kontrahierenden sind allerdings überzeugt, daß der Gegenstand nützlich ist, daß er verlangt wird, daß ohne Verlangen nach ihm kein Verkauf möglich wäre; aber die Festsetzung des Preises hängt in keiner Beziehung ab von der Nützlichkeit." (*Études* etc., Bd. II, S. 267, Brüsseler Ausgabe.)

Es ist wichtig, den Umstand im Auge zu behalten, daß, was den Wert bestimmt, nicht die Zeit ist, in welcher eine Sache produziert wurde, sondern das *Minimum* von Zeit, in welchem sie produziert werden kann, und dieses Minimum wird durch die Konkurrenz festgestellt. Man nehme für einen Augenblick an, daß es keine Konkurrenz mehr gebe und folglich kein Mittel, das zur Produktion einer Ware erforderliche Arbeitsminimum zu konstatieren, was wäre die Folge davon? Es genügte, auf die Produktion eines Gegenstandes sechs Stunden Arbeit zu verwenden, um nach Herrn Proudhon berechtigt zu sein, beim Austausch sechsmal soviel zu verlangen wie derjenige, der auf die Produktion desselben Gegenstandes nur eine Stunde aufgewendet hat.

An Stelle eines „Proportionalitätsverhältnisses" haben wir ein Disproportionalitätsverhältnis, wenn wir uns überhaupt auf Verhältnisse, schlechte oder gute, einlassen wollen.

Die beständige Entwertung der Arbeit ist nur eine Seite, nur eine Konsequenz der Abschätzung der Waren durch die Arbeitszeit; übermäßige Preissteigerungen, Überproduktion und viele andere Erscheinungen industrieller Anarchie finden in diesem Abschätzungsmodus ihre Erklärung.

Aber schafft die als Wertmaß dienende Arbeitszeit wenigstens die verhältnismäßige Varietät in den Produkten, die Herrn Proudhon so entzückt?

Ganz im Gegenteil bemächtigt in ihrer Folge das Monopol in seiner ganzen Monotonie sich der Produktenwelt, ebenso wie alle Welt weiß und sieht, daß das Monopol sich der Welt der Produktionsmittel bemächtigt. Nur einige Zweige der Industrie, wie die Baumwollenindustrie, sind imstande, sehr schnelle Fortschritte zu machen. Die natürliche Konsequenz dieser Fortschritte ist z. B. ein rapides Fallen der Preise der Produkte der Baumwollenmanufaktur; aber in dem Maße, wie der Preis der Baumwolle fällt, muß der Preis der Leinwand im Verhältnis steigen. Was ist die Folge davon? Die Leinwand wird durch die Baumwolle verdrängt. Auf diese Art ist die Leinwand aus fast ganz Nordamerika verdrängt worden. Und statt der proportionellen Varietät der Produkte haben wir das Reich der Baumwolle.

Was bleibt also von diesem „Proportionalitätsverhältnis"? Nichts als der Wunsch eines Biedermannes, der gern möchte, daß die Waren in solchen Proportionen hergestellt würden, daß man sie zu einem Biedermannspreise losschlagen könnte. Zu allen Zeiten haben gute

Bürger und philanthropische Ökonomen sich darin gefallen, diesen unschuldigen Wunsch auszusprechen.

Geben wir dem alten *Boisguillebert* das Wort:

„Der Preis der Waren", sagt er, „muß stets *proportioniert* sein, da nur ein solches gegenseitiges Einverständnis ihnen eine Existenz ermöglicht, *worin sie einander in jedem Augenblick wieder erzeugen* (hier haben wir die beständige Austauschbarkeit des Herrn Proudhon) ... Da also der Reichtum nichts anderes ist als dieser beständige Tauschverkehr zwischen Mensch und Mensch und Geschäft und Geschäft, so wäre es eine erschreckliche Verblendung, die Ursache des Elends woanders zu suchen als in der durch eine Verschiebung der Preisproportionen hervorgerufenen Störung eines solchen Handels." (*Dissertation sur la nature des richesses*, éd. Daire[1] [S. 405 u. 408].)

Hören wir auch einen modernen Ökonomen:

„Ein großes Gesetz, welches auf die Produktion angewendet werden muß, ist das *Gesetz der Proportionalität* (the law of proportion), das allein die Kontinuität des Wertes erhalten kann... Das Äquivalent muß garantiert sein... Alle Nationen haben zu verschiedenen Epochen mittelst zahlreicher kommerzieller Reglements und Einschränkungen dieses Gesetz der Proportionalität bis zu einem gewissen Punkt zu verwirklichen versucht; aber der der menschlichen Natur innewohnende Egoismus hat sie dahin getrieben, dieses ganze System der Regulierung über den Haufen zu werfen. Eine proportionierte Produktion *(proportionate production)* ist die Verwirklichung der wahren sozialökonomischen Wissenschaft." (W. Atkinson, *Principles of Political Economy*[2], London 1840, S. 170 u. 195.)

Fuit Troja![3] Diese richtige Proportion zwischen Angebot und Nachfrage, die wiederum der Gegenstand so vieler Wünsche zu werden beginnt, hat seit langem zu bestehen aufgehört. Sie hat das Greisenalter überschritten; sie war nur möglich in jenen Zeiten, wo

---

[1] Abhandlung über das Wesen der Reichtümer, herausgegeben von Daire. *Die Red.*

[2] Grundsätze der politischen Ökonomie. *Die Red.*

[3] Troja ist dahin! – Die Herrlichkeit ist entschwunden! *Die Red.*

die Produktionsmittel beschränkt waren, wo der Austausch sich in außerordentlich engen Grenzen vollzog. Mit dem Entstehen der Großindustrie mußte diese richtige Proportion verschwinden, und mit Naturnotwendigkeit muß die Produktion in beständiger Aufeinanderfolge den Wechsel von Prosperität und Depression, Krisis, Stockung, neuer Prosperität und so fort durchmachen.

Diejenigen, welche, wie Sismondi, zur richtigen Proportionalität der Produktion zurückkehren und dabei die gegenwärtigen Grundlagen der Gesellschaft erhalten wollen, sind reaktionär, da sie, um konsequent zu sein, auch alle anderen Bedingungen der Industrie früherer Zeiten zurückzuführen bestrebt sein müssen.

Was hielt die Produktion in richtigen oder beinahe richtigen Proportionen? Die Nachfrage, welche das Angebot beherrschte, ihm vorausging; die Produktion folgte Schritt für Schritt der Konsumtion. Schon durch die Instrumente, über welche sie verfügt, gezwungen, in beständig größerem Maße zu produzieren, kann die Großindustrie nicht die Nachfrage abwarten. Die Produktion geht der Konsumtion voraus, das Angebot erzwingt die Nachfrage.

In der heutigen Gesellschaft, in der auf den individuellen Austausch basierten Industrie, ist die Produktionsanarchie, die Quelle so vieles Elends, gleichzeitig die Ursache alles Fortschritts.

Demnach von zwei Dingen eins:

Entweder man will die richtigen Proportionen früherer Jahrhunderte mit den Produktionsmitteln unserer Zeit, und dann ist man Reaktionär und Utopist in einem.

Oder man will den Fortschritt ohne Anarchie: und dann verzichte man, um die Produktivkräfte beizubehalten, auf den individuellen Austausch.

Der individuelle Austausch verträgt sich nur mit der kleinen Industrie früherer Jahrhunderte und der ihr eigentümlichen „richtigen Proportion" oder aber mit der Großindustrie und ihrem ganzen Gefolge von Elend und Anarchie.

Es ergibt sich also schließlich: Die Bestimmung des Wertes durch die Arbeitszeit, d. h. die Formel, welche Herr Proudhon uns als diejenige hinstellt, welche die Zukunft regenerieren soll, ist nur der

88

wissenschaftliche Ausdruck der ökonomischen Verhältnisse der gegenwärtigen Gesellschaft, wie Ricardo lange vor Herrn Proudhon klar und deutlich bewiesen hat.

Gebührt aber wenigstens die „*egalitäre*" Anwendung dieser Formel Herrn Proudhon? Ist er der erste, der sich eingebildet hat, die Gesellschaft dadurch zu reformieren, daß er alle Menschen in unmittelbare, gleiche Arbeitsmengen austauschende Arbeiter verwandelt? Kommt es ihm zu, den Kommunisten – diesen aller Kenntnis der politischen Ökonomie ermangelnden Menschen, diesen „hartnäckig dummen Menschen", diesen „paradiesischen Träumern" – den Vorwurf zu machen, nicht vor ihm diese „Lösung des Problems des Proletariats" gefunden zu haben?

Wer nur ein wenig mit der Entwicklung der politischen Ökonomie in England vertraut ist, dem ist nicht unbekannt, daß fast alle Sozialisten dieses Landes zu den verschiedensten Zeiten die egalitäre Anwendung der Ricardoschen Theorie vorgeschlagen haben. Wir können Herrn Proudhon zitieren: *Die politische Ökonomie* von Hodgskin, 1822; William Thompson, *An Inquiry into the Principles of the Distribution of Wealth, most conducive to Human Happiness*, 1824; T. R. Edmonds, *Practical, Moral and Political Economy*, 1828, etc. etc. und noch vier Seiten Etceteras. Wir beschränken uns darauf, einen englischen *Kommunisten* sprechen zu lassen, Herrn Bray. Wir wollen die entscheidenden Stellen seines bemerkenswerten Werkes, *Labour's Wrongs and Labour's Remedy*, Leeds 1839, anführen und werden uns ziemlich lange dabei aufhalten, erstens, weil Herr Bray in Frankreich noch wenig bekannt ist, und ferner, weil wir in seinem Buch den Schlüssel gefunden zu haben glauben für die vergangenen, gegenwärtigen und zukünftigen Schriften des Herrn Proudhon.

„Das einzige Mittel, zur Wahrheit zu gelangen, ist, sich über die ersten Grundbegriffe klarzuwerden. Steigen wir zunächst zu der Quelle zurück, von der die Regierungen sich herleiten. Indem wir so der Sache auf den Grund gehen, werden wir finden, daß jede Form der Regierung, jede soziale und politische Ungerechtigkeit dem gegenwärtig herrschenden sozialen System entstammt – *der Einrichtung des Eigentums, wie es gegenwärtig besteht* (the institution of property as it at present exists), und daß man daher, um ein für allemal der Ungerechtigkeit und dem Elend unserer Zeit ein Ende zu machen, *den gegenwärtigen Zustand der Gesellschaft von Grund aus umstürzen* muß... Indem wir die Ökonomen auf ihrem eigenen Gebiet und mit ihren eigenen Waffen angreifen, verhindern wir so das absurde Geschwätz von den *Teilern* und *Doktrinären,* welches sie stets anzustimmen geneigt sind. Wenn sie die anerkannten Wahrheiten und Prinzipien, auf welche sie ihre eigenen Argumente basieren, nicht leugnen oder mißbilligen, so werden die Ökonomen nicht imstande sein, die Schlüsse zu bestreiten, zu welchen wir vermittelst dieser Methode gelangen." (Bray, S. 17 u. 41.) „*Nur die Arbeit* ist es, *die Wert schafft* (It is labour alone which bestows value)... Jeder Mensch hat ein unzweifelhaftes Recht auf alles, was seine ehrliche Arbeit ihm verschaffen kann. Wenn er sich so die Früchte seiner Arbeit aneignet, begeht er keine Ungerechtigkeit gegen die anderen Menschen, denn er beeinträchtigt nicht dem anderen sein Recht, ebenso zu handeln... Alle Begriffe von höherer und niederer Stellung, von Herr und Knecht kommen daher, daß man die elementarsten Grundsätze außer acht gelassen hat und daß sich infolgedessen die *Ungleichheit* des Besitzes eingeschlichen hat (and to the consequent rise of inequality of possessions). Solange diese Ungleichheit aufrechterhalten bleibt, wird es unmöglich sein, diese Begriffe auszurotten sowie die Einrichtungen aufzuheben, die auf ihnen beruhen. Bis jetzt hegt man immer noch die vergebliche Hoffnung, einem widernatürlichen Zustand, wie dem gegenwärtig bestehenden, dadurch abzuhelfen, daß man die *bestehende Ungleichheit* zerstört und die *Ursache* der Ungleichheit bestehen läßt; aber wir werden bald nachweisen, daß die Regierung keine Ursache, sondern eine Wirkung ist, daß sie nicht schafft, sondern geschaffen wird — daß sie mit einem Wort das *Ergebnis der Ungleichheit des Besitzes* ist (the offspring of inequality of possessions) und daß die Ungleichheit des Besitzes unzertrennlich verbunden ist mit dem gegenwärtigen gesellschaftlichen System." (Bray, S. 33, 36 u. 37.)

„Das System der Gleichheit hat nicht nur die größten Vorteile für sich, sondern auch die höchste Gerechtigkeit... Jeder Mensch ist ein

Glied, und zwar ein unerläßliches Glied in der Kette der Wirkungen, die von einer Idee ausgeht, um vielleicht auf die Produktion eines Stückes Tuch hinauszulaufen. So darf man aus der Tatsache, daß unsere Neigungen für die verschiedenen Berufe nicht die gleichen sind, nicht schließen, daß die Arbeit des einen besser bezahlt werden müsse als die des anderen. Der Erfinder wird stets neben seiner gerechten Belohnung in Geld den Tribut unserer Bewunderung erhalten, den nur das Genie uns abgewinnen kann...

Gemäß der Natur selbst der Arbeit und des Tausches fordert die höchste Gerechtigkeit, daß alle Austauschenden nicht nur *gegenseitige*, sondern *gleiche* Vorteile davontragen (all exchangers should be not only *mutually*, but they should likewise be *equally* benefitted). Zwei Dinge gibt es nur, welche die Menschen unter sich austauschen können, nämlich die Arbeit und das Produkt der Arbeit. Wenn der Tausch nach einem gerechten System vor sich ginge, so würde der Wert aller Gegenstände durch *ihre gesamten Produktionskosten* bestimmt werden; und *gleiche Werte würden sich stets gegen gleiche Werte austauschen* (If a just system of exchanges were acted upon, the value of all articles would be determined by the entire cost of production, and equal values should always exchange for equal values). Wenn zum Beispiel ein Hutmacher einen Tag braucht, um einen Hut zu machen, und ein Schuhmacher dieselbe Zeit für ein Paar Schuhe (vorausgesetzt, daß der von ihnen verwendete Rohstoff denselben Wert habe) und sie diese Gegenstände unter sich austauschten, so würde der Vorteil, den sie daraus zögen, gleichzeitig ein gegenseitiger und ein gleicher sein. Der Vorteil, der für einen der beiden Teile daraus flösse, könnte kein Nachteil für den anderen sein, da jeder dieselbe Menge Arbeit geliefert hat und die Stoffe, welche sie verwendeten, gleichwertig waren. Aber wenn der Hutmacher *zwei* Paar Schuhe gegen *einen* Hut erlangt hätte, immer unter unserer obigen Voraussetzung, so ist es klar, daß der Tausch ungerecht wäre. Der Hutmacher würde den Schuhmacher um einen Arbeitstag bringen; und wenn er so bei allen seinen Tauschgeschäften vorginge, so würde er gegen die Arbeit eines *halben Jahres* das Produkt eines *ganzen Jahres* einer anderen Person erhalten. Bisher haben wir stets dieses im höchsten Grade ungerechte Austauschsystem befolgt: Die *Arbeiter* haben dem Kapitalisten die Arbeit eines ganzen Jahres im Austausch gegen den Wert eines halben Jahres *gegeben* (the workmen have given the capitalist the labour of a whole year, in exchange for the value of only half a year) – und hieraus und nicht aus einer vermeintlichen Ungleichheit der physischen und intellektuellen Kräfte der Individuen ist die Ungleichheit von Reichtum und Macht hervorgegangen. Die Ungleichheit im Austausch, die Verschiedenheit der Preise bei Kauf und Verkauf kann nur unter der Bedingung bestehen, daß die Kapitalisten in alle Ewigkeit Kapitalisten und die Arbeiter Arbeiter bleiben – die einen eine Klasse von Tyrannen, die anderen eine Klasse von Sklaven... Dieser Vorgang beweist also klar, daß die Kapitalisten und Eigentümer dem Arbeiter für die Arbeit einer Woche nur einen Teil des Reichtums geben, den sie von ihm in der abgelaufenen Woche erhalten haben, das heißt daß sie ihm für *Etwas Nichts* geben (nothing for something)... Die Vereinbarung zwischen Arbeitern und Kapitalisten ist eine bloße Komödie: Faktisch ist sie in Tausenden von Fällen nur ein unverschämter, wenn auch *gesetzlicher Diebstahl* (The whole transaction between the producer and the capitalist is a mere farce: it is, in fact, in thousands of instances, no other than a barefaced though *legal robbery*)." (Bray, S. 45, 48, 49 u. 50.)

„Der Profit des Unternehmers wird so lange ein Verlust für den Arbeiter sein – bis der Tausch unter beiden Teilen gleich ist; und der Tausch kann so lange nicht gleich sein, wie die Gesellschaft in Kapitalisten und Produzenten geteilt ist und die letzteren von ihrer Arbeit leben, während die ersteren sich vom Profit dieser Arbeit mästen...

Es ist klar", fährt Herr Bray fort, „daß ihr ganz gut diese oder jene Form der Regierung herstellen..., daß ihr ganz gut im Namen der Moral und der Bruderliebe predigen mögt... Die Gegenseitigkeit ist unverträglich mit der Ungleichheit des Austausches. Die Ungleichheit des Austausches, die Ursache der Ungleichheit des Besitzes, ist der geheime Feind, der uns verschlingt. (No reciprocity can exist where there are unequal exchanges. Inequality of exchanges, as

92

being the cause of inequality of possessions, is the secret enemy that devours us.)" (Bray, S. 51 u. 52.)

„Die Betrachtung von Zweck und Ziel der Gesellschaft berechtigt mich zu dem Schlusse, daß nicht nur alle Menschen arbeiten müssen, damit sie in die Lage kommen, austauschen zu können, sondern daß gleiche Werte sich gegen gleiche Werte austauschen müssen. Noch mehr: Da der Vorteil des einen nicht der Verlust des andern sein darf, so muß der Wert bestimmt werden durch die Produktionskosten. Dennoch haben wir gesehen, daß unter dem gegenwärtigen sozialen Regime der Profit des Kapitalisten und des Reichen stets der Verlust des Arbeiters ist – daß dieses Resultat unvermeidlich eintreten muß und daß der Arme unter jeder Regierungsform dem Reichen auf Gnade und Ungnade ausgeliefert ist, solange die Ungleichheit des Austausches fortbesteht – und daß die Gleichheit im Austausch nur durch ein soziales System gesichert werden kann, welches die Universalität der Arbeit anerkennt... Die Gleichheit im Austausch würde den Reichtum nach und nach aus den Händen der gegenwärtigen Kapitalisten in die der arbeitenden Klassen hinüberleiten." (Bray, S. 53–55.)

„Solange wie dieses System der Ungleichheit des Tausches fortbesteht, werden die Produzenten stets so arm, so unwissend, so überarbeitet sein, wie sie es heute sind, selbst wenn man *alle Abgaben, alle Steuern abschaffen würde*... Nur eine totale Veränderung des Systems, die Einführung der Gleichheit der Arbeit und des Tausches kann diesem Stand der Dinge abhelfen und den Menschen die wahre Gleichheit der Rechte sichern... Die Produzenten haben nur eine Anstrengung zu machen – und sie selbst sind es, von denen jede Anstrengung für ihr eigenes Heil ausgehen muß –, und ihre Ketten werden auf ewig gesprengt werden... Die politische Gleichheit als Zweck ist ein Irrtum, sie ist sogar ein Irrtum als Mittel. (*As an end, the political equality is there a failure, as a means, also, it is there a failure.*)

Bei der Gleichheit des Austausches kann der Vorteil des einen nicht der Verlust des anderen sein: denn jeder Austausch ist nur eine einfache *Übertragung* von Arbeit und Reichtum, sie erfordert keinerlei Opfer. So wird unter einem auf die Gleichheit des Tausches basierten System der Produzent es noch mittelst seiner Ersparnisse zum Reichtum bringen; aber sein Reichtum wird nur noch das angesammelte Produkt seiner eigenen Arbeit sein. Er wird seinen Reichtum austauschen oder einem anderen geben können; aber es wird ihm unmöglich sein, auf eine etwas längere Zeit hinaus reich zu bleiben, nachdem er aufgehört hat zu arbeiten. Durch die Gleichheit des Tausches verliert der Reichtum seine heutige Fähigkeit, sich sozusagen von selbst zu erneuern und zu vermehren: Er wird den durch den Verbrauch entstehenden Verlust nicht aus sich ersetzen können; denn wenn er nicht durch die Arbeit neu geschaffen wird, so ist der Reichtum, einmal verzehrt, auf immer verloren. Was wir heute *Profit* und *Zinsen* nennen, wird unter dem System des gleichen Austausches nicht bestehen können. Der Produzent und derjenige, der die Verteilung besorgt, werden gleichmäßig entlohnt werden, und die Summe ihrer Arbeit wird dazu dienen, den Wert jedes verfertigten und dem Konsumenten zugänglich gemachten Gegenstandes zu bestimmen...

Das Prinzip der Gleichheit des Tausches muß also naturnotwendig die *allgemeine Arbeit* zur Folge haben." (Bray, S. 67, 88, 89, 94 u. 109.)

Nachdem er die Einwände der Ökonomen gegen den *Kommunismus* widerlegt hat, fährt Herr Bray folgendermaßen fort:

„Wenn eine Veränderung der Charaktere unumgänglich notwendig ist, um ein auf Gemeinsamkeit beruhendes gesellschaftliches System in seiner vollendeten Form zu ermöglichen, wenn andererseits das gegenwärtige System weder die Möglichkeit noch die Umstände zeitigt, die geboten sind, um diese Veränderung der Charaktere herbeizuführen und die Menschen für einen besseren Zustand, den wir alle wünschen, vorzubereiten, so ist es klar, daß die Dinge notwendigerweise so bleiben müssen, wie sie sind, wenn man nicht einen vorbereitenden Modus der Entwicklung entdeckt und durchführt – einen Prozeß, der sowohl dem gegenwärtigen System als auch dem Zukunftssystem (System der Gemeinschaftlichkeit) angehört – eine Art Übergangsstadium, in welches die Gesellschaft eintreten kann mit allen ihren Ausschreitungen und allen ihren Verrücktheiten, um es alsdann zu verlassen, reich an den Eigenschaften und Fähigkeiten, welche die Lebensbedingungen des Systems der Gemeinschaftlichkeit sind." (Bray, S. 134.)

„Dieser ganze Prozeß würde nichts erfordern als die Kooperation in ihrer einfachsten Form... Die Produktionskosten würden unter allen Umständen den Wert des Produktes bestimmen, und gleiche Werte würden sich stets gegen gleiche Werte austauschen. Wenn von zwei Personen die eine eine ganze, die andere eine halbe Woche gearbeitet hätte, so würde die erstere doppelt soviel Entschädigung erhalten wie die andere; aber dieses Mehr der Bezahlung würde dem einen nicht auf Kosten des anderen gegeben werden: Der Verlust, den der letztere sich zugezogen hätte, würde in keiner Weise auf den ersteren entfallen. Ein jeder würde seinen individuellen Lohn gegen Dinge vom selben Wert wie sein Lohn umtauschen, und auf keinen Fall könnte der Gewinn, den irgend jemand oder irgendeine Industrie erzielte, den Verlust eines anderen oder einer anderen Industriebranche bilden. Die Arbeit jedes Individuums wäre der *einzige Maßstab* für seinen Gewinn oder Verlust...

Vermittelst allgemeiner und lokaler Büros *(boards of trade)* würde man die Menge der verschiedenen Gegenstände bestimmen, welche für den Verbrauch benötigt sind, und den relativen Wert jedes einzelnen im Vergleich mit den anderen (die Zahl der in den verschiedenen Arbeitszweigen erforderlichen Arbeiter), mit einem Wort alles, was auf die gesellschaftliche Produktion und Verteilung Bezug hat. Diese Aufstellungen würden für eine Nation in ebenso kurzer Zeit und mit derselben Leichtigkeit gemacht werden können wie heutzutage für eine Privatgesellschaft... Die Individuen würden sich in Familien gruppieren, die Familien in Gemeinden, wie unter dem gegenwärtigen Regime..., man würde nicht einmal die Verteilung der Bevölkerung in Stadt und Land direkt abschaffen, so schädlich sie auch ist... In dieser Assoziation würde jedes Individuum nach wie vor die Freiheit genießen, welche es heute besitzt, soviel zu akkumulieren, wie ihm gut scheint, und von dem Angesammelten den ihm konvenierenden Gebrauch zu machen... Unsere

Gesellschaft würde sozusagen eine große Aktiengesellschaft sein, zusammengesetzt aus einer unendlich großen Anzahl kleiner Aktiengesellschaften, die sämtlich arbeiten und ihre Produkte auf dem Fuße der vollständigsten Gleichheit herstellen und austauschen... Unser neues System der Aktiengesellschaften, das nur eine Konzession an die heutige Gesellschaft ist, um zum Kommunismus zu gelangen, das so eingerichtet ist, daß das *individuelle Eigentum* an den Produkten fortbesteht neben dem *gemeinschaftlichen Eigentum* an den Produktivkräften, läßt das Schicksal jedes Individuums von seiner eigenen Tätigkeit abhängen und gewährt ihm einen gleichen Anteil an allen durch die Natur und die Fortschritte der Technik bewirkten Vorteilen. Infolgedessen kann es auf die Gesellschaft, wie sie ist, angewendet werden und sie auf weitere Veränderungen vorbereiten." (Bray, S. 158, 160, 162, 168, 194 u. 199.)

Wir haben nur wenige Worte Herrn Bray zu entgegnen, der trotz uns und gegen unseren Willen sich in der Lage befindet, Herrn Proudhon ausgestochen zu haben, mit dem Unterschiede, daß Herr Bray, weit entfernt, das letzte Wort der Menschheit sprechen zu wollen, nur die Maßregeln vorschlägt, welche er für eine Epoche des Überganges von der heutigen Gesellschaft in das System der Gemeinschaftlichkeit für geeignet hält.

Eine Arbeitsstunde von Peter tauscht sich gegen eine Arbeitsstunde von Paul aus, das ist das fundamentale Axiom des Herrn Bray.

Nehmen wir an, Peter habe zwölf Stunden Arbeit vor sich und Paul nur sechs, so wird Peter mit Paul nur einen Austausch von sechs gegen sechs vollziehen können. Peter wird daher sechs Arbeitsstunden übrigbehalten; was wird er mit diesen sechs Arbeitsstunden machen?

Entweder nichts, d. h. er wird sechs Stunden für nichts gearbeitet haben; oder er wird sechs andere Stunden feiern, um sich ins Gleichgewicht zu setzen; oder, und dies ist sein letztes Auskunftsmittel, er wird diese sechs Stunden, mit denen er nichts anzufangen weiß, Paul mit in den Kauf geben.

Was wird somit Peter schließlich mehr verdient haben als Paul? Arbeitsstunden? Nein. Er wird nur Mußestunden verdient haben, er wird gezwungen sein, während sechs Stunden den Faulenzer zu spielen. Und damit dieses neue Nichtstuerrecht von der neuen Gesellschaft nicht nur geduldet, sondern sogar geschätzt werde, muß diese ihr höchstes Glück in der Faulheit finden und die Arbeit sie wie eine Fessel bedrücken, der sie sich um jeden Preis zu entledigen hat. Und wenn wenigstens, um auf unser Beispiel zurückzukommen, diese Mußestunden, die Peter an Paul verdient hat, ein wirklicher Profit wären! Nicht im geringsten; Paul, der damit beginnt, nur sechs Stunden zu arbeiten, kommt durch eine regelmäßige und geregelte Arbeit zu demselben Resultat, das auch Peter nur erreicht, obwohl er mit einem Übermaß von Arbeit beginnt. Jeder wird Paul sein wollen, es wird eine Konkurrenz um die Stelle des Paul entstehen — eine Faulheitskonkurrenz.

Was hat uns nun der Austausch gleicher Arbeitsmengen gebracht? Überproduktion, Entwertung, Überarbeit, gefolgt von Stockung, endlich ökonomische Verhältnisse, wie wir sie in der gegenwärtigen Gesellschaft bestehen sehen, ohne die Arbeitskonkurrenz.

Nicht doch, wir täuschen uns; es bleibt noch ein Auskunftsmittel, welches die neue Gesellschaft retten kann, die Gesellschaft der Peter und Paul. Peter wird allein das Produkt der sechs Arbeitsstunden, die ihm bleiben, verzehren. Aber von dem Augenblick an, wo er nicht mehr auszutauschen braucht, weil er produziert hat, wird er nicht mehr zu produzieren brauchen, um auszutauschen, und die ganze Annahme einer auf Tausch und Arbeitsteilung basierten Gesellschaft fiele dahin. Man würde die Gleichheit des Tausches dadurch gerettet haben, daß der Tausch selbst aufhörte: Paul und Peter würden auf den Standpunkt Robinsons gelangen.

Wenn man also annimmt, daß alle Mitglieder der Gesellschaft selbständige Arbeiter sind, so ist ein Tausch gleicher Arbeitsstunden nur unter der Bedingung möglich, daß man von vornherein über die Stundenzahl übereinkommt, welche für die materielle Produktion notwendig ist. Aber eine solche Übereinkunft schließt den individuellen Tausch aus.

Wir kommen auch zur selben Folgerung, wenn wir als Ausgangspunkt nicht mehr die Verteilung der erzeugten Produkte, sondern den Akt der Produktion nehmen. In der Großindustrie steht es Peter nicht frei, seine Arbeitszeit selbst festzusetzen, denn die Arbeit Peters ist nichts ohne die Mitwirkung aller Peter und aller Paule, die in einer Werkstatt vereinigt sind. Daraus erklärt sich auch sehr wohl der hartnäckige Widerstand, den die englischen Fabrikanten der *Zehnstundenbill*[1] entgegensetzten; sie wußten nur zu gut, daß eine Verminderung der Arbeit um zwei Stunden, einmal den Frauen und Kindern bewilligt, gleichermaßen eine Verminderung der Arbeitszeit für die Erwachsenen zur Folge haben müsse. Es liegt in der Natur der Großindustrie, daß die Arbeitszeit für alle gleich sein muß. Was heute durch das Kapital und die Konkurrenz der Arbeiter unter sich bewirkt wird, wird morgen, wenn man das Verhältnis von Arbeit und Kapital aufhebt, das Ergebnis einer Vereinbarung sein, die auf dem Verhältnis der Summe der Produktivkräfte zu der Summe der vorhandenen Bedürfnisse beruht.

Aber eine solche Vereinbarung ist die Verurteilung des individuellen Austausches, und somit sind wir wiederum bei unserem obigen Resultat angelangt.

Im Prinzip gibt es keinen Austausch von Produkten, sondern einen Austausch von Arbeiten, die zur Produktion zusammenwirken. Die Art, wie die Produktivkräfte ausgetauscht werden, ist für die Art des Austausches der Produkte maßgebend. Im allgemeinen entspricht die Art des Austausches der Produkte der Produktionsweise. Man ändere die letztere, und die Folge wird die Veränderung der ersteren sein. So sehen wir auch in der Geschichte der Gesellschaft die Art des Austausches der Produkte sich nach dem Modus ihrer Herstellung regeln. So entspricht auch der individuelle Austausch einer bestimmten Produktionsweise, welche selbst wieder dem Klassengegensatz entspricht; somit kein individueller Austausch ohne Klassengegensatz.

Aber das Biedermannsgewissen verschließt sich dieser evidenten Tatsache. Solange man Bourgeois ist, kann man nicht umhin, in diesem Gegensatz einen Zustand der Harmonie und ewigen Gerechtigkeit zu erblicken, der niemandem erlaubt, sich auf Kosten des anderen Geltung zu verschaffen. Für den Bourgeois kann der individuelle

---

[1] Gesetz über den Zehnstundentag. *Die Red.*

Austausch ohne Klassengegensatz fortbestehen: Für ihn sind dies zwei ganz unzusammenhängende Dinge. Der individuelle Austausch, wie ihn sich der Bourgeois vorstellt, gleicht durchaus nicht dem individuellen Austausch, wie er wirklich vorgeht.

Herr Bray erhebt die *Illusion* des biedern Bürgers zum *Ideal*, das er verwirklichen möchte; dadurch, daß er den individuellen Austausch reinigt, daß er ihn von allen widerspruchsvollen Elementen, die er in ihm findet, befreit, glaubt er, ein „*egalitäres*" Verhältnis zu finden, das man in die Gesellschaft einführen müßte.

Herr Bray ahnt nicht, daß dieses egalitäre Verhältnis, dieses *Verbesserungsideal*, welches er in die Welt einführen will, selbst nichts anderes ist als der Reflex der gegenwärtigen Welt und daß es infolgedessen total unmöglich ist, die Gesellschaft auf einer Basis rekonstituieren zu wollen, die selbst nur der verschönerte Schatten dieser Gesellschaft ist. In dem Maße, wie der Schatten Gestalt annimmt, bemerkt man, daß diese Gestalt, weit entfernt, ihre erträumte Verklärung zu sein, just die gegenwärtige Gestalt der Gesellschaft ist.[1]

§3. Anwendung des Gesetzes der Proportionalität des Wertes

a) Das Geld

„Gold und Silber sind die ersten Waren, deren Wert zu seiner Konstituierung gelangt ist." [I, 69.]

---

[1] Wie jede andere Theorie hat auch die des Herrn Bray ihre Anhänger gefunden, die sich durch den Schein haben täuschen lassen. Man hat in London, in Sheffield, in Leeds, in vielen anderen Städten Englands *equitable-labour-exchange-bazars* [gerechte Austauschbanken. *Die Red.*] gegründet, die nach Absorbierung beträchtlicher Kapitalien sämtlich skandalösen Bankerott gemacht haben. Man hat den Geschmack daran für immer verloren: Warnung für Herrn Proudhon! (Man weiß, daß Proudhon sich diese Warnung nicht zu Herzen genommen hat. Im Jahre 1849 versuchte er selbst eine neue Tauschbank in Paris. Sie scheiterte aber schon, ehe sie ordentlich in Gang gekommen war; eine gerichtliche Verfolgung Proudhons mußte zur Deckung ihres Zusammenbruchs vorhalten. F. E.)

Somit sind Gold und Silber die ersten Anwendungen des – von Herrn Proudhon – „konstituierten Wertes". Und da Herr Proudhon den Wert der Produkte dadurch konstituiert, daß er ihn durch die in denselben verkörperte Arbeitsmenge bestimmt, so hatte er einzig und allein den Beweis zu liefern, daß die mit dem Wert von Gold und Silber vorgehenden *Veränderungen* stets ihre Erklärung finden in den Veränderungen der zu ihrer Produktion notwendigen Arbeitszeit. Herr Proudhon denkt nicht daran. Er spricht nicht von Gold und Silber als Ware, sondern er spricht von ihnen als Geld.

Seine ganze Logik, soweit bei ihm von Logik die Rede sein kann, besteht darin, die Eigenschaft von Gold und Silber, als *Geld* zu dienen, allen Waren unterzuschieben, welche die Eigenschaft haben, ihr Wertmaß in der Arbeitszeit zu finden. Kein Zweifel, diese Eskamotage zeugt mehr von Naivität als von Malice.

Ein nützliches Produkt, einmal durch die zu seiner Herstellung notwendige Arbeitszeit abgeschätzt, ist stets tauschfähig (acceptable en échange). Beweis, ruft Herr Proudhon aus, das Gold und das Silber, die sich in der von mir gewollten Lage der „Austauschbarkeit" befinden. Somit sind Gold und Silber – der in den Zustand seiner Konstitution gelangte Wert, die Verkörperung der Idee des Herrn Proudhon. Es ist unmöglich, in der Wahl seiner Beispiele glücklicher zu sein. Gold und Silber besitzen außer der Eigenschaft, eine Ware zu sein, die wie jede andere durch die Arbeitszeit geschätzt wird, noch die, allgemeines Tauschmittel, Geld, zu sein. Dadurch nun, daß man Gold und Silber als eine Anwendung des durch die Arbeitszeit *„konstituierten Wertes"* hinstellt, ist nichts leichter als der Beweis, daß jede Ware, deren Wert durch die Arbeitszeit konstituiert sein wird, stets austauschbar, Geld sein wird.

Eine höchst einfache Frage drängt sich dem Geiste des Herrn Proudhon auf: Warum genießen Gold und Silber das Privilegium, der Typus des „konstituierten Wertes" zu sein?

„Die besondere Funktion, welche der Gebrauch den edlen Metallen beigelegt hat, als Vermittler des Verkehrs zu dienen, ist rein konventionell, jede andere Ware könnte, vielleicht weniger bequem, aber ebenso zuverlässig, diese Rolle ausfüllen: Die Ökonomen erkennen das an, und man zitiert mehr als ein Beispiel dafür. Was ist somit die Ursache dieses allgemein den Metallen eingeräumten Vorzuges, als Geld zu dienen, und wie erklärt sich diese Besonderheit der Funktionen des Geldes, die kein Analogon hat in der politischen Ökonomie?... Nun also, ist es vielleicht möglich, *den Zusammenhang (série) wiederherzustellen,* aus dem das *Geld* herausgerissen zu sein scheint, und somit dieses seinem wirklichen Prinzip wieder zuzuführen?" [I, 68 u. 69.]

Bereits damit, daß er die Frage in diesen Ausdrücken stellt, setzt Herr Proudhon *das Geld* voraus. Die erste Frage, welche er sich hätte stellen sollen, wäre die, zu erfahren, warum man im Tauschverkehr, wie er sich heute herausgebildet hat, den Tauschwert sozusagen individualisieren mußte durch Schaffung eines besonderen Austauschmittels. Das Geld ist nicht eine Sache, sondern ein gesellschaftliches Verhältnis. Warum ist das Verhältnis des Geldes ein Produktionsverhältnis wie jedes andere ökonomische Verhältnis, wie die Arbeitsteilung usw.? Wenn Herr Proudhon sich von diesem Verhältnis Rechenschaft abgelegt hätte, so würde er in dem Geld nicht eine Ausnahme, nicht ein aus einem unbekannten oder erst wieder zu ermittelnden Zusammenhang herausgerissenes Glied gesehen haben.

Er würde im Gegenteil gefunden haben, daß dieses Verhältnis nur ein einzelnes Glied in der ganzen Verkettung der ökonomischen Verhältnisse und als solches aufs innigste mit ihr verbunden ist und daß dieses Verhältnis ganz in demselben Grade einer bestimmten Produktionsweise entspricht wie der individuelle Austausch. Was aber tut er? Er fängt damit an, das Geld aus dem Zusammenhang der heutigen Produktionsweise herauszureißen, um es später zum ersten Glied eines imaginären, eines noch zu findenden Zusammenhanges zu machen.

Hat man einmal die Notwendigkeit eines besonderen Tauschmittels, d. h. die Notwendigkeit des Geldes eingesehen, so handelt es sich nicht mehr um die Erklärung, warum diese besondere Funktion vor allen anderen Waren dem Gold und Silber zugefallen ist. Es ist das eine sekundäre Frage, die nicht im Zusammenhang der Produktionsverhältnisse ihre Erklärung findet, sondern in den besonderen stofflichen Eigenschaften von Gold und Silber. Wenn demgemäß die Ökonomen bei dieser Gelegenheit „aus dem Gebiet ihrer Wissenschaft herausgetreten sind, wenn sie Physik, Mechanik, Geschichte usw. getrieben haben" [I, S. 69], wie ihnen Herr Proudhon vorwirft, so haben sie nur getan, was sie tun mußten. Die Frage gehört nicht mehr in das Gebiet der politischen Ökonomie.

„Was keiner der Ökonomen", sagt Herr Proudhon, „erkannt noch begriffen hat, ist der *ökonomische Grund*, der für die Bevorzugung, deren sich die Edelmetalle erfreuen, maßgebend war." [I, 69.]

Den ökonomischen Grund, den niemand, und zwar aus guten Gründen, erkannt noch begriffen hat, Herr Proudhon hat ihn erkannt, begriffen und der Nachwelt überliefert.

„Was nämlich niemand bemerkt hat, ist die Tatsache, daß Gold und Silber die ersten Waren sind, deren Wert zur Konstituierung gelangt ist. In der patriarchalischen Periode werden Gold und Silber noch in Barren gehandelt und ausgetauscht, aber schon mit einer sichtbaren Tendenz zur Herrschaft und einer ausgeprägten Bevorzugung. *Nach und nach* bemächtigen sich die Souveräne derselben und drücken ihnen ihr Siegel auf: Und aus dieser souveränen Weihung geht das Geld hervor, das heißt die Ware par excellence, die, aller Erschütterungen des Marktes ungeachtet, einen bestimmten proportionellen Wert beibehält und überall als voll in Zahlung genommen wird... Die besondere Stellung, die Gold und Silber einnehmen, ist, wiederhole ich, eine Folge der Tatsache, daß dieselben, dank ihren metallischen Eigenschaften, der Schwierigkeit ihrer Beschaffung und namentlich der Intervention der staatlichen Autorität, sich rechtzeitig, als Waren, Festigkeit und Authentizität erobert haben."

Behaupten, daß von allen Waren Gold und Silber die ersten sind, deren Wert zu seiner Konstituierung gelangt ist, heißt nach dem Vorstehenden behaupten, daß Gold und Silber die ersten sind, die Geld geworden sind. Dies die große Offenbarung des Herrn Proudhon, dies die Wahrheit, die niemand vor ihm entdeckt hatte.

Wenn Herr Proudhon mit diesen Worten sagen wollte, daß Gold und Silber Waren sind, deren zu ihrer Erzeugung notwendige Arbeitszeit früher bekannt war als die aller andern, so wäre dies wieder eine jener Annahmen, mit denen er seine Leser so bereitwillig beschenkt. Wenn wir uns an diese patriarchalische Gelehrsamkeit halten wollten, so würden wir Herrn Proudhon sagen, daß man zuallererst die Arbeitszeit kannte, die zur Herstellung der allernotwendigsten Gegenstände erforderlich war, wie Eisen usw. Den klassischen Bogen von Adam Smith schenken wir ihm.

Aber wie kann Herr Proudhon nach alledem noch von der Konstituierung eines Wertes sprechen, wo doch ein Wert niemals für sich allein konstituiert wird? Der Wert eines Produkts wird nicht durch die Arbeitszeit konstituiert, die zu seiner Herstellung für sich allein notwendig ist, sondern im Verhältnis zur Menge aller anderen Produkte, die in derselben Zeit erzeugt werden können. Die Konstituierung des Wertes von Gold und Silber setzt also bereits die fertige Konstituierung (des Wertes) einer Menge anderer Produkte voraus.

Es ist also nicht die Ware, die im Gold und Silber „konstituierter Wert" geworden ist, sondern es ist der „konstituierte Wert" des Herrn Proudhon, der im Gold und Silber Geld geworden ist.

Untersuchen wir jetzt die *ökonomischen Gründe*, die nach Herrn Proudhon dem Gold und Silber den Vorzug verschafft haben, früher als alle anderen Produkte zu Geld erhoben zu werden, vermöge der Konstituierung ihres Wertes.

Diese ökonomischen Gründe sind: die „sichtbare Tendenz zur Herrschaft", die schon in der „patriarchalischen Periode" „ausgeprägte Bevorzugung" und andere Umschreibungen des einfachen Faktums, welche die Schwierigkeit vermehren, indem sie die Tatsache vervielfältigen durch Vervielfältigung der Fälle, die Herr Proudhon vorführt, um die Tatsache zu erklären. Herr Proudhon hat indes noch nicht alle angeblich ökonomischen Gründe erschöpft. Greifen wir einen von überwältigender, souveräner Kraft heraus:

„Aus der souveränen Weihung geht das Geld hervor: Die Souveräne bemächtigen sich des Goldes und Silbers und drücken ihnen ihr Siegel auf." [I, 69.]

Somit ist für Herrn Proudhon das Belieben der Souveräne der höchste Grund in der politischen Ökonomie!

In der Tat, man muß jeder historischen Kenntnis bar sein, um nicht zu wissen, daß es die Souveräne sind, die zu allen Zeiten sich den wirtschaftlichen Verhältnissen fügen mußten, daß aber niemals sie es gewesen sind, welche ihnen das Gesetz diktiert haben. Sowohl die politische wie die bürgerliche Gesetzgebung proklamieren, protokollieren nur das Wollen der ökonomischen Verhältnisse.

Hat sich der Souverän des Goldes und Silbers bemächtigt, um sie durch Aufprägung seines Siegels zu allgemeinen Tauschmitteln zu machen, oder haben sich nicht vielmehr diese allgemeinen Tauschmittel des Souveräns bemächtigt, indem sie ihn zwangen, ihnen sein Siegel aufzudrücken und ihnen eine politische Weihung zu geben?

Das Gepräge, welches man dem Gold gegeben hat und gibt, drückt nicht seinen Wert, sondern sein Gewicht aus. Die Festigkeit und Authentizität, von denen Herr Proudhon spricht, beziehen sich nur auf den Feingehalt der Münze; dieser Feingehalts-Titel[1] zeigt an, wieviel Metallstoff in einem Stücke gemünzten Geldes enthalten ist. „Der einzige innewohnende Wert einer Mark Silber", sagt Voltaire mit seinem bekannten gesunden Menschenverstand, „ist ein halbes Pfund Silber im Gewicht von acht Unzen. Gewicht und Feingehalt ergeben allein diesen immanenten Wert." (Voltaire, *Système de Law*.)[9] Aber die Frage: Wieviel ist eine Unze Gold oder Silber wert? besteht darum nicht minder fort. Wenn ein Kaschmir aus dem Magazin „zum großen Colbert" das Fabrikzeichen „reine Wolle" trägt, so gibt diese Fabrikmarke noch nicht den Wert des Kaschmirs an. Es bleibt noch immer zu ermitteln, wieviel die Wolle wert ist. „Philipp I., König von Frankreich", sagt Herr Proudhon, „versetzt das Geld-Pfund Tournois (Gewicht Karls des Großen) mit einem Drittel Legierung, indem er sich einbildet, daß, da er allein das Monopol der Geldfabrikation hatte, er auch tun könne, was jeder Kaufmann tut, der das Monopol eines Produktes besitzt. Was war in der Tat diese, Philipp und seinen Nachfolgern so sehr zum Vorwurf gemachte Münzfälschung? Ein vom Standpunkt der geschäftlichen Routine sehr berechtigtes, aber vom Standpunkt der öko-

---

[1] Titre heißt einerseits Titel, Name, andererseits aber auch, bei Gold und Silber, deren *Feingehalt*. Die Übersetzer.

nomischen Wissenschaft sehr falsches Räsonnement; daß man nämlich, da Angebot und Nachfrage den Wert regulieren, sowohl durch eine künstlich erzeugte Seltenheit wie durch Monopolisierung der Fabrikation die Schätzung und somit auch den Wert der Dinge steigen machen kann, und daß dies ebenso von Gold und Silber gilt wie von Getreide, Wein, Öl und Tabak. Indes, kaum war der Betrug Philipps ruchbar geworden, als sein Geld auf den richtigen Wert reduziert ward und er zur selben Zeit das verlor, um was er seine Untertanen geglaubt hatte prellen zu können. Dasselbe Schicksal hatten in der Folge alle ähnlichen Versuche." [I, 70/71.]

Zunächst hat es sich gar oft gezeigt, daß, wenn der Fürst darangeht, die Münzen zu fälschen, er es ist, der dabei verliert. Was er bei der ersten Emission einmal verdient, verliert er so oft, wie die gefälschten Münzen ihm in Form von Steuern usw. wieder zufließen. Aber Philipp und seine Nachfolger wußten sich mehr oder minder gegen diesen Verlust zu schützen; denn kaum daß das gefälschte Geld in Umlauf gesetzt, hatten sie nichts Eiligeres zu tun, als ein allgemeines Umschmelzen des Geldes auf den alten Fuß anzuordnen.

Dann aber, hätte Philipp I. wirklich, wie Herr Proudhon, räsoniert, so hätte Philipp I. vom „kommerziellen Gesichtspunkt" aus nicht gut räsoniert. Weder Philipp I. noch Herr Proudhon legen kaufmännischen Geist an den Tag, wenn sie sich einbilden, daß man den Wert des Goldes wie den jeder anderen Ware aus dem einzigen Grunde ändern könne, daß ihr Wert durch das Verhältnis von Angebot und Nachfrage bestimmt wird.

Wenn König Philipp angeordnet hätte, daß ein Malter[10] Weizen künftighin zwei Malter Weizen heißen solle, so würde er ein Betrüger gewesen sein; er würde alle Rentiers, alle Leute betrogen haben, die hundert Malter Weizen zu empfangen hatten; er wäre die Ursache gewesen, daß alle diese Leute statt hundert Malter Weizen nur fünfzig empfangen hätten. Man nehme an, der König sei Schuldner von hundert Malter Weizen gewesen, so hätte er nur fünfzig zu bezahlen gehabt. Aber im Handel wären hundert Malter nie mehr wert gewesen als vorher fünfzig. Damit, daß man den Namen ändert, ändert man nicht die Sache. Die Menge Weizen, die angebotene wie geforderte, wäre durch diese einfache Veränderung der Namen weder vermindert noch erhöht worden. Da trotz dieser Veränderung des Namens das Verhältnis von Angebot und Nachfrage das gleiche bliebe, so erlitte der Preis des Getreides keinerlei wirkliche Veränderung. Wenn man von Angebot und Nachfrage der Dinge spricht, so spricht man nicht von Angebot und Nachfrage des Namens der Dinge. Philipp I. machte nicht Gold oder Silber, wie Herr Proudhon sagt, er machte nur Namen von Münzen. Gebt eure französischen Kaschmire für indische aus, so ist es möglich, daß ihr ein oder zwei Käufer täuscht, aber sobald der Betrug einmal bekannt ist, werden eure vorgeblich indischen Kaschmire auf den Preis der französischen fallen. Damit, daß er dem Gold und Silber eine falsche Etikette gab, konnte Philipp I. die Leute nur so lange hinters Licht führen, wie der Betrug nicht bekannt war. Wie jeder andere Krämer betrog er seine Kunden durch eine falsche Bezeichnung der Ware: Das konnte eine Zeitlang dauern. Früher oder später mußte er die Unerbittlichkeit der Gesetze des Verkehrs erfahren. Wollte Herr Proudhon das beweisen? Nein. Nach ihm empfängt das Geld vom Souverän und nicht vom Verkehr seinen Wert. Und was hat er in Wirklichkeit bewiesen? Daß der Verkehr souveräner ist als der Souverän. Der Souverän ordne an, daß eine Mark künftig zwei Mark sei, und der Verkehr wird stets behaupten, daß diese zwei Mark nur so viel wert sind wie die eine Mark von früher.

Aber damit ist die Frage des durch die Arbeitsmenge bestimmten Wertes um keinen Schritt vorwärtsgerückt. Es bleibt noch immer zu entscheiden, ob diese zwei Mark, die jetzt wieder die Mark von früher geworden, bestimmt werden durch die Produktionskosten oder durch das Gesetz von Angebot und Nachfrage?

Herr Proudhon fährt fort: „Es bleibt auch noch zu erwägen, daß, wenn es in der Macht des Königs gelegen hätte, statt das Geld zu fälschen, dessen Menge zu verdoppeln, der Tauschwert von Gold und Silber um die Hälfte gefallen wäre, immer auf Grund der Proportionalität und des Gleichgewichtes." [I, 71.]

Wenn diese, Herrn Proudhon mit den anderen Ökonomen gemeinsame Ansicht richtig ist, so spricht sie zugunsten ihrer Doktrin von

Angebot und Nachfrage und keineswegs zugunsten der Proportionalität des Herrn Proudhon. Denn welches auch immer die in der doppelten Masse von Gold und Silber verkörperte Arbeitszeit gewesen wäre, immer wäre ihr Wert um die Hälfte gefallen, wenn die Nachfrage dieselbe geblieben wäre und das Angebot sich verdoppelt hätte. Oder liefe zufällig das „*Gesetz der Proportionalität*" diesmal auf das so verachtete Gesetz von Angebot und Nachfrage hinaus? Die richtige Proportionalität des Herrn Proudhon ist in der Tat so elastisch, sie gestattet so viele Variationen, Kombinationen und Permutationen, daß sie wohl einmal mit dem Verhältnis von Angebot und Nachfrage zusammenfallen kann.

Behaupten, daß „jede Ware (jederzeit), wenn nicht tatsächlich, so wenigstens von Rechts wegen, austauschbar" sei, mit dem Hinweis auf die Rolle, welche Gold und Silber spielen, heißt diese Rolle verkennen. Gold und Silber sind nur deswegen von Rechts wegen (jederzeit) austauschbar, weil sie es tatsächlich sind; und sie sind es tatsächlich, weil die gegenwärtige Organisation der Produktion eines allgemeinen Tauschmittels bedarf. Das Recht ist nur die offizielle Anerkennung der Tatsache.

Wir haben gesehen, daß das Beispiel vom Gelde als Darstellung des zu seiner Konstituierung gelangten Wertes von Herrn Proudhon nur gewählt wurde, um seine ganze Lehre von der Austauschbarkeit einschmuggeln zu können, das heißt um nachzuweisen, daß jede nach ihren Produktionskosten abgeschätzte Ware Geld werden müsse. Alles das wäre schön und gut, bestände nicht der kleine Übelstand, daß gerade Gold und Silber in ihrer Eigenschaft als Münze (als Wertzeichen) von allen Waren die einzigen sind, die nicht durch ihre Produktionskosten bestimmt werden; und das ist so sehr richtig, daß sie in der Zirkulation durch Papier ersetzt werden können. Solange ein gewisses Verhältnis zwischen den Bedürfnissen der Zirkulation und der Menge des ausgegebenen Geldes beobachtet wird, sei dieses Papier-, Gold-, Platin- oder Kupfergeld, so wird es sich nicht darum handeln, ein Verhältnis zwischen dem innewohnenden Wert (Produktionskosten) und dem Nominalwert des Geldes einzuhalten. Kein Zweifel, im internationalen Verkehr wird das Geld, wie jede andere

Ware, durch die Arbeitszeit bestimmt. Aber auch Gold und Silber sind im internationalen Verkehr Tauschmittel als Produkte, nicht als Münze, d. h. sie verlieren diesen Charakter der „Festigkeit und Authentizität", der „souveränen Weihe", die für Herrn Proudhon ihren spezifischen Charakter bilden. Ricardo hat diese Wahrheit so gut begriffen, daß, obwohl er sein ganzes System auf den durch die Arbeitszeit bestimmten Wert aufbaut und erklärt: „*Gold und Silber* haben, wie jede andere Ware, nur Wert im Verhältnis zu der Arbeitsmenge, die notwendig ist, sie zu produzieren und auf den Markt zu bringen" – er nichtsdestoweniger hinzufügt, daß der Wert des *Geldes* nicht durch die in seiner Materie fixierte Arbeitszeit, sondern nur durch das Gesetz von Angebot und Nachfrage bestimmt wird. „Obwohl das Papier keinen inneren Wert hat, so kann doch, wenn man seine Menge begrenzt, sein Tauschwert dem Wert von Metallgeld im gleichen Betrage oder von nach ihrem Münzwert abgeschätzten Barren gleichkommen. Ganz ebenso, infolge desselben Prinzipes, d. h. dadurch, daß man die Menge des Geldes einschränkt, können unterwertige Geldstücke zu dem Wert zirkulieren, den sie haben würden, wären ihr Gewicht und ihr Gehalt die vom Gesetz vorgeschriebenen, nicht aber nach dem inneren Wert des reinen Metalles, das sie enthalten. Deshalb finden wir in der Geschichte des englischen Geldes, daß unser Hartgeld niemals sich in dem gleichen Verhältnis entwertete, wie es gefälscht wurde. Die Ursache liegt darin, daß es niemals im Verhältnis seiner Entwertung vermehrt wurde." (Ricardo, a. a. O. [S. 206/207].)

J.-B. Say bemerkt zu diesem Satze Ricardos:

„Dieses *Beispiel* sollte, wie mir scheint, genügen, um den Autor zu überzeugen, daß die Grundlage jedes Wertes nicht die zur Herstellung einer Ware notwendige Arbeitsmenge ist, sondern das Bedürfnis, das man nach ihr empfindet, zusammengehalten mit ihrer Seltenheit."

So wird das Geld, das für Ricardo nicht mehr ein durch die Arbeitszeit bestimmter Wert ist und welches J.-B. Say deshalb als Beispiel nimmt, um Ricardo zu überzeugen, daß die anderen Werte ebensowenig durch die Arbeitszeit bestimmt werden können – so

108

wird dieses Geld, welches J.-B. Say als Beispiel eines ausschließlich durch Angebot und Nachfrage bestimmten Wertes nimmt, für Herrn Proudhon das Beispiel par excellence der Anwendung des – durch die Arbeitszeit konstituierten Wertes.

Um zum Ende zu kommen: Wenn das Geld kein durch die Arbeitszeit „konstituierter Wert" ist, so kann es noch weit weniger irgend etwas mit der richtigen „Proportionalität" des Herrn Proudhon gemein haben. Gold und Silber sind stets austauschbar, weil sie die besondere Funktion haben, als universelles Tauschmittel zu dienen, und keineswegs weil sie in einer der Gesamtheit der Güter proportionellen Menge vorhanden sind; oder, um es noch besser auszudrücken, sie sind stets proportionell, weil sie von allen Waren allein als Geld, als universelles Tauschmittel dienen, in welchem Verhältnis auch immer ihre Menge zur Gesamtheit der Güter stehe. „Das in Zirkulation befindliche Geld kann nie reichlich genug vorhanden sein, um überzuströmen; denn wenn ihr seinen Wert herabsetzt, werdet ihr in demselben Verhältnis seine Menge vermehren, und mit der Vermehrung seines Wertes werdet ihr seine Menge vermindern." (Ricardo [II, 205].)

„Welches Imbroglio ist die politische Ökonomie!" ruft Herr Proudhon aus. [I, 72.]

„Verdammtes Gold!" ruft possierlich ein Kommunist (durch den Mund des Herrn Proudhon). Ebensogut könnte man sagen: Verdammter Weizen! verdammte Weinstöcke! verdammte Hammel! denn „ebenso wie Gold und Silber muß *jeder Handelswert* zu seiner peinlich genauen Festsetzung gelangen". [I, 73.]

Die Idee, Hammeln und Weinstöcken die Eigenschaft des Geldes zu verschaffen, ist nicht neu. In Frankreich gehört sie dem Jahrhundert Ludwig XIV. an. In dieser Epoche, wo das Geld angefangen hatte, seine Allmacht geltend zu machen, beklagte man sich über die Entwertung aller anderen Waren und rief sehnsüchtig den Moment herbei, wo jeder „kommerzielle Wert" zu seiner peinlich genauen Festsetzung gelangen, Geld werden könne. Schon bei Boisguillebert, einem der ältesten Ökonomen Frankreichs, finden wir folgenden Satz: „Dann wird das Geld, dank diesem unermeßlichen

Zufluß von Konkurrenten, den in ihren richtigen Wert wieder eingesetzten Waren selbst, wieder in seine natürlichen Grenzen verwiesen werden." (*Économistes financiers du dix-huitième siècle*, S. 422, éd. Daire.¹)

Man sieht: Die ersten Illusionen der Bourgeoisie sind auch ihre letzten.

b) *Der Arbeitsüberschuß*

„Man findet in den Abhandlungen über politische Ökonomie folgende abgeschmackte Hypothese: *Wenn der Preis aller Dinge verdoppelt würde...* Als ob der Preis aller Dinge nicht das Verhältnis der Dinge wäre und man eine Proportion, ein Verhältnis, ein Gesetz verdoppeln könnte!" (Proudhon, Bd. I, S. 81.)

Die Ökonomen sind in diesen Irrtum verfallen, weil sie die richtige Anwendung des „Gesetzes der Proportionalität" und des „konstituierten Wertes" nicht verstanden.

Leider findet man in dem Werke des Herrn Proudhon selbst, Bd. I, S. 110, diese abgeschmackte Hypothese, daß, „wenn der Lohn allgemein stiege, der Preis aller Dinge steigen würde". Zum Überfluß findet man, wenn man in den Abhandlungen über politische Ökonomie die fragliche Phrase findet, ebendaselbst auch ihre Erklärung. „Wenn man sagt, daß der Preis aller Waren steigt oder sinkt, so schließt man stets die eine oder die andere der Waren aus: Die ausgeschlossene Ware ist gewöhnlich das Geld oder die Arbeit." (*Encyclopædia Metropolitana or Universal Dictionary of Knowledge*, vol. IV, Artikel *Political Economy*² von Senior, London 1836. Siehe auch über diesen Ausdruck J. St. Mill, *Essays on Some Unsettled Questions of Political Economy*³, London 1844, und Tooke, *A History of Prices, etc.*⁴, London 1838.)

---

¹ Finanz-Ökonomen des 18. Jahrhunderts, herausgegeben von Daire. *Die Red.*

² Hauptstädtische Enzyklopädie oder Universallexikon des Wissens, Bd. IV, Artikel: Politische Ökonomie. *Die Red.*

³ Abhandlungen über einige ungelöste Fragen der politischen Ökonomie. *Die Red.*

⁴ Eine Geschichte der Preise, usw. *Die Red.*

Schreiten wir jetzt zur *zweiten Anwendung* des „konstituierten Wertes" und anderer Proportionalitäten, deren einziger Fehler ist, wenig proportioniert zu sein; und sehen wir zu, ob Herr Proudhon dort glücklicher ist als in der *Verwandlung* der Hammel *in Geld.*

„Ein von den Ökonomen einstimmig anerkanntes Axiom sagt, daß jede Arbeit einen Überschuß ergeben muß. Dieser Satz gilt mir als absolut und allgemein wahr: Er ist die Ergänzung des Gesetzes von der Proportionalität, welches man als die Summe aller ökonomischen Wissenschaft betrachten kann. Aber ich bitte die Ökonomen um Verzeihung. Das Prinzip, daß *jede Arbeit einen Überschuß ergeben muß*, hat in ihrer Theorie keinen Sinn und ist keines *Beweises* fähig." (Proudhon [I, 73].)

Um zu beweisen, daß jede Arbeit einen Überschuß ergeben muß, personifiziert Herr Proudhon die Gesellschaft, er macht aus ihr eine *Person Gesellschaft,* eine Gesellschaft, die keineswegs die Gesellschaft der Personen ist, da sie ihre besonderen Gesetze hat, die nichts gemein haben mit den Personen, aus denen sie sich zusammensetzt; die ebenfalls ihren „eigenen Verstand" hat, der nicht der Verstand der gemeinen Menschen ist, sondern ein Verstand, der nicht den gemeinen Menschenverstand hat. Herr Proudhon wirft den Ökonomen vor, die Persönlichkeit dieses Gesamtwesens nicht begriffen zu haben. Es macht uns Vergnügen, ihm den folgenden Satz eines amerikanischen Ökonomen entgegenzuhalten, der den anderen Ökonomen das gerade Gegenteil vorwirft: „Dem moralischen *Individuum (the moral entity),* dem grammatikalischen Wesen *(the grammatical being),* Gesellschaft genannt, wurden Eigenschaften beigelegt, die nur in der Einbildung derer bestehen, welche aus einem Wort eine Sache machen... Dies hat zu vielen Schwierigkeiten und beklagenswerten Irrtümern der politischen Ökonomie Veranlassung gegeben." (Th. Cooper, *Lectures on the Elements of Political Economy*[1], Columbia 1826.)

„Dieses Prinzip des Arbeitsüberschusses", fährt Herr Proudhon fort, „trifft in bezug auf die Individuen nur zu, weil es von der Gesellschaft ausgeht, die ihnen so die Wohltat ihrer eigenen Gesetze zukommen läßt." [I, 75.]

---
[1] Vorträge über die Elemente der politischen Ökonomie. *Die Red.*

Will Herr Proudhon damit lediglich sagen, daß die Produktion des Individuums in der Gesellschaft die des isolierten Individuums übertrifft? Will er von diesem Überschuß der Produktion der assoziierten Individuen über die der nicht assoziierten Individuen sprechen? Wenn dem so ist, so können wir ihm hundert Ökonomen zitieren, welche diese einfache Wahrheit ausgesprochen haben ohne den ganzen Mystizismus, in den sich Herr Proudhon hüllt. So sagt z. B. Herr Sadler:

„Die gemeinschaftliche Arbeit ergibt Resultate, welche die individuelle Arbeit niemals hervorzubringen vermag. In dem Maße daher, wie die Menschheit der Zahl nach sich vermehrt, werden die Produkte der vereinigten Arbeit bei weitem die Summe übertreffen, welche sich aus einer einfachen Addition der Menschenzahl-Vermehrung ergibt... In den mechanischen Industrien wie auf wissenschaftlichem Gebiet kann jeder einzelne heute in einem Tage mehr leisten als ein isoliertes Individuum während seines ganzen Lebens. Das mathematische Axiom, daß das Ganze der Summe der Teile gleich ist, ist falsch in Anwendung auf unseren Gegenstand. In bezug auf die Arbeit, diesen großen Grundpfeiler der menschlichen Existenz *(the great pillar of human existence)*, kann man sagen, daß das Produkt der gemeinschaftlichen Anstrengungen bei weitem alles übertrifft, was isolierte Bemühungen der einzelnen je zu produzieren vermögen." (Th. Sadler, *The Law of Population*[1], London 1830.)

Kehren wir zu Herrn Proudhon zurück. Der Arbeitsüberschuß, sagt er, findet seine Erklärung in der Person Gesellschaft. Die Lebenstätigkeit dieser Person richtet sich nach Gesetzen, die den Gesetzen widersprechen, welche die Tätigkeit des Menschen als Individuum bestimmen; dies will er durch „*Tatsachen*" beweisen.

„Die Entdeckung eines neuen wirtschaftlichen Verfahrens kann nie dem Erfinder einen Vorteil eintragen, der dem gleich ist, welchen er der Gesellschaft verschafft... Man hat bemerkt, daß die Eisenbahnunternehmungen weit weniger eine Reichtumsquelle für die Unternehmer sind als für den Staat... Der Durchschnittspreis des Gütertransportes per Achse (Fuhre) beträgt 18 Centimes pro

---

[1] Das Bevölkerungsgesetz. *Die Red.*

Tonne und Kilometer ab und an Lager. Man hat ausgerechnet, daß bei diesem Preise ein gewöhnliches Eisenbahnunternehmen keine 10 Prozent Reingewinn machen würde, ein Resultat, das beinahe dem eines Fuhrunternehmens gleichkommt. Aber nehmen wir an, daß die Geschwindigkeit eines Transportes per Eisenbahn sich zu der eines Fuhrunternehmens wie 4:1 verhält, so wird, da in der Gesellschaft die Zeit selbst Wert ist, bei Gleichheit des Preises die Eisenbahn gegenüber der Frachtfuhre einen Gewinn von 400 Prozent darstellen. Indes realisiert sich dieser enorme, für die Gesellschaft sehr reelle Gewinn bei weitem nicht in dem gleichen Verhältnis für den Transportunternehmer, der, während er der Gesellschaft einen Vorteil von 400 Prozent verschafft, selbst keine 10 Prozent bezieht. Nehmen wir in der Tat an, um die Sache noch greifbarer zu machen, daß die Eisenbahn ihren Tarif auf 25 Centimes festsetzt, während der der Fracht per Achse 18 bleibt, so wird sie sofort alle ihre Gütertransporte verlieren. Absender und Empfänger, alle Welt wird, wenn es sein muß, auf die alten Rumpelkasten zurückkommen. Man wird die Lokomotive stehen lassen: Ein gesellschaftlicher Vorteil von 400 Prozent wird einem privaten Verlust von 35 Prozent aufgeopfert werden. Die Ursache davon ist leicht einzusehen: Der Vorteil, den die Geschwindigkeit der Eisenbahn zur Folge hat, ist rein sozial, und jeder einzelne nimmt daran nur im geringsten Maße Anteil (vergessen wir nicht, daß es sich in diesem Augenblick nur um den Gütertransport handelt), während der Verlust den Konsumenten direkt und persönlich trifft. Ein sozialer Vorteil, gleich 400, stellt für das Individuum, wenn die Gesellschaft nur aus einer Million Menschen besteht, $4/10\,000$ dar, während ein Verlust von 33 Prozent für den Konsumenten ein soziales Defizit von 33 Millionen voraussetzte." (Proudhon [I, 75 u. 76].)

Es mag noch angehen, daß Herr Proudhon eine vervierfachte Geschwindigkeit mit 400 Prozent der ursprünglichen Geschwindigkeit ausdrückt; aber wenn er die Prozente der Geschwindigkeit mit den Prozenten des Profites in Verbindung bringt und zwischen zwei Dingen ein Verhältnis herstellen will, die zwar jedes für sich nach Prozenten gemessen werden können, aber dessenungeachtet eins mit dem anderen inkommensurabel sind, so heißt dies ein Verhältnis zwischen den Prozenten herstellen und die Dinge selbst beiseite lassen.

Prozente sind immer Prozente. 10 Prozent und 400 Prozent sind kommensurabel, sie verhalten sich zueinander wie 10 : 400; daher, schließt Herr Proudhon, ist ein Profit von 10 Prozent vierzigmal weniger wert als eine vierfache Geschwindigkeit. Um den Schein zu retten, sagt er, daß für die Gesellschaft die Zeit der Wert ist *(time is money)*. Dieser Irrtum stammt daher, daß er sich dunkel erinnert, daß ein Verhältnis zwischen Wert und Arbeitszeit besteht, und er hat nichts eiliger zu tun, als die Arbeitszeit der Zeit des Transportes gleichzusetzen, d. h. er identifiziert die paar Heizer, Zugführer und Genossen, deren Arbeitszeit nichts anderes ist als die Zeit des Transportes, mit der ganzen Gesellschaft. So wird mit einem Male die Geschwindigkeit Kapital, und auf diese Art hat er vollauf recht zu sagen: „Ein Vorteil von 400 Prozent wird einem Verlust von 35 Prozent aufgeopfert." Nachdem er diesen sonderbaren Satz als Mathematiker aufgestellt hat, erklärt er ihn uns als Ökonom.

„Ein sozialer Vorteil, gleich 400, stellt für das Individuum, wenn die Gesellschaft nur aus einer Million Menschen besteht, $^4/_{10\,000}$ dar." Einverstanden; aber es handelt sich nicht um 400, sondern um 400 Prozent, und ein Vorteil von 400 Prozent stellt für das Individuum 400 Prozent dar, nicht mehr und nicht weniger. Welches immer das Kapital sei, die Dividenden werden sich stets im Verhältnis von 400 Prozent berechnen. Was tut Herr Proudhon? Er nimmt die Prozente für das Kapital, und als ob er fürchte, daß seine Konfusion nicht „greifbar", nicht deutlich genug sei, fährt er fort:

„Ein Verlust von 33 Prozent für den Konsumenten würde ein soziales Defizit von 33 Millionen voraussetzen." 33 Prozent Verlust für den Konsumenten bleiben 33 Prozent Verlust für eine Million Konsumenten. Wie kann Herr Proudhon daher vernünftigerweise sagen, daß bei einem Verlust von 33 Prozent sich das gesellschaftliche Defizit auf 33 Millionen belaufe, wo er weder das soziale Kapital noch auch nur das Kapital eines einzigen Interessenten kennt? Es genügte somit Herrn Proudhon nicht, *Kapital* und *Prozente* zu-

114

sammengeworfen zu haben, er übertrifft sich noch, indem er das in ein Unternehmen gesteckte *Kapital* mit der *Zahl* der Interessenten identifiziert.

„Setzen wir in der Tat, um die Sache noch greifbarer zu gestalten", ein bestimmtes Kapital voraus. Ein sozialer Profit von 400 Prozent, auf eine Million von Teilnehmern repartiert, von denen jeder mit einem Franken beteiligt ist, ergibt vier Franken Profit pro Kopf und nicht 0,0004, wie Herr Proudhon behauptet. Ebenso repräsentiert ein Verlust von 33 Prozent für jeden der Teilnehmer ein gesellschaftliches Defizit von 330000 Franken und nicht von 33 Millionen (100 : 33 = 1000000 : 330000).

Von seiner Theorie der Person Gesellschaft bestochen, vergißt Herr Proudhon, die Teilung durch hundert vorzunehmen. Er erlangt so 330000 Franken Verlust, aber 4 Franken Profit pro Kopf machen für die Gesellschaft 4000000 Franken Profit. Bleibt für die Gesellschaft ein reiner Profit von 3670000 Franken. Diese exakte Rechnung beweist just das Gegenteil von dem, was Herr Proudhon beweisen wollte: nämlich daß Profit und Verlust der Gesellschaft sich keineswegs im umgekehrten Verhältnis zu Profit und Verlust der Individuen verhalten.

Nachdem wir so diese einfachen Rechenfehler berichtigt haben, wollen wir nun einmal die Konsequenzen betrachten, zu denen man gelangen müßte, wollte man für die Eisenbahnen das Verhältnis von Geschwindigkeit und Kapital, wie Herr Proudhon es gibt, ohne die Rechenfehler zugrunde legen. Nehmen wir an, daß ein viermal schnellerer Transport viermal mehr kostet, so würde dieser Transport nicht weniger Profit ergeben als der Transport per Achse, der viermal langsamer geht und den vierten Teil der Fracht kostet. Wenn also der Achsentransport 18 Centimes nimmt, so könnte die Eisenbahn 72 Centimes nehmen. Das wäre nach „mathematischer Genauigkeit" die Konsequenz der Voraussetzung des Herrn Proudhon, immer von seinen Rechenfehlern abgesehen. Aber da sagt er uns mit einemmal, daß, wenn die Eisenbahn statt 72 Centimes nur 25 nehmen würde, sie sofort alle ihre Gütertransporte verlieren würde. Entschieden, man muß zum alten Rumpelkasten zurückkehren. Wenn wir indes Herrn Proudhon einen Rat zu geben haben, so ist es der, in seinem „*Programme de l'association progressive*"¹ nicht die Division durch hundert zu vergessen. Aber leider ist nicht zu erwarten, daß unser Rat erhört werde, denn Herr Proudhon ist von seiner „progressiven" Berechnung, die seiner „progressiven Assoziation" entspricht, so entzückt, daß er mit großer Emphase ausruft: „Ich habe bereits im zweiten Kapitel, bei der Lösung der Antinomie des Wertes, gezeigt, daß der Vorteil jeder nützlichen Entdeckung unvergleichlich geringer für den Erfinder ist, was er auch tun möge, als für die Gesellschaft; ich habe den Beweis in dieser Beziehung *bis zur mathematischen Genauigkeit* geführt!"

Kehren wir zur Fiktion von der Person Gesellschaft zurück, die keinen anderen Zweck hatte, als die einfache Tatsache zu beweisen, daß eine neue Erfindung, die mit derselben Arbeitsmenge eine größere Menge Waren verfertigen läßt, den Marktpreis des Produktes sinken macht. Der Gesellschaft fällt damit ein Gewinn zu, nicht dadurch, daß sie mehr Tauschwert erlangt, sondern daß sie mehr Waren für denselben Wert erhält. Was den Erfinder anbetrifft, so bewirkt die Konkurrenz, daß sein Profit sukzessive bis zum allgemeinen Niveau der Profite fällt. Hat Herr Proudhon, wie er wollte, diesen Satz bewiesen? Nein; das verhindert ihn aber nicht, den Ökonomen vorzuwerfen, diesen Beweis nicht erbracht zu haben. Um ihm das Gegenteil zu beweisen, zitieren wir nur Ricardo und Lauderdale; Ricardo, das Haupt der Schule, die den Wert nach der Arbeitszeit bestimmt, Lauderdale, einen der entschiedensten Verteidiger der Bestimmung des Wertes durch Angebot und Nachfrage. Beide haben denselben Satz aufgestellt.

„Indem wir beständig die Leichtigkeit der Produktion erhöhen, vermindern wir fortgesetzt den Wert einiger der früher produzierten Dinge, obwohl wir durch dieses Mittel nicht nur den Nationalreichtum vermehren, sondern auch die Möglichkeit, für die Zukunft zu produzieren... Sobald wir mittelst Maschinen oder unserer naturwissenschaftlichen Kenntnisse die Naturkräfte zwingen, die Arbeit zu verrichten, die bis dahin der Mensch leistete, so fällt infolgedessen

---

¹ Programm der fortschreitenden Vereinigung. *Die Red.*

116

der Tauschwert des Produktes. Wenn zehn Leute notwendig wären, um eine Getreidemühle zu drehen, und man entdeckte, daß vermittelst des Windes oder des Wassers die Arbeit dieser zehn Menschen erspart werden könnte, so würde das Mehl, das Produkt der Mühlenarbeit, von diesem Augenblick an im Verhältnis zur Summe der ersparten Arbeit fallen und die Gesellschaft würde sich um den vollen Wert der Dinge bereichert finden, welche die Arbeit dieser zehn Männer zu erzeugen vermag, da die zur Erhaltung der Arbeiter bestimmten Fonds damit nicht die geringste Verminderung erfahren hätten." (Ricardo [II, 59].)

Lauderdale seinerseits sagt:

„Der Profit der Kapitalien entstammt stets dem Umstand, daß sie einen Teil der Arbeit auf sich nehmen, welche der Mensch mit seinen Händen verrichten müßte, d. h. daß sie eine Portion Arbeit über die persönlichen Bemühungen des Menschen hinaus verrichten, die er selbst nicht auszuführen vermöchte. Der schmale Profit, den im allgemeinen die Besitzer der Maschinen erzielen im Vergleich zum Preis der Arbeit, welche diese ersetzen, wird vielleicht Zweifel über die Richtigkeit dieser Ansicht hervorrufen. Eine Dampfpumpe befördert z. B. in einem Tage mehr Wasser aus einer Kohlenmine, als dreihundert Menschen auf ihrem Rücken heraustragen könnten, selbst wenn sie eine Eimerkette bildeten, und es unterliegt keinem Zweifel, daß sie die Arbeit derselben zu viel geringeren Kosten ersetzt. Dasselbe ist der Fall mit allen Maschinen. Die bisherige Menschenarbeit, an deren Stelle sie getreten sind, müssen sie zu billigerem Preise verrichten... Angenommen, dem Erfinder einer Maschine, welche die Arbeit von vieren verrichtet, sei ein Patent erteilt worden, so ist es klar – da das ausschließliche Privilegium jede Konkurrenz verhindert, außer der, welche die Arbeit der Arbeiter bewirkt –, daß der Lohn dieser Arbeiter während der ganzen Dauer des Privilegiums der Maßstab des Preises sein wird, den der Erfinder für seine Produkte bestimmen wird: d. h. um sich der Aufträge zu versichern, wird er etwas weniger fordern als den Lohn für die Arbeit, die seine Maschine ersetzt. Sobald aber das Privilegium verfallen ist, werden andere Maschinen derselben Art aufgestellt und rivalisieren mit der seinigen. Alsdann wird er seinen Preis nach dem allgemeinen Prinzip festsetzen, indem er ihn von der Menge der Maschinen abhängig macht. Der Profit der angelegten Fonds..., obwohl das Resultat ersetzter Arbeit, regelt sich schließlich nicht nach dem Werte dieser Arbeit, sondern wie in allen übrigen Fällen nach Maßgabe der Konkurrenz unter den Kapitalbesitzern, und die Höhe desselben wird stets durch das Verhältnis der Menge der zu diesem Zweck disponiblen Kapitalien zur Nachfrage nach denselben bestimmt. [S. 119, 123, 124, 125 u. 134.]

In letzter Instanz wird es somit, solange der Profit größer ist als in anderen Industriezweigen, Kapitalien geben, die sich auf die neue Industrie werfen, bis der Profitsatz auf das allgemeine Niveau gefallen ist.

Wir haben gesehen, wie das Exempel von der Eisenbahn keineswegs geeignet war, einiges Licht auf die Fiktion der Person Gesellschaft zu werfen. Nichtsdestoweniger setzt Herr Proudhon seine Rede kühn fort: „Diese Punkte einmal klargelegt, ist nichts leichter als die Erklärung, warum die Arbeit jedem Produzenten einen Überschuß lassen muß." [I, 77.]

Was nunmehr folgt, gehört dem klassischen Altertum an. Es ist eine poetische Erzählung, die den Zweck hat, den Leser sich erholen zu lassen nach der Anstrengung, welche ihm die Genauigkeit der vorhergegangenen mathematischen Demonstrationen verursacht haben dürfte. Herr Proudhon gibt seiner Person Gesellschaft den Namen *Prometheus* und verherrlicht dessen Taten folgendermaßen:

„Im Anfang erwacht Prometheus, hervorgegangen aus dem Schoße der Natur, zu einem Leben in einer Untätigkeit voller Reize usw. usw. Prometheus geht ans Werk, und von dem ersten Tage an, dem ersten Tage der zweiten Schöpfung, ist das Produkt des Prometheus, das heißt sein Reichtum, sein Wohlbefinden, gleich zehn. Am zweiten Tage teilt Prometheus seine Arbeit, und sein Produkt wird gleich hundert. Am dritten und den folgenden Tagen erfindet Prometheus Maschinen, entdeckt er neue Eigenschaften in den Körpern, neue Kräfte in der Natur... Bei jedem Schritt, den seine industrielle Tätigkeit macht, steigt die Ziffer seiner Produktion und verkündet ihm einen Zuwachs von Glück. Und da schließlich für ihn Konsumieren Produzieren ist, so ist es klar, daß jeder Tag des Konsums, indem er nur das Produkt des vorigen Tags verbraucht, einen Produktionsüberschuß für den nächsten Tag liefert." [I,77 u. 78.]

Dieser Prometheus des Herrn Proudhon ist ein sonderbarer Heiliger, ebenso schwach in der Logik wie in der politischen Ökonomie. Solange er uns nur lehrt, wie die Arbeitsteilung, die Anwendung von Maschinen, die Ausbeutung der Naturkräfte und der technischen Wissenschaften die Produktivkraft der Menschen vermehrt und einen Überschuß gibt gegenüber dem, was die isolierte Arbeit hervorbringt, hat dieser neue Prometheus nur das Pech, zu spät zu kommen. Aber sobald Prometheus sich darangibt, von Produktion und Konsumtion zu sprechen, wird er in der Tat grotesk. Konsumieren heißt für ihn produzieren; er konsumiert am folgenden Tage, was er tags vorher produziert hat; auf diese Art ist er stets einen Tag voraus. Dieser Tag voraus ist sein „Arbeitsüberschuß". Aber indem er den folgenden Tag verzehrt, was er tags zuvor produziert hat, so muß er wohl am ersten Tage, der keinen Vorläufer hatte, für zwei Tage gearbeitet haben, um in der Folge einen Tag voraus zu haben. Wie hat Prometheus am ersten Tage, wo es weder Arbeitsteilung noch Maschinen noch andere Kenntnisse von Naturkräften als die des Feuers gab, diesen Überschuß erzielt? Wie wir sehen, ist die Frage damit, daß sie „bis auf den ersten Tag der zweiten Schöpfung" zurückgeschoben wurde, keinen Schritt vorwärtsgerückt. Diese Art, die Dinge zu erklären, tappt gleichzeitig ins Griechische und Hebräische, sie ist mystisch und allegorisch zu gleicher Zeit, sie erlaubt Herrn Proudhon, unbedingt zu verkünden: „Ich habe theoretisch und durch Tatsachen das Prinzip nachgewiesen, daß jede Arbeit einen Überschuß lassen muß."

Die Tatsachen sind die famose progressive Rechnung; die Theorie ist der Mythos von Prometheus.

„Aber", fährt Herr Proudhon fort, „dieses Prinzip, welches so feststeht wie ein Satz der Arithmetik, ist weit entfernt, sich für alle Welt zu realisieren. Während durch den Fortschritt der gemeinschaftlichen Arbeit der Arbeitstag jedes einzelnen Arbeiters ein immer größeres Produkt erzielt und während daher in notgedrungener Folge der Arbeiter bei demselben Lohn von Tag zu Tag reicher werden müßte, gibt es in der Gesellschaft Stände, die sich bereichern, und andere, die am Verkommen sind." [I, 79/80.]

Im Jahre 1770 betrug die Bevölkerung des vereinigten Königreiches Großbritannien fünfzehn Millionen, die produktive Bevölkerung drei Millionen. Die Leistungsfähigkeit der technischen Produktivkräfte entsprach ungefähr einer Bevölkerung von zwölf Millionen; infolgedessen gab es in Summa fünfzehn Millionen produktiver Kräfte. Somit verhielt sich die produktive Leistungsfähigkeit zur Bevölkerung wie 1 : 1 und die technische Leistungsfähigkeit zur Leistungsfähigkeit der menschlichen Arbeit wie 4 : 1.

1840 belief sich die Bevölkerung nicht über dreißig Millionen, die produktive Bevölkerung betrug sechs Millionen, während die technische Leistungsfähigkeit auf sechshundertfünfzig Millionen stieg, d. h. sich zur Gesamtbevölkerung wie 21 : 1 und zur Leistungsfähigkeit der menschlichen Arbeit wie 108 : 1 verhielt.

In der englischen Gesellschaft hat somit der Arbeitstag in siebzig Jahren einen Überschuß von 2700 Prozent an Produktivität gewonnen, d. h. im Jahre 1840 produzierte er siebenundzwanzigmal mehr als 1770. Nach Herrn Proudhon müßte man die Frage folgendermaßen stellen: Warum war der englische Arbeiter von 1840 nicht siebenundzwanzigmal reicher als der von 1770? Um eine solche Frage zu stellen, muß man natürlich voraussetzen, daß die Engländer diesen Reichtum ohne die historischen Bedingungen hätten produzieren können, unter denen er produziert wurde, wie: Anhäufung von Privatkapitalien, moderne Arbeitsteilung, Maschinenbetrieb, anarchische Konkurrenz, Lohnsystem, mit einem Wort lauter Dinge, die auf dem Klassengegensatz beruhen. Das waren nämlich gerade die Existenzbedingungen für die Entwicklung der Produktivkräfte und des Arbeitsüberschusses. Es war somit, um diese Entwicklung der Produktivkräfte und diesen Arbeitsüberschuß zu erlangen, notwendig, daß es Klassen gab, die profitierten, und andere, die am Verkommen waren.

Was ist also in letzter Instanz dieser von Herrn Proudhon auferweckte Prometheus? Es ist die Gesellschaft, es sind die gesellschaftlichen Verhältnisse, basiert auf den Klassengegensatz. Diese Verhältnisse sind nicht die von Individuum zu Individuum, sondern die von Arbeiter zu Kapitalist, von Pächter zu Grundbesitzer usw. Streicht diese Verhältnisse, und ihr habt die ganze Gesellschaft aufgehoben; euer Prometheus ist nur mehr ein Phantom ohne Arme und Beine, d. h. ohne Maschinenbetrieb, ohne Arbeitsteilung, dem mit einem Worte alles fehlt, was ihr ihm ursprünglich gegeben habt, um ihn diesen Arbeitsüberschuß erlangen zu machen.

Wenn es somit in der Theorie genügte, die Formel des Arbeitsüberschusses mit Herrn Proudhon im Sinne der Gleichheit aufzufassen, ohne Rücksicht auf die gegenwärtigen Bedingungen der Produktion, so müßte es in der Praxis genügen, unter den Arbeitern eine gleiche Verteilung aller heute erworbenen Reichtümer vorzunehmen, ohne irgend etwas an den heutigen Produktionsbedingungen zu ändern. Diese Verteilung würde sicherlich den einzelnen Beteiligten keinen ausnehmend großen Wohlstand sichern.

Aber Herr Proudhon ist nicht so pessimistisch, wie man wohl glauben könnte. Da die Proportionalität alles für ihn ist, so muß er wohl oder übel in dem fertig gegebenen Prometheus, d. h. in der heutigen Gesellschaft, einen Anfang zur Verwirklichung seiner Lieblingsidee erblicken.

„Aber auch überall ist der Fortschritt des Reichtums, d. h. die *Proportionalität der Werte*, das herrschende Gesetz; und wenn die Ökonomen den Klagen der sozialistischen Partei das fortschreitende Anwachsen des Nationalreichtums und die Verbesserungen in der Lage selbst der unglücklichsten Klassen entgegenhalten, so verkünden sie damit, ohne es zu ahnen, eine Wahrheit, welche die Verurteilung ihrer Theorien ist." [I, 80.]

Was ist in Wirklichkeit das gemeinschaftliche Vermögen, der Nationalreichtum? Der Reichtum der Bourgeoisie, aber nicht der jedes einzelnen Bourgeois. Nun wohl; die Ökonomen haben nichts anderes getan, als den Nachweis zu liefern, wie unter den gegenwärtig bestehenden Produktionsverhältnissen der Reichtum der

121

Bourgeoisie sich entwickelt hat und noch anwachsen muß. Was die arbeitenden Klassen anbetrifft, so ist es eine noch sehr bestrittene Frage, ob ihre Lage sich infolge der Vermehrung des angeblichen öffentlichen Reichtums verbessert hat. Wenn die Ökonomen uns als Stütze für ihren Optimismus das Beispiel der englischen Baumwollenarbeiter zitieren, so berücksichtigen sie deren Situation nur in den seltenen Momenten der industriellen Prosperität. Diese Momente der Prosperität verhalten sich zu den Epochen der Krise und Stagnation in der „richtigen Proportionalität" von 3 zu 10. Aber vielleicht haben die Ökonomen, wenn sie von Verbesserung sprachen, von den Millionen Arbeitern sprechen wollen, die in Ostindien umkommen mußten, damit den $1^{1}/_{2}$ Millionen in der gleichen Industrie in England beschäftigter Arbeiter drei Jahre Prosperität auf zehn verschafft würden.

Was die zeitweilige Teilnahme an dem Anwachsen des Nationalreichtums betrifft, so ist das etwas anderes. Das Faktum der zeitweiligen Teilnahme findet seine Erklärung in der Theorie der Ökonomen. Es ist keineswegs ihre „Verurteilung", wie Herr Proudhon sagt, sondern ihre Bekräftigung. Wenn etwas zu verurteilen wäre, so wäre es sicher das System des Herrn Proudhon, welches den Arbeiter, wie wir gezeigt haben, trotz des Anwachsens des Reichtums auf das Lohnminimum reduzieren würde. Nur dadurch, daß er ihn auf das Lohnminimum reduziert, würde er eine Anwendung der richtigen Proportionalität der Werte, des durch die Arbeitszeit „konstituierten Wertes", vollziehen. Gerade weil der Lohn infolge der Konkurrenz über oder unter den Preis der zur Erhaltung des Arbeiters notwendigen Lebensmittel schwankt, kann dieser in gewissem Grade an der Entwicklung des gesellschaftlichen Reichtums teilnehmen oder auch ebensogut vor Elend umkommen. Das ist die ganze Theorie der Ökonomen, die sich darüber keinen Illusionen hingeben.

Nach seinen langen Abschweifungen auf die Frage der Eisenbahnen, auf den Prometheus, die neue, auf den „konstituierten Wert" zu rekonstituierende Gesellschaft, sammelt sich Herr Proudhon, das Gefühl übermannt ihn, und er ruft in väterlichem Tone aus:

122

„*Ich beschwöre* die Ökonomen, einen Augenblick in der Tiefe ihres Herzens, fern von den Vorurteilen, die sie verwirren, und ohne Rücksicht auf die Ämter, die sie einnehmen oder erstreben, auf die Interessen, denen sie dienen, auf die Stimmen, um welche sie werben, auf die Auszeichnungen, in denen ihre Eitelkeit sich gefällt, sich zu fragen und zu antworten, ob ihnen bis heute das Prinzip, daß jede Arbeit einen Überschuß lassen muß, mit dieser Kette von Prämissen und Folgen erschienen ist, die wir enthüllt haben." [I, 80.]

ZWEITES KAPITEL

Die Metaphysik der politischen Ökonomie

§ 1. Die Methode

Wir befinden uns jetzt mitten in Deutschland! Wir werden Metaphysik treiben müssen, wo und während wir politische Ökonomie treiben. Und auch hierin folgen wir nur den „Widersprüchen" des Herrn Proudhon. Soeben zwang er uns noch, englisch zu sprechen, selbst ein wenig Engländer zu werden. Jetzt ändert sich die Szene. Herr Proudhon versetzt uns in unser geliebtes Vaterland und zwingt uns, wieder einmal in unserer Eigenschaft als Deutscher wider Willen aufzutreten.

Wenn der Engländer die Menschen in Hüte verwandelt, so verwandelt der Deutsche die Hüte in Ideen. Der Engländer ist Ricardo, der reiche Bankier und ausgezeichnete Ökonom. Der Deutsche ist Hegel, simpler Professor der Philosophie an der Universität zu Berlin.

Ludwig XV., der letzte absolute König und der Repräsentant des Verfalls des französischen Königtums, hatte einen Leibarzt, der der erste Ökonom Frankreichs war. Dieser Arzt, dieser Ökonom, repräsentierte den bevorstehenden und sichern Triumph der französischen Bourgeoisie. Der Arzt Quesnay hat die politische Ökonomie zu einer Wissenschaft gemacht; er hat sie in seinem berühmten „*ökonomischen Tableau*"[1] zusammengefaßt. Neben den tausendundein Kommentaren, die zu diesem Tableau erschienen sind, besitzen wir einen von Quesnay selbst. Es ist dies die „Analyse des ökonomischen Tableaus", der „sieben *wichtige Bemerkungen*" angehängt sind.

Herr Proudhon ist ein zweiter Doktor Quesnay. Er ist der Quesnay der Metaphysik der politischen Ökonomie.

Nun faßt sich nach Hegel die Metaphysik, die ganze Philosophie, in der Methode zusammen. Wir müssen daher suchen, die Methode des Herrn Proudhon klarzustellen, die mindestens ebenso dunkel ist

---

[1] „Ökonomische Tafel" – siehe im Namenverzeichnis unter Quesnay. *Die Red.*

wie das *ökonomische Tableau*. Wir werden deshalb sieben mehr oder weniger wichtige Bemerkungen folgen lassen. Wenn Herr Doktor Proudhon mit unseren Bemerkungen nicht zufrieden ist, so möge er den Abbé Baudeau spielen und selbst die „Erklärung der ökonomisch-metaphysischen Methode" geben.

Erste Bemerkung

„Wir geben keine *Geschichte nach der Ordnung der Zeit*, sondern *nach der Folge der Ideen*. Die ökonomischen *Phasen* oder *Kategorien* treten in ihrer *Manifestation* bald gleichzeitig, bald in verkehrter Reihenfolge auf... Die ökonomischen Theorien haben nicht minder ihre *logische Abfolge* und ihre *Gliederung in der Vernunft*; diese Ordnung schmeicheln wir uns entdeckt zu haben." (Proudhon, Bd. I, S. 146.)

Ganz sicher hat Herr Proudhon den Franzosen einen Schreck einjagen wollen, indem er ihnen quasi Hegelsche Phrasen an den Kopf warf. Wir haben also mit zwei Männern zu tun: zuerst mit Herrn Proudhon und dann mit Hegel. Wodurch zeichnet sich Herr Proudhon vor den anderen Ökonomen aus? Und welche Rolle spielt Hegel in der politischen Ökonomie des Herrn Proudhon?

Die Ökonomen stellen die bürgerlichen Produktionsverhältnisse, Arbeitsteilung, Kredit, Geld usw., als fixe, unveränderliche, ewige Kategorien hin. Herr Proudhon, der diese Kategorien fertig vorfindet, will uns den Akt der Bildung und Erzeugung dieser Kategorien, Prinzipien, Gesetze, Ideen, Gedanken explizieren.

Die Ökonomen erklären uns, wie man unter den obigen gegebenen Verhältnissen produziert; was sie uns aber nicht erklären, ist, wie diese Verhältnisse selbst produziert werden, d. h. die historische Bewegung, die sie ins Leben ruft. Herr Proudhon, der diese Verhältnisse als Prinzipien, als Kategorien, als abstrakte Gedanken nimmt, hat nur diese Gedanken in eine bestimmte *Ordnung* zu bringen, die sich bereits in alphabetischer Reihenfolge am Schlusse jeder Abhandlung über politische Ökonomie vorfinden. Die Materialien der Ökonomen sind das bewegte und bewegende Leben der Menschen;

die Materialien des Herrn Proudhon sind die Dogmen der Ökonomen. Sobald man aber die historische Entwicklung der Produktionsverhältnisse nicht verfolgt – und die Kategorien sind nur der theoretische Ausdruck derselben –; sobald man in diesen Kategorien nur von selbst entstandene Ideen, von den wirklichen Verhältnissen unabhängige Gedanken sieht, ist man wohl oder übel gezwungen, den Ursprung dieser Gedanken in die Bewegung der reinen Vernunft zu verlegen. Wie erzeugt die reine, ewige, unpersönliche Vernunft diese Gedanken? Wie stellt sie es an, um sie zu erzeugen?

Hätten wir die Unerschrockenheit des Herrn Proudhon in Sachen des Hegelianismus, so würden wir sagen: Sie unterscheidet sich in sich selbst von sich selbst. Was will das sagen? Da die unpersönliche Vernunft außer sich weder einen Boden hat, auf den sie sich stellen kann, noch ein Objekt, dem sie sich entgegenstellen kann, noch ein Subjekt, mit dem sie sich verbinden kann, sieht sie sich gezwungen, einen Purzelbaum zu schlagen und sich selbst zu ponieren, zu opponieren und zu komponieren – Position, Opposition, Komposition. Um griechisch zu sprechen, haben wir These, Antithese und Synthese. Für die, welche die Hegelsche Sprache nicht kennen, lassen wir die Weihungsformel folgen: Affirmation, Negation, Negation der Negation. Das nennt man reden. Es ist zwar kein Hebräisch, mit Verlaub des Herrn Proudhon; aber es ist die Sprache dieser reinen, vom Individuum getrennten Vernunft. An Stelle des gewöhnlichen Individuums und seiner gewöhnlichen Art zu reden und zu denken haben wir lediglich diese gewöhnliche Art an sich, ohne das Individuum.

Ist es zum Verwundern, daß in letzter Abstraktion, denn es handelt sich um Abstraktion, nicht um Analyse, jedes Ding sich als logische Kategorie darstellt? Ist es zum Verwundern, daß, wenn man nach und nach alles fallen läßt, was die Individualität eines Hauses ausmacht, wenn man von den Baustoffen absieht, woraus es besteht, von der Form, die es auszeichnet, man schließlich nur noch einen Körper vor sich hat – daß, wenn man von den Umrissen dieses Körpers absieht, man schließlich nur einen Raum hat – daß, wenn man endlich von den Dimensionen dieses Raumes abstrahiert, man zum Schluß nichts mehr übrig hat als die Quantität an sich, die logische

Kategorie der Quantität? Wenn wir solchermaßen konsequent abstrahieren, von jedem Subjekt, von allen seinen belebten oder unbelebten angeblichen Akzidenzien, Menschen oder Dingen, so haben wir ein Recht zu sagen, daß man in letzter Abstraktion nur noch die logischen Kategorien als Substanz übrigbehält. So haben die Metaphysiker, die sich einbilden, vermittelst solcher Abstraktionen zu analysieren, und die, je mehr sie sich von den Gegenständen entfernen, sie desto mehr zu durchdringen wähnen – diese Metaphysiker haben ihrerseits recht zu sagen, daß die Dinge dieser Welt nur Stickereien sind auf einem Stramingewebe, gebildet durch die logischen Kategorien. Da haben wir den Unterschied zwischen dem Philosophen und dem Christen. Der Christ kennt nur eine Fleischwerdung des *Logos*, trotz der Logik; der Philosoph kommt mit den Fleischwerdungen gar nicht zu Ende. Daß alles, was existiert, daß alles, was auf der Erde und im Wasser lebt, durch Abstraktion auf eine logische Kategorie zurückgeführt werden kann, daß man auf diese Art die gesamte wirkliche Welt ersäufen kann in der Welt der Abstraktionen, der Welt der logischen Kategorien, wen wundert das?

Alles, was existiert, alles, was auf der Erde und im Wasser lebt, existiert nur, lebt nur vermittelst irgendwelcher Bewegung. So erzeugt die Bewegung der Geschichte die sozialen Beziehungen, die industrielle Bewegung gibt uns die industriellen Produkte usw.

Ebenso wie wir durch Abstraktion jedes Ding in eine logische Kategorie verwandelt haben, braucht man nur von jeder unterscheidenden Eigenschaft der verschiedenen Bewegungen zu abstrahieren, um zur Bewegung im abstrakten Zustande, zur rein formellen Bewegung, zu der rein logischen Formel der Bewegung zu gelangen. Hat man erst in den logischen Kategorien das Wesen aller Dinge gefunden, so bildet man sich ein, in der logischen Formel der Bewegung die *absolute Methode* zu finden, die nicht nur alle Dinge erklärt, sondern die auch die Bewegung der Dinge umfaßt.

Es ist dies die absolute Methode, von der Hegel sagt: „Die Methode ist die absolute, die einzige, die höchste, unendliche Kraft, der kein Ding widerstehen kann. Sie ist die Tendenz der Vernunft, sich selbst in jedem Dinge wiederzufinden, wiederzuerkennen." (*Logik*,

127

Bd. III.) Ist jedes Ding auf eine logische Kategorie und jede Bewegung, jeder Produktionsakt auf die Methode reduziert, so folgt daraus, daß jeder Zusammenhang von Produkten und Produktion, von Dingen und Bewegung sich auf eine angewandte Metaphysik reduziert. Was Hegel für die Religion, das Recht usw. getan hat, sucht Herr Proudhon für die politische Ökonomie zu tun.

Was ist somit diese absolute Methode? Die Abstraktion der Bewegung. Was ist die Abstraktion der Bewegung? Die Bewegung im abstrakten Zustande. Was ist die Bewegung im abstrakten Zustande? Die rein logische Formel der Bewegung oder die Bewegung der reinen Vernunft. Worin besteht die Bewegung der reinen Vernunft? Sich zu setzen, sich sich selbst entgegenzusetzen, und schließlich wieder sich mit sich selbst in eins zu setzen, sich als These, Antithese, Synthese zu formulieren, oder schließlich sich zu setzen, sich zu negieren und ihre Negation zu negieren.

Wie stellt es die Vernunft an, um sich als bestimmte Kategorie hinzustellen, zu setzen? Das ist die Sache der Vernunft selbst und ihrer Apologeten.

Aber, einmal dahin gelangt, sich als These zu setzen, spaltet sich diese These, indem sie sich sich selbst entgegenstellt, in zwei widersprechende Gedanken, in Positiv und Negativ, in Ja und Nein. Der Kampf dieser beiden gegensätzlichen, in der Antithese enthaltenen, Elemente bildet die dialektische Bewegung. Das Ja wird Nein, das Nein wird Ja, das Ja wird gleichzeitig Ja und Nein, das Nein wird gleichzeitig Nein und Ja; auf diese Weise halten sich die Gegensätze die Waage, neutralisieren sie sich, heben sie sich auf. Die Verschmelzung dieser beiden widersprechenden Gedanken bildet einen neuen Gedanken, die Synthese derselben. Dieser neue Gedanke spaltet sich wiederum in zwei widersprechende Gedanken, die ihrerseits wiederum eine neue Synthese bilden. Aus dieser Zeugungsarbeit erwächst eine Gruppe von Gedanken. Diese Gedankengruppe verfolgt dieselbe dialektische Bewegung wie eine einfache Kategorie und hat zur Antithese eine gegensätzliche Gruppe. Aus diesen zwei Gedankengruppen entsteht eine neue Gedankengruppe, die Synthese beider.

Wie aus der dialektischen Bewegung der einfachen Kategorien

128

die Gruppe entsteht, so entsteht aus der dialektischen Bewegung der Gruppen die Reihe (série) und aus der dialektischen Bewegung der Reihen das ganze System.

Man wende diese Methode auf die Kategorien der politischen Ökonomie an, und man hat die Logik und die Metaphysik der politischen Ökonomie, oder mit anderen Worten: Man hat die aller Welt bekannten ökonomischen Kategorien in eine wenig bekannte Sprache übersetzt, in der sie aussehen, als seien sie soeben funkelneu einem reinen Vernunftskopf entsprungen; dergestalt scheinen diese Kategorien einander zu erzeugen, sich zu verketten und aneinanderzugliedern, vermittelst der bloßen Tätigkeit der dialektischen Bewegung. Der Leser braucht indes vor dieser Metaphysik mit ihrem ganzen Gerüst von Kategorien, Gruppen, Serien und Systemen nicht zu erschrecken. Trotz aller der sauren Arbeit, womit Herr Proudhon die Höhe dieses *Systems der Widersprüche* zu erklimmen strebt, bringt er es doch nie über die zwei ersten Stufen der einfachen These und Antithese; und auch sie hat er nur zweimal erstiegen, bei welcher Gelegenheit er einmal obendrein auf den Rücken gefallen ist.

Auch haben wir bis jetzt nur die Dialektik Hegels auseinandergesetzt; wir werden später sehen, wie Herr Proudhon es fertigbringt, sie auf das kläglichste Maß herunterzubringen. So ist für Hegel alles, was geschehen ist und noch geschieht, genau das, was in seinem eigenen Denken vor sich geht. So ist die Philosophie der Geschichte nur mehr die Geschichte der Philosophie, seiner eigenen Philosophie. Es gibt keine „Geschichte nach der Ordnung der Zeit" mehr, sondern nur noch die „Aufeinanderfolge der Ideen in der Vernunft". Er glaubt, die Welt mittelst der Bewegung des Gedankens konstruieren zu können, während er nur die Gedanken, die in jedermanns Kopf sind, systematisch rekonstruiert und nach der absoluten Methode klassifiziert.

Zweite Bemerkung

Die ökonomischen Kategorien sind nur die theoretischen Ausdrücke, die Abstraktionen der gesellschaftlichen Produktionsverhältnisse. Herr Proudhon stellt als echter Philosoph die Dinge auf den Kopf und sieht in den wirklichen Verhältnissen nur die Fleischwerdung jener Prinzipien, jener Kategorien, die, wie uns wiederum Herr Proudhon, der Philosoph, sagt, im Schoß der „unpersönlichen Vernunft der Menschheit" schlummerten.

Herr Proudhon, der Ökonom, hat ganz gut begriffen, daß die Menschen Tuch, Leinwand, Seidenstoffe unter bestimmten Produktionsverhältnissen anfertigen. Aber was er nicht begriffen hat, ist, daß diese bestimmten sozialen Verhältnisse ebensogut Produkte der Menschen sind wie Tuch, Leinen usw. Die sozialen Verhältnisse sind eng verknüpft mit den Produktivkräften. Mit der Erwerbung neuer Produktivkräfte verändern die Menschen ihre Produktionsweise, und mit der Veränderung der Produktionsweise, der Art, ihren Lebensunterhalt zu gewinnen, verändern sie alle ihre gesellschaftlichen Verhältnisse. Die Handmühle ergibt eine Gesellschaft mit Feudalherren, die Dampfmühle eine Gesellschaft mit industriellen Kapitalisten.

Aber dieselben Menschen, welche die sozialen Verhältnisse gemäß ihrer materiellen Produktionsweise gestalten, gestalten auch die Prinzipien, die Ideen, die Kategorien gemäß ihren gesellschaftlichen Verhältnissen.

Somit sind diese Ideen, diese Kategorien, ebensowenig ewig wie die Verhältnisse, die sie ausdrücken. Sie sind *historische, vergängliche, vorübergehende Produkte.*

Wir leben inmitten einer beständigen Bewegung des Anwachsens der Produktivkräfte, der Zerstörung sozialer Verhältnisse, der Bildung von Ideen; unbeweglich ist nur die Abstraktion von der Bewegung – *mors immortalis*[1].

Dritte Bemerkung

Die Produktionsverhältnisse jeder Gesellschaft bilden ein Ganzes. Herr Proudhon betrachtet die ökonomischen Verhältnisse als ebenso viele soziale Phasen, die einander erzeugen, von denen die eine aus

---

[1] Der Tod ist unsterblich. *Die Red.*

130

der anderen sich ergibt wie die Antithese aus der These und die in ihrer logischen Aufeinanderfolge die unpersönliche Vernunft der Menschheit verwirklichen.

Der einzige Übelstand bei dieser Methode ist der, daß Herr Proudhon, sobald er eine einzelne dieser Phasen getrennt untersuchen will, er sie nicht erklären kann, ohne auf die anderen gesellschaftlichen Verhältnisse zurückzukommen, obwohl er diese Verhältnisse noch nicht vermittelst seiner dialektischen Bewegung hat entstehen lassen. Wenn Herr Proudhon dann mittelst der reinen Vernunft zur Erzeugung der anderen Phasen übergeht, so stellt er sich, als ob er neugeborene Kinder vor sich habe, und vergißt, daß sie ebenso alt sind wie die erste.

So konnte er, um zur Konstituierung des Wertes zu gelangen, die für ihn die Grundlage aller ökonomischen Entwicklung ist, die Arbeitsteilung, die Konkurrenz usw. nicht entbehren. In der *Serie*, in der *Vernunft* des Herrn Proudhon, in der *logischen Aufeinanderfolge* sind diese Beziehungen aber noch gar nicht vorhanden.

Sobald man mit den Kategorien der politischen Ökonomie das Gebäude eines ideologischen Systems errichtet, verrenkt man die Glieder des gesellschaftlichen Systems. Man verwandelt die verschiedenen Teilstücke der Gesellschaft in ebenso viele Gesellschaften für sich, von denen eine nach der anderen auftritt. Wie kann in der Tat die logische Formel der Bewegung, der Aufeinanderfolge, der Zeit allein den Gesellschaftskörper erklären, in dem alle Beziehungen gleichzeitig existieren und einander stützen?

Vierte Bemerkung

Sehen wir nunmehr, welchen Änderungen Herr Proudhon die Dialektik Hegels unterwirft, sobald er sie auf die politische Ökonomie anwendet.

Für Herrn Proudhon hat jede ökonomische Kategorie zwei Seiten, eine gute und eine schlechte. Er betrachtet die Kategorien, wie der Spießbürger die großen Männer der Geschichte betrachtet: *Napoleon* ist ein großer Mann, er hat viel Gutes getan, er hat auch viel Schlechtes getan.

Die *gute Seite* und die *schlechte Seite*, der *Vorteil* und der *Nachteil* zusammengenommen bilden für Herrn Proudhon den *Widerspruch* in jeder ökonomischen Kategorie.

Zu lösendes Problem: die gute Seite bewahren und die schlechte beseitigen.

Die *Sklaverei* ist eine ökonomische Kategorie wie eine andere. Sie hat also gleichfalls ihre zwei Seiten. Halten wir uns nicht bei der schlechten Seite auf und sprechen wir von der schönen Seite der Sklaverei. Wohlverstanden, es handelt sich hier nur um die direkte Sklaverei, um die Sklaverei der Schwarzen in Surinam, in Brasilien, in den Südstaaten Nordamerikas.

Die direkte Sklaverei ist der Angelpunkt der bürgerlichen Industrie, ebenso wie die Maschinen usw. Ohne Sklaverei keine Baumwolle; ohne Baumwolle keine moderne Industrie. Nur die Sklaverei hat den Kolonien ihren Wert gegeben; die Kolonien haben den Welthandel geschaffen; und der Welthandel ist die Bedingung der Großindustrie. So ist die Sklaverei eine ökonomische Kategorie von der höchsten Wichtigkeit.

Ohne die Sklaverei würde Nordamerika, das vorgeschrittenste Land, sich in ein patriarchalisches Land verwandeln. Man streiche Nordamerika von der Weltkarte, und man hat die Anarchie, den vollständigen Verfall des Handels und der modernen Zivilisation. Laßt die Sklaverei verschwinden, und ihr streicht Amerika von der Weltkarte.[1]

So hat die Sklaverei, weil sie eine ökonomische Kategorie ist, stets

---

[1] Dies war vollkommen richtig für das Jahr 1847. Damals beschränkte sich der Welthandel der Vereinigten Staaten hauptsächlich auf die Einfuhr von Einwanderern und Industrieprodukten und auf die Ausfuhr von Baumwolle und Tabak, also von Produkten der südlichen Sklavenarbeit. Die nördlichen Staaten produzierten hauptsächlich Korn und Fleisch für die Sklavenstaaten. Erst seitdem der Norden Korn und Fleisch für die Ausfuhr produzierte und daneben ein Industrieland wurde und seitdem dem amerikanischen Baumwollmonopol in Indien, Ägypten, Brasilien usw. eine mächtige Konkurrenz entstanden, war die Abschaffung der Sklaverei möglich. Und selbst dann hatte sie zur Folge den Ruin des Südens, dem es nicht gelungen ist, die offene Negersklaverei durch die verdeckte Sklaverei indischer und chinesischer Kulis zu ersetzen. F. E.

in den Institutionen der Völker figuriert. Die modernen Völker haben die Sklaverei in ihren Ländern lediglich zu maskieren gewußt, während sie sie in der neuen Welt unverhüllt eingeführt haben.

Wie wird es Herr Proudhon anfangen, die Sklaverei zu retten? Er wird das *Problem* stellen: die gute Seite dieser ökonomischen Kategorie zu erhalten und die schlechte auszumerzen.

Hegel hat keine Probleme zu stellen. Er kennt nur die Dialektik. Herr Proudhon hat von der Hegelschen Dialektik nur die Redeweise. Seine eigene dialektische Methode besteht in der dogmatischen Unterscheidung von Gut und Schlecht.

Nehmen wir einmal Herrn Proudhon selbst als Kategorie; untersuchen wir seine gute und seine schlechte Seite, seine Vorteile und seine Nachteile.

Wenn er vor Hegel den Vorteil voraus hat, Probleme zu stellen, die er sich vorbehält zum Besten der Menschheit zu lösen, so hat er den Nachteil vollständiger Unfruchtbarkeit, sobald es sich darum handelt, durch die Tätigkeit der dialektischen Zeugung eine neue Kategorie ins Leben zu rufen. Was die dialektische Bewegung ausmacht, ist gerade das Nebeneinanderbestehen der beiden entgegengesetzten Seiten, ihr Widerstreit und ihr Aufgehen in eine neue Kategorie. Sowie man sich nur das Problem stellt, die schlechte Seite auszumerzen, schneidet man die dialektische Bewegung entzwei. Es ist nicht die Kategorie mehr, die sich hier selbst, infolge ihrer widerspruchsvollen Natur, setzt und entgegensetzt; es ist vielmehr Herr Proudhon, der zwischen den beiden Seiten sich hin- und herzerrt, zerarbeitet und abquält.

So in einer Sackgasse gefangen, aus der es schwer ist mittelst erlaubter Mittel freizukommen, macht Herr Proudhon plötzlich einen wahren Riesenkraftsprung, der ihn mit einem einzigen Satz in eine neue Kategorie versetzt. Und nun enthüllt sich vor seinen erstaunten Augen die *Reihenfolge in der Vernunft*.

Er nimmt die erste beste Kategorie und legt ihr willkürlich die Eigenschaft bei, den Nachteilen der Kategorie abzuhelfen, die er weißzuwaschen hat. So beseitigen die Steuern, wenn wir nämlich Herrn Proudhon glauben, die Nachteile des Monopols; die Handelsbilanz die Nachteile der Steuern; der Grundbesitz die Nachteile des Kredits.

Indem er so nach und nach die ökonomischen Kategorien einzeln vornimmt und aus der einen das *Gegengift* der anderen macht, bringt es Herr Proudhon fertig, mit diesem Mischmasch von Widersprüchen und Gegenmitteln für Widersprüche zwei Bände Widersprüche herzustellen, die er ganz richtig betitelt: *System der ökonomischen Widersprüche.*

Fünfte Bemerkung

„In der absoluten Vernunft sind alle diese Ideen ... gleich einfach und generell... In der Tat gelangen wir zur Wissenschaft nur dadurch, daß wir unsere Ideen zu einer *Art von Gerüst* aufbauen. Aber die Wahrheit an sich ist unabhängig von diesen dialektischen Figuren und frei von den Kombinationen unseres Geistes." (Proudhon, Bd. II, S. 97.)

Da sehen wir plötzlich, vermittelst einer Kehrtwendung, deren Geheimnis wir jetzt kennen, die Metaphysik der politischen Ökonomie zur Illusion geworden! Niemals hat Herr Proudhon wahrer gesprochen. Ganz gewiß, von dem Augenblick an, wo der Prozeß der dialektischen Bewegung sich reduziert auf die einfache Prozedur, Gut und Schlecht einander gegenüberzuhalten, Probleme zu stellen, die darauf hinauskommen, das Schlechte auszumerzen und eine Kategorie als Gegengift gegen die andere zu verabreichen, von da an haben die Kategorien keine Selbsttätigkeit mehr; die Idee „*funktioniert* nicht mehr", es ist kein Leben mehr in ihr. Weder setzt noch zersetzt sie sich fernerhin in Kategorien. Die Aufeinanderfolge der Kategorien hat sich verwandelt in ein bloßes *Gerüst*. Die Dialektik ist nicht mehr die Bewegung der absoluten Vernunft. Es gibt keine Dialektik mehr, es gibt höchstens nur noch pure Moral.

Als Herr Proudhon von der *Reihenfolge im Verstande*, von der *logischen Aufeinanderfolge der Kategorien* sprach, erklärte er positiv, daß er nicht die *Geschichte nach der Ordnung der Zeit* geben wolle, das heißt nach Herrn Proudhon die historische Aufeinanderfolge, in welcher die Kategorien *sich offenbart* haben. Alles vollzog sich damals für ihn in dem *reinen Äther der Vernunft*. Alles sollte sich mittelst der Dialektik aus diesem reinen Äther ableiten. Jetzt, wo es sich darum handelt, diese Dialektik in die Praxis zu übersetzen, läßt ihn die Vernunft im Stich. Die Dialektik des Herrn Proudhon schlägt der Dialektik Hegels ein Schnippchen, und so muß Herr Proudhon uns mitteilen, daß die Ordnung, in der er uns die ökonomischen Kategorien gibt, nicht mehr die Ordnung ist, in der sie sich auseinanderentwickeln. Die ökonomischen Evolutionen sind nicht mehr die Evolutionen der reinen Vernunft.

Was denn gibt uns eigentlich Herr Proudhon? Die wirkliche Geschichte, das heißt nach dem Verstande des Herrn Proudhon die Aufeinanderfolge, in der sich die Kategorien in der Zeitordnung *offenbart* haben? Nein. Die Geschichte, wie sie sich in der Idee selbst vollzieht? Noch weniger. Also weder die profane Geschichte der Kategorien noch ihre heilige Geschichte! Welche Geschichte gibt er uns denn nun? Die Geschichte seiner eigenen Widersprüche. Sehen wir, wie sie marschieren und Herrn Proudhon hinter sich herschleppen.

Bevor wir uns an diese Untersuchung machen, welche zu der sechsten wichtigen Bemerkung Veranlassung gibt, haben wir noch eine weniger wichtige Bemerkung zu machen.

Nehmen wir einmal mit Herrn Proudhon an, die wirkliche Geschichte nach der Zeitordnung sei die historische Aufeinanderfolge, in welcher die Ideen, die Kategorien, die Prinzipien sich offenbart haben.

Jedes Prinzip hat sein Jahrhundert gehabt, worin es sich enthüllte. Das Autoritätsprinzip hat z. B. das elfte Jahrhundert gehabt, wie das Prinzip des Individualismus das achtzehnte. Folgerichtigerweise gehörte das Jahrhundert dem Prinzip, nicht das Prinzip dem Jahrhundert. Mit anderen Worten: Das Prinzip macht die Geschichte, nicht die Geschichte das Prinzip. Fragt man sich endlich, um Prinzipien wie Geschichte zu retten: warum dieses Prinzip sich gerade im elften oder im achtzehnten Jahrhundert und nicht in irgendeinem andern offenbart hat, so sieht man sich notwendigerweise gezwungen, im einzelnen zu untersuchen, welches die Menschen des elften und die des achtzehnten Jahrhunderts waren, welches ihre jedesmaligen Bedürfnisse, ihre Produktivkräfte, ihre Produktionsweise, die Rohstoffe ihrer Produktion, welches endlich die Beziehungen von Mensch zu Mensch waren, die aus allen diesen Existenzbedingungen hervorgingen. Alle diese Fragen ergründen, heißt das nicht, die wirkliche, profane Geschichte der Menschen eines jeden Jahrhunderts erforschen, diese Menschen darstellen, wie sie in einem Verfasser und Schausteller ihres eigenen Dramas waren? Aber von dem Augenblick an, wo man die Menschen als die Schausteller und Verfasser ihrer eigenen Geschichte hinstellt, ist man auf einem Umweg zum wirklichen Ausgangspunkt zurückgekehrt, weil man die ewigen Prinzipien fallen gelassen hat, von denen man ausging.

Aber Herr Proudhon hat sich nicht einmal weit genug vorgewagt auf dem Querpfad, den der Ideologe einschlägt, um die große Heerstraße der Geschichte zu gewinnen.

Sechste Bemerkung

Schlagen wir mit Herrn Proudhon den Querpfad ein.

Wir wollen annehmen, daß die ökonomischen Beziehungen, als *unwandelbare Gesetze,* als *ewige Prinzipien,* als *ideale Kategorien* betrachtet, früher da waren als die tätigen und handelnden Menschen; wir wollen sogar annehmen, daß diese Gesetze, diese Prinzipien, diese Kategorien von Anbeginn der Zeit an „in der unpersönlichen Vernunft der Menschheit" geschlummert haben. Wir haben bereits gesehen, daß es bei diesen unwandelbaren, unveränderlichen Ewigkeiten keine Geschichte mehr gibt; es gibt höchstens eine Geschichte in der Idee, d. h. die Geschichte, die sich in der dialektischen Bewegung der reinen Vernunft abspiegelt. Damit aber, daß Herr Proudhon sagt, in der dialektischen Bewegung „*differenzierten*" sich die Ideen nicht mehr, hat er sowohl den *Schatten der Bewegung* wie die *Bewegung der Schatten* ausgestrichen, mittelst deren man noch allenfalls etwas hätte zuwege bringen können, was nach Geschichte aussieht. Statt dessen schiebt er der Geschichte seine eigene Ohnmacht in die Schuhe, er schiebt die Schuld auf alles, sogar auf die französische Sprache. „Es stimmt also nicht genau", sagt Herr Proudhon, der Philosoph, „wenn man sagt, daß irgend etwas *sich ereignet*, daß irgend etwas *produziert wird:* In der Zivilisation wie im Weltall existiert alles, wirkt alles von jeher... *Es verhält sich ebenso mit der ganzen Sozialökonomie.*" (Bd. II, S. 102.)

So gewaltig ist die schöpferische Kraft der Widersprüche, die auf Herrn Proudhon *wirken* und ihn wirken machen, daß er da, wo er die Geschichte erklären will, sich gezwungen sieht, sie zu leugnen, daß, wo er die Aufeinanderfolge der sozialen Verhältnisse erklären will, er leugnet, daß *etwas sich ereignen* kann, daß, wo er die Produktion in allen ihren Phasen erklären will, er bestreitet, daß *etwas produziert werden kann*.

So gibt es für Herrn Proudhon weder Geschichte noch Aufeinanderfolge der Ideen, und doch ist sein Buch noch da, und just dieses Buch ist, nach seinen eigenen Worten, „*die Geschichte nach der Aufeinanderfolge der Ideen*". Wie eine Formel finden, denn Herr Proudhon ist der Mann der Formeln, die ihm erlaubt, *mit einem Sprung* über all seine Widersprüche hinwegzusetzen?

Zu diesem Zweck hat er eine neue Vernunft erfunden, die weder die reine und jungfräuliche absolute Vernunft noch die gemeine Vernunft der in den verschiedenen Jahrhunderten auftretenden und handelnden Menschen ist, sondern eine ganz absonderliche Vernunft, die Vernunft der Gesellschaft als Person, der *Menschheit* als Subjekt, die unter der Feder des Herrn Proudhon auch zuweilen als „*Genius der Gesellschaft*", als „*allgemeine Vernunft*", und in letzter Linie „*Vernunft der Menschheit*" sich vorführt. Diese, mit soviel Namen ausstaffierte Vernunft verrät sich jedoch bei jeder Gelegenheit als die individuelle Vernunft des Herrn Proudhon mit ihrer guten und ihrer schlechten Seite, ihren Gegengiften und ihren Problemen.

„Die menschliche Vernunft schafft nicht die Wahrheit", die in den Tiefen der absoluten, ewigen Vernunft sich verbirgt. Sie kann sie nur enthüllen. Aber die Wahrheiten, die sie bis jetzt enthüllt hat, sind unvollständig, unzulänglich und folglich widersprechend. Somit sind auch die ökonomischen Kategorien selbst nur von der Vernunft der Menschheit, von dem Genius der Gesellschaft entdeckte und enthüllte Wahrheiten, weshalb sie ebenfalls unvollständig sind und den Keim des Widerspruchs in sich tragen. Vor Herrn Proudhon sah der Genius der Gesellschaft nur die *gegensätzlichen Elemente,* nicht aber die einheitliche *synthetische Formel,* die beide gleichzeitig in der *absoluten Vernunft* stecken. Die ökonomischen Verhältnisse sind aber nichts anderes als die Verwirklichung auf Erden dieser unzulänglichen Wahrheiten, dieser unvollständigen Kategorien, dieser sich widersprechenden Begriffe, und deshalb sind auch sie in sich widerspruchsvoll und bieten die beiden Seiten dar, von denen die eine gut, die andere schlecht ist.

Die ganze Wahrheit, den Begriff in seiner ganzen Fülle, die synthetische Formel, die den Widerspruch aufhebt, zu finden, das ist die Aufgabe des Genius der Gesellschaft. Deshalb ist auch in der Einbildung des Herrn Proudhon dieser selbe Genius der Gesellschaft von einer Kategorie zur anderen herumgejagt worden, ohne daß er es bisher mit der ganzen Batterie seiner Kategorien fertiggebracht hätte, Gott, der absoluten Vernunft, eine synthetische Formel abzuringen.

„Zuerst stellt die Gesellschaft (der Genius der Gesellschaft) ein erstes Faktum, eine erste *Hypothese* auf ..., eine wahrhafte Antinomie, deren gegensätzliche Resultate sich in der sozialen Ökonomie in derselben Art entwickeln, wie ihre Konsequenzen im Geiste hätten abgeleitet werden können; so daß die industrielle Entwicklung, durchaus der Ableitung der Ideen folgend, sich in zwei Richtungen teilt, die der nützlichen und die der zerstörenden Wirkungen... Um dieses Prinzip mit doppeltem Antlitz harmonisch zu konstituieren und diesen Widerspruch aufzuheben, läßt die Gesellschaft aus demselben einen *zweiten* hervorgehen, dem bald ein dritter folgt, und dies wird der *Weg des Genius der Gesellschaft* sein, bis er nach Erschöpfung aller seiner Widersprüche – ich setze voraus, was jedoch nicht bewiesen ist, daß der Widerspruch in der Menschheit einmal ein Ende haben werde – mit einem Sprung auf alle seine früheren Positionen zurückkommt und alle seine Aufgaben in *einer einzigen Formel* löst." (Bd. I, S. 133.)

Wie früher sich der *Gegensatz* in ein *Gegengift* verwandelte, so wird jetzt die *These* zur *Hypothese.* Dies Vertauschen der Worte kann uns bei Herrn Proudhon nicht wundernehmen. Die Vernunft der Menschheit, die nichts weniger als rein, da ihr Gesichtskreis beschränkt ist, stößt mit jedem Schritt auf neue zu lösende Aufgaben. Jede neue These, die sie in der absoluten Vernunft entdeckt und die die Negation der vorhergehenden These ist, wird für sie zur Synthese, die sie ziemlich naiv für die Lösung der in Frage stehenden Aufgabe nimmt. So quält sich diese Vernunft in stets neuen Widersprüchen ab, bis sie am Ende dieser Widersprüche anlangt und merkt, daß alle ihre Thesen und Synthesen nichts anderes sind als sich widersprechende Hypothesen. In ihrer Verblüfftheit „kommt die menschliche Vernunft, der Genius der Gesellschaft, mit einem Sprung auf alle seine früheren Positionen zurück und löst alle seine Aufgaben in einer einzigen Formel". Diese einzige Formel bildet beiläufig die veritable Entdeckung des Herrn Proudhon. Sie ist der *konstituierte Wert*.

Man macht Hypothesen nur im Hinblick auf ein bestimmtes Ziel. Das Ziel, welches sich der Genius der Gesellschaft, der durch den Mund des Herrn Proudhon spricht, in erster Linie setzte, war die Ausmerzung des Schlechten aus jeder ökonomischen Kategorie, um nur Gutes übrigzubehalten. Für ihn ist dies Gute das höchste Gut, das wahre praktische Ziel – die *Gleichheit*. Und warum zog der Genius der Gesellschaft die Gleichheit der Ungleichheit, der Brüderlichkeit, dem Katholizismus, kurz jedem andern Prinzip vor? Weil „die Menschheit eine solche Anzahl besonderer Hypothesen nacheinander verwirklicht hat, nur mit Rücksicht auf eine höhere Hypothese", die eben die Gleichheit ist. Mit anderen Worten: weil die Gleichheit das Ideal des Herrn Proudhon ist. Er bildet sich ein, daß die Teilung der Arbeit, der Kredit, die Kooperation in der Werkstatt, kurz alle ökonomischen Verhältnisse nur erfunden worden sind zum Besten der Gleichheit, und doch sind sie schließlich stets zu ihrem Schaden ausgefallen. Wenn die Geschichte und die Fiktion des Herrn Proudhon einander auf Schritt und Tritt widersprechen, so schließt dieser, daß ein Widerspruch besteht. Wenn aber ein Widerspruch besteht, so besteht er nur zwischen seiner fixen Idee und den wirklichen Vorgängen.

Von jetzt ab ist die gute Seite eines ökonomischen Verhältnisses stets diejenige, welche die Gleichheit bekräftigt, die schlechte diejenige, welche sie verneint und die Ungleichheit stärkt. Jede neue Kategorie ist eine Hypothese des Genius der Gesellschaft behufs Ausmerzung der von der vorhergehenden Hypothese geschaffenen Ungleichheit. Mit einem Wort: Die Gleichheit ist die *ursprüngliche Absicht*, die *mystische Tendenz*, das *providentielle Ziel*, welches der Genius der Gesellschaft beständig vor Augen hat, indem er sich im Zirkel der ökonomischen Widersprüche herumdreht. Daher ist auch die *Vorsehung* die Lokomotive, die das ökonomische Rüstzeug des Herrn Proudhon besser in Gang bringt als seine luftige, reine Vernunft. Er hat der Vorsehung ein ganzes Kapitel gewidmet, welches auf das über die Steuern folgt.

Vorsehung, providentielles Ziel, das ist das große Wort, dessen man sich heute bedient, um den Gang der Geschichte zu erklären. Tatsächlich erklärt dieses Wort nichts. Es ist höchstens eine rhetorische Form, eine der vielen Arten, die Tatsachen zu umschreiben.

Es ist Tatsache, daß der Grundbesitz in Schottland durch die Entwicklung der Industrie neuen Wert erhielt, diese Industrie eröffnete der Wolle neue Märkte. Um die Wolle im großen Maßstabe zu produzieren, mußte man das Ackerland in Weideland verwandeln. Um diese Umwandlung zu bewirken, mußte man die Güter konzentrieren. Um die Güter zu konzentrieren, mußte man die kleinen Pachtungen abschaffen, Tausende von Pächtern aus ihrer Heimat verjagen und an ihre Stelle einige Hirten setzen, die Millionen von Schafen bewachen. So hatte der Grundbesitz in Schottland infolge sukzessiver Umwandlung das Resultat, daß Menschen durch Hammel verdrängt wurden. Man sage jetzt, daß es das providentielle Ziel der Institution des Grundbesitzes in Schottland war, Menschen durch Hammel verdrängen zu lassen, und man hat providentielle Geschichte getrieben.

Gewiß, die Tendenz zur Gleichheit ist unserem Jahrhundert eigen. Wer nun sagt, daß die vorhergegangenen Jahrhunderte mit vollständig verschiedenen Bedürfnissen, Produktionsmitteln usw. providentiell für die Verwirklichung der Gleichheit wirkten, der substituiert zunächst die Mittel und die Menschen unseres Jahrhunderts den Menschen und Mitteln der früheren Jahrhunderte und verkennt die historische Bewegung, mittelst deren die aufeinanderfolgenden Generationen die von den ihnen vorhergehenden Generationen erreichten Resultate umformten. Die Ökonomen wissen sehr gut, daß dasselbe Ding, das für den einen verarbeitetes Produkt, für den anderen nur Rohmaterial zu neuer Produktion ist.

Man nehme an, wie Herr Proudhon es tut, daß der Genius der Gesellschaft die Feudalherren in der providentiellen Absicht geschaffen oder vielmehr improvisiert habe, die *Zinsbauern* in *verantwortliche* und *gleichheitliche Arbeiter* zu verwandeln, und man wird eine Unterschiebung von Zielen und Personen vollzogen haben, würdig der Vorsehung, welche in Schottland das Grundeigentum einführte, um sich das böswillige Vergnügen zu machen, Menschen durch Hammel zu ersetzen.

Da aber Herr Proudhon ein so zärtliches Interesse für die Vorsehung empfindet, so verweisen wir ihn auf die *Geschichte der politischen Ökonomie* des Herrn de Villeneuve-Bargemont, der gleichfalls einem providentiellen Ziel nachläuft. Dieses Ziel ist nicht mehr die Gleichheit, sondern der Katholizismus.

Siebente und letzte Bemerkung

Die Ökonomen verfahren auf eine sonderbare Art. Es gibt für sie nur zwei Arten von Institutionen, künstliche und natürliche. Die Institutionen des Feudalismus sind künstliche Institutionen, die der Bourgeoisie natürliche. Sie gleichen darin den Theologen, die auch zwei Arten von Religionen unterscheiden. Jede Religion, die nicht die ihre ist, ist eine Erfindung der Menschen, während ihre eigene Religion eine Offenbarung Gottes ist. Wenn die Ökonomen sagen, daß die gegenwärtigen Verhältnisse – die Verhältnisse der bürgerlichen Produktion – natürliche sind, so geben sie damit zu verstehn, daß es Verhältnisse sind, in denen die Erzeugung des Reichtums und die Entwicklung der Produktivkräfte sich gemäß den Naturgesetzen vollziehen. Somit sind diese Verhältnisse selbst von dem Einfluß der Zeit unabhängige Naturgesetze. Es sind ewige Gesetze, welche stets die Gesellschaft zu regieren haben. Somit hat es eine Geschichte gegeben, aber es gibt keine mehr; es hat eine Geschichte gegeben, weil feudale Einrichtungen bestanden haben und weil man in diesen feudalen Einrichtungen Produktionsverhältnisse findet, vollständig verschieden von denen der bürgerlichen Gesellschaft, welche die Ökonomen als natürliche und demgemäß ewige angesehen wissen wollen.

Auch der Feudalismus hatte sein Proletariat – die Leibeigenschaft, welche die Keime des Bürgertums enthielt. Auch die feudale Produktion hatte zwei antagonistische Elemente, die man gleichfalls als *gute* und *schlechte Seite* des Feudalismus bezeichnet, ohne zu berücksichtigen, daß es stets die schlechte Seite ist, welche schließlich den Sieg über die gute Seite davonträgt. Die schlechte Seite ist es, welche die Bewegung ins Leben ruft, welche die Geschichte macht, dadurch, daß sie den Kampf zeitigt. Hätten zur Zeit der Herrschaft des Feudalismus die Ökonomen, begeistert von den ritterlichen Tugenden, von der schönen Harmonie zwischen Rechten und Pflichten, von dem patriarchalischen Leben der Städte, von dem Blühen der Hausindustrie auf dem Lande, von der Entwicklung der in Korporationen, Zünften, Innungen organisierten Industrie, mit einem Wort von allem, was die schöne Seite des Feudalismus bildet, sich das Problem gestellt, alles auszumerzen, was einen Schatten auf dies Bild wirft – Leibeigenschaft, Privilegien, Anarchie –, wohin wäre sie damit gekommen? Man hätte alle Elemente vernichtet, welche den Kampf hervorriefen, man hätte die Entwicklung der Bourgeoisie im Keime erstickt. Man hätte sich das absurde Problem gestellt, die Geschichte auszustreichen.

Als die Bourgeoisie obenauf gekommen war, fragte man weder nach der guten noch nach der schlechten Seite des Feudalismus. Die Produktivkräfte, welche sich durch sie unter dem Feudalismus entwickelt hatten, fielen ihr zu. Alle alten ökonomischen Formen, die privatrechtlichen Beziehungen, welche ihnen entsprachen, der politische Zustand, welcher der offizielle Ausdruck der alten Gesellschaft war, wurden zerbrochen.

Will man somit die feudale Produktion richtig beurteilen, so muß man sie als eine auf dem Gegensatz basierte Produktionsweise betrachten. Man muß zeigen, wie der Reichtum innerhalb dieses Gegensatzes produziert wurde, wie die Produktivkräfte sich gleichzeitig mit dem Widerstreit der Klassen entwickelten, wie die eine dieser Klassen, die schlechte Seite, das gesellschaftliche Übel, stets anwuchs, bis die materiellen Bedingungen ihrer Emanzipation zur Reife gediehen waren. Sagt das nicht deutlich genug, daß die Produktionsweise, die Verhältnisse, in denen die Produktivkräfte sich entwickeln, nichts weniger als ewige Gesetze sind, sondern einem bestimmten Entwicklungszustande der Menschen und ihrer Produktivkräfte entsprechen und daß eine in den Produktivkräften der Menschen eingetretene Veränderung notwendigerweise eine Veränderung in ihren Produktionsverhältnissen herbeiführt? Da es vor allen Dingen darauf ankommt, nicht von den Früchten der Zivilisation, den erworbenen Produktivkräften ausgeschlossen zu sein, so wird es notwendig, die überkommenen Formen, in welchen sie geschaffen worden, zu zerbrechen. Von diesem Augenblick an wird die revolutionäre Klasse konservativ.

Die Bourgeoisie beginnt mit einem Proletariat, das selbst wiederum ein Überbleibsel des Proletariats des Feudalismus ist. In dem Verlauf ihrer historischen Entwicklung entwickelt die Bourgeoisie notwendigerweise ihren antagonistischen Charakter, der sich bei ihrem ersten Auftreten mehr oder minder verhüllt vorfindet, nur im latenten Zustande existiert. In dem Maße, wie die Bourgeoisie sich entwickelt, entwickelt sich in ihrem Schoße ein neues Proletariat, ein modernes Proletariat: Es entwickelt sich ein Kampf zwischen der Proletarierklasse und der Bourgeoisklasse, ein Kampf, der, bevor er auf beiden Seiten empfunden, bemerkt, gewürdigt, begriffen, eingestanden und endlich laut proklamiert wird, sich vorläufig nur in teilweisen und vorübergehenden Konflikten, in Zerstörungswerken äußert. Anderseits, wenn alle Angehörigen der modernen Bourgeoisie das gleiche Interesse haben, insoweit sie eine Klasse gegenüber einer anderen Klasse bilden, so haben sie entgegengesetzte, widerstreitende Interessen, sobald sie selbst einander gegenüberstehen. Dieser Interessengegensatz geht aus den ökonomischen Bedingungen ihres bürgerlichen Lebens hervor. Von Tag zu Tag wird es somit klarer, daß die Produktionsverhältnisse, in denen sich die Bourgeoisie bewegt, nicht einen einheitlichen, einfachen Charakter haben, sondern einen zwieschlächtigen; daß in denselben Verhältnissen, in denen der Reichtum produziert wird, auch das Elend produziert wird; daß in denselben Verhältnissen, in denen die Entwicklung der Produktivkräfte vor sich geht, sich eine Repressionskraft entwickelt; daß diese Verhältnisse den *bürgerlichen Reichtum*, d. h. den Reichtum der Bourgeoisklasse, nur erzeugen unter fortgesetzter Vernichtung des Reichtums einzelner Glieder dieser Klasse und unter Schaffung eines stets wachsenden Proletariats.

Je mehr dieser gegensätzliche Charakter zutage tritt, desto mehr geraten die Ökonomen, die wissenschaftlichen Repräsentanten der bürgerlichen Produktion, mit ihrer eigenen Theorie in Widerspruch, und verschiedene Schulen bilden sich.

Wir haben die *fatalistischen* Ökonomen, die in ihrer Theorie ebenso gleichgültig gegen das sind, was sie die Übelstände der bürgerlichen Produktionsweise nennen, wie die Bourgeois selbst es in der Praxis sind gegenüber den Leiden der Proletarier, die ihnen die Reichtümer erwerben helfen. In dieser fatalistischen Schule gibt es Klassiker und Romantiker. Die Klassiker, wie Adam Smith und Ricardo, vertreten eine Bourgeoisie, die, noch im Kampf mit den Resten der feudalen Gesellschaft, nur daran arbeitet, die ökonomischen Verhältnisse von den feudalen Flecken zu reinigen, die Produktivkräfte zu vermehren und der Industrie und dem Handel neue Triebkraft zu geben. Das an diesem Kampfe teilnehmende Proletariat kennt, von dieser fieberhaften Arbeit absorbiert, nur vorübergehende, zufällige Leiden, betrachtet sie selbst als solche. Die Ökonomen, wie Adam Smith und Ricardo, welche die Historiker dieser Epoche sind, haben lediglich die Mission, nachzuweisen, wie der Reichtum unter den Verhältnissen der bürgerlichen Produktion erworben wird; diese Verhältnisse in Kategorien, in Gesetze zu formulieren und nachzuweisen, um wieviel diese Gesetze, diese Kategorien für die Produktion der Reichtümer überlegen sind den Gesetzen und Kategorien der feudalen Gesellschaft. Das Elend ist in ihren Augen nur der Schmerz, der jede Geburt begleitet, in der Natur wie in der Industrie.

144

Die Romantiker gehören unserer Epoche an, in der die Bourgeoisie sich im direkten Gegensatz mit dem Proletariat befindet, wo das Elend in ebenso großem Übermaß anwächst wie der Reichtum. Die Ökonomen spielen sich alsdann als blasierte Fatalisten auf und werfen von der Höhe ihres Standpunktes einen stolzen Blick der Verachtung auf die menschlichen Maschinen, die den Reichtum erzeugen. Sie wiederholen alle von ihren Vorläufern gegebenen Ausführungen, aber die Indifferenz, die bei jenen Naivität war, wird bei ihnen Koketterie.

Kommt alsdann die *humanitäre Schule*, welche sich die schlechte Seite der heutigen Produktionsverhältnisse zu Herzen nimmt. Diese sucht, um ihr Gewissen zu beruhigen, die wirklichen Kontraste, so gut es eben geht, zu bemänteln, sie beklagt aufrichtig die Not des Proletariats, die zügellose Konkurrenz der Bourgeois unter sich; sie rät den Arbeitern, mäßig zu sein, fleißig zu arbeiten und wenig Kinder zu zeugen; sie empfiehlt den Bourgeois Überlegung in ihrem Produktionseifer. Die ganze Theorie dieser Schule besteht in endlosen Unterscheidungen zwischen Theorie und Praxis, zwischen den Prinzipien und den Resultaten, zwischen der Idee und der Anwendung, zwischen dem Inhalt und der Form, zwischen dem Wesen und der Wirklichkeit, zwischen dem Recht und der Tatsache, zwischen der guten und schlechten Seite.

Die *philanthropische* Schule ist die vervollkommnete humanitäre Schule. Sie leugnet die Notwendigkeit des Gegensatzes, sie will aus allen Menschen Bourgeois machen, sie will die Theorie verwirklichen, soweit dieselbe sich von der Praxis unterscheidet und den Antagonismus nicht einschließt. Selbstverständlich ist es in der Theorie leicht, von den Widersprüchen zu abstrahieren, auf die man auf jeden Schritt in der Wirklichkeit stößt. Diese Theorie würde alsdann die idealisierte Wirklichkeit werden. Die Philanthropen wollen also die Kategorien erhalten, welche der Ausdruck der bürgerlichen Verhältnisse sind, ohne den Widerspruch, der ihr Wesen ausmacht und der von ihnen unzertrennlich ist. Sie bilden sich ein, ernsthaft die bürgerliche Praxis zu bekämpfen, und sie sind mehr Bourgeois als die anderen.

Wie die *Ökonomen* die wissenschaftlichen Vertreter der Bourgeoisklasse sind, so sind die *Sozialisten* und *Kommunisten* die Theoretiker der Klasse des Proletariats. Solange das Proletariat noch nicht genügend entwickelt ist, um sich als Klasse zu konstituieren, und daher der Kampf des Proletariats mit der Bourgeoisie noch keinen politischen Charakter trägt, solange die Produktivkräfte noch im Schoße der Bourgeoisie selbst nicht genügend entwickelt sind, um die materiellen Bedingungen durchscheinen zu lassen, die notwendig sind zur Befreiung des Proletariats und zur Bildung einer neuen Gesellschaft, solange sind diese Theoretiker nur Utopisten, die, um den Bedürfnissen der unterdrückten Klassen abzuhelfen, Systeme ausdenken und nach einer regenerierenden Wissenschaft suchen. Aber in dem Maße, wie die Geschichte vorschreitet und mit ihr der Kampf des Proletariats sich deutlicher abzeichnet, haben sie nicht mehr nötig, die Wissenschaft in ihrem Kopfe zu suchen; sie haben nur sich Rechenschaft abzulegen von dem, was sich vor ihren Augen abspielt, und sich zum Organ desselben zu machen. Solange sie die Wissenschaft suchen und nur Systeme machen, solange sie im Beginn des Kampfes sind, sehen sie im Elend nur das Elend, ohne die revolutionäre umstürzende Seite darin zu erblicken, welche die alte Gesellschaft über den Haufen werfen wird. Von diesem Augenblick an wird die Wissenschaft bewußtes Erzeugnis der historischen Bewegung, und sie hat aufgehört, doktrinär zu sein, sie ist revolutionär geworden.

Kehren wir zu Herrn Proudhon zurück.

Jedes ökonomische Verhältnis hat eine gute und eine schlechte Seite, das ist der einzige Punkt, in dem Herr Proudhon sich nicht selbst ins Gesicht schlägt. Die gute Seite sieht er von den Ökonomen hervorgehoben, die schlechte von den Sozialisten angeklagt. Er entlehnt den Ökonomen die Notwendigkeit der ewigen Verhältnisse; er entlehnt den Sozialisten die Illusion, in dem Elend nur das Elend zu erblicken. Er ist mit beiden einverstanden, wobei er sich auf die Autorität der Wissenschaft zu stützen sucht. Die Wissenschaft reduziert sich für ihn auf den zwerghaften Umfang einer wissenschaftlichen Formel; er ist der Mann auf der Jagd nach Formeln. Demgemäß schmeichelt sich Herr Proudhon, die Kritik sowohl der politischen Ökonomie als des Kommunismus gegeben zu haben – er steht tief unter beiden. Unter den Ökonomen, weil er als Philosoph, der eine magische Formel bei der Hand hat, sich erlassen zu können glaubt, in die rein ökonomischen Details einzugehen; unter den Sozialisten, weil er weder genügend Mut noch genügend Einsicht besitzt, sich, und wäre es nur spekulativ, über den Bourgeoishorizont zu erheben.

Er will die Synthese sein, und er ist ein zusammengesetzter Irrtum.

Er will als Mann der Wissenschaft über Bourgeois und Proletariern schweben; er ist nur der Kleinbürger, der beständig zwischen dem Kapital und der Arbeit, zwischen der politischen Ökonomie und dem Kommunismus hin- und hergeworfen wird.

§ 2. Arbeitsteilung und Maschinen

Die Arbeitsteilung eröffnet nach Herrn Proudhon die Reihe der *ökonomischen Entwicklungen*.

Gute Seite der Arbeitsteilung	„Ihrem Wesen nach ist die Arbeitsteilung der Modus, nach welchem die *Gleichheit* der Bedingungen und Intelligenzen sich realisiert." (Bd. I, S. 93.)
Schlechte Seite der Arbeitsteilung	„Die Arbeitsteilung ist für uns eine Quelle des Elends geworden." (Bd. I, S. 94.) Variante: „Die Arbeit gelangt dadurch, daß sie sich *nach dem Gesetz teilt*, welches ihr eigen und die vornehmste Bedingung ihrer Fruchtbarkeit ist, zu der Negation ihrer Ziele und hebt sich selbst auf." (Bd. I, S. 94.)
Zu lösendes Problem	„Die Rekomposition" finden, „die die Unzuträglichkeiten der Teilung beseitigt und dabei ihre nützlichen Wirkungen erhält." (Bd. I, S. 97.)

Die Arbeitsteilung ist nach Herrn Proudhon ein ewiges Gesetz, eine einfache und abstrakte Kategorie. Somit muß auch die Abstraktion, die Idee, das bloße Wort ihm genügen, um die Arbeitsteilung in den verschiedenen Epochen der Geschichte zu erklären. Die Kasten, die Zünfte, die Manufaktur, die Großindustrie, alles muß durch das einfache Wort „*Teilen*" erklärt sein. Man studiere zunächst gehörig den Sinn des Wortes „Teilen", und man wird nicht mehr nötig haben, die zahlreichen Einflüsse zu erforschen, die in jeder Epoche der Arbeitsteilung einen bestimmten Charakter gegeben haben.

Man vereinfacht in der Tat die Sachen gar zu sehr, wenn man sie auf die Kategorien des Herrn Proudhon zurückführt. Die Geschichte geht nicht so kategorisch vor. Es bedurfte in Deutschland ganzer drei Jahrhunderte, um die erste bedeutende Arbeitsteilung herzustellen; nämlich die Trennung von Stadt und Land. In dem Maße, wie sich bloß dies Verhältnis der Stadt zum Land modifiziert, modifiziert sich die ganze Gesellschaft. Um nur diese eine Seite der Arbeitsteilung ins Auge zu fassen, so ergibt sie uns hier die antiken Republiken, dort den christlichen Feudalismus, hier das alte England mit seinen Landbaronen, dort das moderne England mit seinen Baumwollenbaronen *(cotton-lords)*. Im vierzehnten und fünfzehnten Jahrhundert, als es noch keine Kolonien gab, als Amerika noch nicht und Asien nur durch die Vermittlung von Konstantinopel für Europa existierte, als das Mittelmeer noch das Zentrum der Handelstätigkeit war, hatte die Arbeitsteilung einen ganz anderen Charakter, ein ganz anderes Aussehen als im siebzehnten Jahrhundert, wo Spanier, Portugiesen, Holländer, Engländer, Franzosen in allen Weltteilen Kolonien errichtet hatten. Die Ausdehnung des Marktes, seine Physiognomie gaben der Arbeitsteilung in den verschiedenen Epochen eine Physiognomie, einen Charakter, den man Mühe hätte, von dem bloßen Wort „*Teilen*", von der Idee, von der Kategorie der „Teilung" abzuleiten.

„Alle Ökonomen seit Adam Smith", sagt Herr Proudhon, „haben auf die *Vorteile* und *Unzuträglichkeiten* des Gesetzes der Teilung aufmerksam gemacht, aber dabei viel mehr Gewicht auf die ersteren als auf die letzteren gelegt, weil das ihrem Optimismus besser paßte, und ohne daß einer von ihnen sich je gefragt hätte, was die Unzuträglichkeiten eines Gesetzes sein könnten... Wie führt dasselbe Prinzip, streng in seine Konsequenzen verfolgt, zu diametral entgegengesetzten Wirkungen? Nicht *ein* Ökonom, weder vor noch nach Adam Smith, hat je gemerkt, daß es hier ein Problem zu lösen gilt. Say geht so weit, anzuerkennen, daß in der Arbeitsteilung dieselbe Ursache, welche den Vorteil bewirkt, auch den Schaden zur Folge hat." [I, 95/96.]

Adam Smith hat viel weiter gesehen, als Herr Proudhon meint. Er hat sehr wohl gesehen, daß „in Wirklichkeit die Verschiedenheit der natürlichen Anlagen zwischen den Individuen weit geringer ist, als wir glauben. Diese so verschiedenen Anlagen, welche die Angehörigen der verschiedenen Professionen zu unterscheiden scheinen, Leute, die bereits in das reife Alter getreten sind, sind nicht sowohl die *Ursache* als die *Wirkung* der Arbeitsteilung." [I, 20.] Ursprünglich unterscheidet sich ein Lastträger weniger von einem Philosophen als ein Kettenhund von einem Windhund. Es ist die Arbeitsteilung, welche einen Abgrund zwischen beiden aufgetan hat. Alles dies hindert Herrn Proudhon nicht, an einer anderen Stelle zu behaupten, daß Adam Smith von den Unzuträglichkeiten, welche die Arbeitsteilung bewirkt, keine Ahnung hatte; und zu behaupten, J.-B. Say habe *zuerst* anerkannt, „daß in der Arbeitsteilung dieselbe Ursache, welche den Vorteil bewirkt, auch den Schaden zur Folge hat". [I, 96.]

Hören wir indes Lemontey; *Suum cuique*[1].

„Herr J.-B. Say hat mir die Ehre erwiesen, in seinem vortrefflichen Werk über politische Ökonomie das Prinzip zu adoptieren, *welches ich* in dem Fragment über den moralischen Einfluß der Arbeitsteilung *zuerst dargetan habe*. Der ein wenig frivole Titel meines Buches[11] hat ihm ohne Zweifel nicht erlaubt, mich zu zitieren. Ich finde nur diese Erklärung für das Schweigen eines Schriftstellers, der zu reich an eigenem Fonds ist, um eine so bescheidene Anleihe in Abrede zu stellen." (Lemontey, *Œuvres complètes*[2], Bd. I, S. 245, Paris 1840.)

---

[1] Jedem das Seine. *Die Red.*

[2] Sämtliche Werke. *Die Red.*

Lassen wir ihm diese Gerechtigkeit widerfahren: Lemontey hat die schlimmen Folgen der Arbeitsteilung, wie sie sich heute vollzieht, geistreich dargelegt, und Herr Proudhon hat nichts hinzuzufügen gewußt. Da wir aber einmal durch Herrn Proudhons Schuld uns auf diese Frage der Priorität eingelassen haben, so sei beiläufig bemerkt, daß sehr lange vor Lemontey und siebzehn Jahre vor Adam Smith, dem Schüler von Adam Ferguson, dieser letztere diesen Punkt in einem Kapitel, welches speziell die Arbeitsteilung behandelt, klar und deutlich auseinandergesetzt hat.

„Man könnte sogar zweifeln, ob die allgemeine Befähigung einer Nation im Verhältnis zum Fortschritt der Technik zunimmt. In mehreren Zweigen der Technik ... wird der Zweck vollkommen erreicht, auch wenn sie vollständig der Mitwirkung der Vernunft und des Gefühles entledigt sind, und die Unwissenheit ist ebenso die Mutter der Industrie wie des Aberglaubens. Reflexion und Phantasie sind Verirrungen unterworfen; aber die Gewohnheit, den Fuß oder die Hand zu bewegen, hängt weder von dieser noch von jener ab. So könnte man sagen, daß die Vollkommenheit der Manufakturarbeit darin besteht, daß der Geist entbehrlich gemacht und die ohne Mitarbeit des Kopfes betriebene Werkstatt als ein Mechanismus betrachtet werden kann, dessen einzelne Teile Menschen sind... Der General kann in der Kriegskunst sehr erfahren sein, während sich das Verdienst des Soldaten darauf beschränkt, einige Hand- und Fußbewegungen auszuführen. Der eine kann gewonnen haben, was der andere verloren... In einer Periode, in der alles geschieden ist, kann selbst die Kunst zu denken einen besonderen Beruf bilden." (A. Ferguson, *Essai sur l'histoire de la société civile*[1], Paris 1783 [II, 108, 109 u. 110].)

Um mit unserer literarischen Abschweifung zu enden, stellen wir ausdrücklich in Abrede, daß „alle Ökonomen viel mehr Gewicht auf die Vorteile als auf die Nachteile der Arbeitsteilung gelegt haben". Es genügt, Sismondi zu nennen.

So hat Herr Proudhon, was die *Vorteile* der Arbeitsteilung betrifft, weiter nichts zu tun, als die allgemeinen und allgemein bekannten Redensarten mehr oder weniger schwülstig zu paraphrasieren.

---

[1] Abhandlung über die Geschichte der bürgerlichen Gesellschaft. *Die Red.*

150

Sehen wir nunmehr, wie er von der Arbeitsteilung, als allgemeinem Gesetz, als Kategorie, als Idee gefaßt, die *Unzuträglichkeiten* ableitet, die mit ihr verbunden sind. Wie kommt es, daß diese Kategorie, dieses Gesetz eine ungleiche Verteilung der Arbeit einschließt, zum Nachteil von Herrn Proudhons egalitärem System?

„Mit dieser feierlichen Stunde der Arbeitsteilung beginnt der Sturmwind über die Menschheit zu wehen. Der Fortschritt vollzieht sich nicht für alle auf eine gleiche und einheitliche Art... Er beginnt damit, sich einer kleinen Zahl von Privilegierten zu bemächtigen... Diese Bevorzugung von Personen von seiten des Fortschritts ist es, die so lange an die natürliche und providentielle Ungleichheit der Lebenslagen glauben gemacht, die Kasten ins Leben gerufen und alle Gesellschaften hierarchisch aufgebaut hat." (Proudhon, Bd. I, S. 94.)

Die Arbeitsteilung hat die Kasten geschaffen: Nun sind aber die Kasten die Unzuträglichkeiten der Arbeitsteilung; also hat die Arbeitsteilung Unzuträglichkeiten geschaffen. *Quod erat demonstrandum.*[1] Will man weitergehen und fragen, was die Arbeitsteilung dahin brachte, die Kasten, die hierarchischen Konstitutionen und die Privilegien zu schaffen, so wird Herr Proudhon antworten: der Fortschritt. Und was hat den Fortschritt veranlaßt? Die Schranke. Die Schranke, für Herrn Proudhon, ist die Bevorzugung von Personen von seiten des Fortschritts.

Nach der Philosophie die Geschichte; aber weder die beschreibende noch die dialektische, sondern die vergleichende Geschichte. Herr Proudhon zieht eine Parallele zwischen dem Buchdrucker von heute und dem Buchdrucker des Mittelalters, zwischen dem Arbeiter der riesigen Hüttenwerke des Creusot[12] und dem Hufschmied auf dem Lande, zwischen dem Schriftsteller unserer Tage und dem Schriftsteller des Mittelalters, und er läßt die Waagschale auf Seite derer sinken, welche mehr oder weniger der Arbeitsteilung angehören, wie sie das Mittelalter erzeugt oder überliefert hat. Er stellt die Arbeitsteilung einer historischen Epoche der Arbeitsteilung einer anderen historischen Epoche gegenüber. War es das, was Herr Proudhon dar-

---

[1] Was zu beweisen war. *Die Red.*

zutun hatte? Nein. Er sollte uns die Unzuträglichkeiten der Arbeitsteilung im allgemeinen, der Arbeitsteilung als Kategorie zeigen. Wozu übrigens auf dieser Partie der Proudhonschen Werke beharren, da, wie wir sehen werden, er selbst ein wenig später alle diese angeblichen Entwicklungen ausdrücklich widerruft?

„Die erste Wirkung der zerstückelten Arbeit", fährt Herr Proudhon fort, „nächst der *Depravation der Seele*, ist die Verlängerung des Arbeitstages, der im umgekehrten Verhältnis zur Summe der verausgabten Intelligenz wächst... Da jedoch die Dauer des Arbeitstages sechzehn bis achtzehn Stunden nicht überschreiten kann, so wird von dem Augenblick an, wo die Kompensation nicht mehr in der Form von Zeit genommen werden kann, sie auf den Preis genommen werden und der Lohn sinken... Was feststeht und was lediglich hier zu vermerken gilt, ist, daß das *allgemeine Gewissen* die Arbeit eines Werkmeisters und die eines Handlangers nicht als gleichwertig taxiert. Die Herabsetzung des Preises des Arbeitstages wird hierdurch eine Notwendigkeit, so daß der Arbeiter, nachdem seine Seele durch eine degradierende Tätigkeit niedergedrückt ist, nicht umhin kann, auch in seinem Körper durch die Geringfügigkeit der Entlohnung getroffen zu werden." [I, 97/98.]

Wir gehen weg über den logischen Wert dieser Syllogismen, die Kant abseitsführende Paralogismen genannt haben würde.

Dies der Inhalt:

Die Arbeitsteilung reduziert den Arbeiter auf eine degradierende Funktion. Dieser degradierenden Funktion entspricht eine depravierte Seele. Dieser Depravation der Seele entspricht eine stets wachsende Lohnsenkung. Und um zu beweisen, daß diese Lohnsenkung einer depravierten Seele entspricht, behauptet Herr Proudhon zur Beruhigung des Gewissens, daß es das allgemeine Gewissen ist, welches es so will. Zählt die Seele des Herrn Proudhon mit in dem allgemeinen Gewissen?

Die *Maschinen* sind für Herrn Proudhon „der logische Gegensatz der Arbeitsteilung", und mit Hilfe seiner Dialektik beginnt er damit, Maschine in *Werkstatt* umzuwandeln.

Nachdem er die moderne Werkstatt (die Fabrik) unterstellt hat, um aus der Arbeitsteilung das Elend hervorgehen zu lassen, setzt Herr Proudhon das durch die Arbeitsteilung geschaffene Elend voraus, um zur Fabrik gelangen und sie als die dialektische Negation dieses Elends hinstellen zu können. Nachdem er den Arbeiter in moralischer Beziehung mit einer *degradierenden Funktion*, in physischer mit der Geringfügigkeit des Lohnes bedacht hat, nachdem er den Arbeiter unter die *Abhängigkeit vom Werkführer* gestellt und seine Arbeit auf die *Leistung eines Handlangers* herabgedrückt hat, schiebt er die Schuld von neuem auf Fabrik und Maschinen, um den Arbeiter „dadurch, daß er ihm einen *Meister* gibt", *zu degradieren*, und vollendet seine Erniedrigung dadurch, daß er ihn „von dem Range eines Handwerkers zu dem eines *Handlangers* sinken" läßt. Schöne Dialektik! Und wenn er hierbei noch stehenbliebe; aber nein, er braucht eine neue Geschichte der Arbeitsteilung, nicht mehr, um daraus die Widersprüche abzuleiten, sondern um die Fabrik auf seine Art zu rekonstruieren. Um das zu erreichen, sieht er sich genötigt, alles zu vergessen, was er über die Arbeitsteilung gesagt.

Die Arbeit organisiert und teilt sich verschieden, je nach den Werkzeugen, über die sie verfügt. Die Handmühle setzt eine andere Arbeitsteilung voraus als die Dampfmühle. Es heißt somit der Geschichte ins Gesicht schlagen, wenn man mit der Arbeitsteilung im allgemeinen beginnt, um in der Folge zu einem speziellen Produktionsinstrument, den Maschinen, zu gelangen.

Die Maschinen sind ebensowenig eine ökonomische Kategorie wie der Ochse, der den Pflug zieht, sie sind nur eine Produktivkraft. Die moderne Fabrik, die auf der Anwendung von Maschinen beruht, ist ein gesellschaftliches Produktionsverhältnis, eine ökonomische Kategorie.

Sehen wir nun, wie die Dinge in der glänzenden Einbildung des Herrn Proudhon sich vollziehen.

„In der Gesellschaft ist das Auftreten der Maschinen und immer neuen Maschinen die Antithese, die Gegenformel der Arbeit: Sie ist der *Protest* des Genius der Industrie gegen die *zerstückelte und menschenmörderische Arbeit*. Was in der Tat ist eine Maschine? *Eine*

153

Art, die verschiedenen Teile der Arbeit, welche die Arbeitsteilung geschieden hat, *zu vereinigen.* Jede Maschine kann definiert werden als eine Zusammenfassung verschiedener Operationen... Somit haben wir in der Maschine die *Wiederherstellung des Arbeiters*... Die Maschinen, die sich in der politischen Ökonomie gegensätzlich zur Arbeitsteilung stellen, repräsentieren die Synthese, die sich im menschlichen Geist der Analyse gegenüberstellt... Die Teilung trennte nur die verschiedenen Teile der Arbeit, indem sie es einem jeden überließ, sich der Spezialität, die ihm am meisten zusagte, zu widmen. Die Fabrik gruppiert die Arbeiter nach der Beziehung jedes Teiles zum Ganzen... Sie führt das Prinzip der Autorität in die Arbeit ein... Aber das ist nicht genug. Die *Maschine* oder die *Fabrik,* nachdem sie den Arbeiter dadurch degradiert hat, daß sie ihm einen Meister gibt, vollendet seine Erniedrigung damit, daß sie ihn vom Range eines Handwerkers zu dem eines Handlangers fallen läßt... Die Periode, die wir in diesem Moment durchleben, die der Maschinen, zeichnet sich durch einen besonderen Charakter aus, die *Lohnarbeit*... Die Lohnarbeit ist *späteren Datums* als Arbeitsteilung und Tausch." [I, 135, 136 u. 161.]

Eine einfache Bemerkung für Herrn Proudhon. Die Trennung der verschiedenen Arbeitsteile, die einem jeden die Möglichkeit gibt, sich der Spezialität zu widmen, die ihm am meisten zusagt, eine Trennung, welche Herr Proudhon von Anfang der Welt datiert, gibt es erst in der modernen Industrie unter der Herrschaft der Konkurrenz.

Herr Proudhon gibt uns sodann eine mehr als „interessante Genealogie", um nachzuweisen, wie die Fabrik aus der Arbeitsteilung und die Lohnarbeit aus der Fabrik entstanden ist.

1. Er setzt einen Menschen voraus, der „bemerkt hat", daß man die Produktivkräfte vermehrt, „wenn man die Produktion in ihre verschiedenen Teile zerlegt und jeden von einem besonderen Arbeiter ausführen läßt".

2. Dieser Mensch „ergreift den Faden dieser Idee und sagt sich, daß, wenn er eine ständige Gruppe von Arbeitern bildet, assortiert für den besonderen Zweck, den er sich *vornimmt,* er dann eine stetigere Produktion erzielen würde usw." [I, 161.]

3. Dieser Mensch macht anderen Menschen einen *Vorschlag*, damit sie seine Idee und den Faden seiner Idee ergreifen.

4. Dieser Mensch verhandelt im Beginn der Industrie mit seinen *Genossen*, die später seine *Arbeiter* geworden, auf dem *Fuße der Gleichheit*.

5. „Es leuchtet in der Tat ein, daß diese ursprüngliche Gleichheit bald verschwinden mußte angesichts der vorteilhaften Stellung des Meisters und der Abhängigkeit des Lohnarbeiters." [I, 163.]

Hier haben wir wiederum eine Probe der *historischen und beschreibenden Methode* des Herrn Proudhon.

Untersuchen wir nunmehr vom historischen und ökonomischen Gesichtspunkt aus, ob die Fabrik und die Maschine in der Tat das *Autoritätsprinzip* später als die Arbeitsteilung in die Gesellschaft eingeführt hat; ob auf der einen Seite der Arbeiter rehabilitiert worden ist, trotzdem daß er auf der anderen Seite der Autorität unterworfen wurde; ob die Maschine die Rekomposition der geteilten Arbeit, die ihrer *Analyse* entgegengesetzte Synthese der Arbeit ist.

Die Gesellschaft als Ganzes hat das mit dem Innern einer Fabrik gemein, daß auch sie ihre Arbeitsteilung hat. Nimmt man die Arbeitsteilung in einer modernen Fabrik als Beispiel, um sie auf eine ganze Gesellschaft anzuwenden, so wäre unzweifelhaft diejenige Gesellschaft am besten für die Produktion ihres Reichtums organisiert, welche nur einen einzigen Unternehmer als Führer hätte, der nach einer im voraus festgesetzten Ordnung die Funktionen unter die verschiedenen Mitglieder der Gemeinschaft verteilt. Aber dem ist keineswegs so. Während innerhalb der modernen Fabrik die Arbeitsteilung durch die Autorität des Unternehmers bis ins einzelnste geregelt ist, kennt die moderne Gesellschaft keine andere Regel, keine andere Autorität für die Verteilung der Arbeit als die freie Konkurrenz.

Unter dem patriarchalischen Regime, unter dem Regime der Kasten, des feudalen und Zunftsystems, gab es Arbeitsteilung in der ganzen Gesellschaft nach bestimmten Regeln. Sind diese Regeln von einem Gesetzgeber angeordnet worden? Nein. Ursprünglich aus den Bedingungen der materiellen Produktion hervorgegangen, wurden sie erst viel später zum Gesetz erhoben. So wurden diese verschiedenen Formen der Arbeitsteilung ebenso viele Grundlagen sozialer Organisationen. Was die Arbeitsteilung in der Werkstatt anbetrifft, so war sie in allen diesen Gesellschaftsformen sehr wenig entwickelt.

Man kann als allgemeine Regel aufstellen: Je weniger die Autorität der Teilung der Arbeit innerhalb der Gesellschaft vorsteht, desto mehr entwickelt sich die Arbeitsteilung im Innern der Werkstatt und um so mehr ist sie der Autorität eines einzelnen unterworfen. Danach steht die Autorität in der Werkstatt und die in der Gesellschaft, in bezug auf die Arbeitsteilung, im *umgekehrten Verhältnis* zueinander.

Es kommt nunmehr darauf an, nachzusehen, was das für eine Werkstatt ist, in der die Beschäftigungen sehr getrennt sind, wo die Aufgabe jedes Arbeiters auf eine sehr einfache Operation reduziert ist und wo die Autorität, das Kapital, die Arbeiter gruppiert und leitet. Wie ist diese Werkstatt, die Fabrik, entstanden? Um diese Frage zu beantworten, haben wir zu prüfen, wie die eigentliche Manufakturindustrie sich entwickelt hat. Ich spreche hier von jener Industrie, die noch nicht die moderne große Industrie mit ihren Maschinen ist, die aber bereits weder die Industrie des Mittelalters noch die Hausindustrie mehr ist. Wir wollen nicht zu sehr ins Detail eingehen, wir wollen nur einige Hauptpunkte feststellen, um zu zeigen, wie man mit Formeln noch keine Geschichte macht.

Eine der unerläßlichsten Bedingungen für die Bildung der Manufakturindustrie war die Akkumulation der Kapitalien, erleichtert durch die Entdeckung Amerikas und die Einfuhr seiner Edelmetalle.

Es ist hinlänglich erwiesen, daß die Vermehrung der Tauschmittel zur Folge hatte einerseits die Entwertung der Löhne und Grundrenten und anderseits die Vermehrung der industriellen Profite. Mit anderen Worten: Um so viel, wie die Klasse der Grundbesitzer und die Klasse der Arbeiter, die Feudalherren und das Volk sanken, um so viel hob sich die Klasse der Kapitalisten, die Bourgeoisie.

Es gab noch andere Umstände, die gleichzeitig zur Entwicklung der Manufakturindustrie beitrugen: die Vermehrung der auf den Markt gebrachten Waren, sobald einmal die Verbindung mit Ostindien auf dem Seewege um das Kap der Guten Hoffnung hergestellt war, ferner das Kolonialsystem und die Entwicklung des Seehandels.

Eine andere Seite, die in der Geschichte der Manufakturindustrie noch nicht genügend gewürdigt wurde, ist die Entlassung der zahlreichen Gefolgschaften der Feudalherren, deren untergeordnete Angehörige Landstreicher wurden, ehe sie in die Werkstatt eintraten. Der Schöpfung der in die Fabrik übergehenden Werkstatt ging im fünfzehnten und sechzehnten Jahrhundert ein fast universelles Landstreichertum voraus. Die Werkstatt fand ferner einen mächtigen Rückhalt in den zahlreichen Landleuten, die infolge der Umwandlung der Äcker in Wiesen und infolge der Fortschritte in der Landwirtschaft, die weniger Arbeiter für die Bearbeitung der Äcker nötig machten, fortgesetzt aus dem Dienst gejagt wurden und ganze Jahrhunderte hindurch in die Städte strömten.

Das Anwachsen des Marktes, die Akkumulation von Kapitalien, die in der sozialen Stellung der Klassen eingetretenen Veränderungen, eine Menge von Personen, die sich ihrer Einnahmequellen beraubt sehen, das sind ebenso viele historische Vorbedingungen für die Entstehung der Manufaktur. Es waren nicht, wie Herr Proudhon sagt, freundschaftliche Vereinbarungen und dergleichen, welche die Menschen in Werkstätten und Fabriken vereinigten. Nicht einmal im Schoß der alten Zünfte ist die Manufaktur erwachsen. Der Kaufmann war es, der der Prinzipal der modernen Werkstatt wurde, und nicht der alte Zunftmeister. Fast überall herrschte ein erbitterter Kampf zwischen Manufaktur und Handwerk.

Die Akkumulation, die Konzentration von Werkzeugen und Arbeitern ging der Entwicklung der Arbeitsteilung im Innern des Ateliers voraus. Eine Manufaktur bestand weit mehr in der Vereinigung vieler Arbeiter und vieler Handwerke in einem und demselben Lokal, in einem Saal unter dem Kommando eines Kapitals, als in der Auflösung der Arbeiten und der Anpassung eines speziellen Arbeiters an eine sehr einfache Aufgabe.

Der Nutzen einer Fabrikwerkstatt bestand viel weniger in der eigentlichen Arbeitsteilung als in dem Umstande, daß man in größerem Maßstab arbeitete, viele unnütze Unkosten sparte usw. Ende des sechzehnten und Anfang des siebzehnten Jahrhunderts kannte die holländische Manufaktur die Teilung der Arbeit noch kaum.

Die Entwicklung der Arbeitsteilung setzt die Vereinigung der Arbeiter in einer Werkstatt voraus. Es gibt sogar nicht ein einziges Beispiel dafür, weder im sechzehnten noch im siebzehnten Jahrhundert, daß die verschiedenen Zweige eines und desselben Handwerks in dem Maße getrennt betrieben wurden, daß es genügt hätte, sie in einem Ort zu vereinigen, um damit die Fabrikwerkstatt fix und fertig herzustellen. Aber einmal die Menschen und Werkzeuge vereinigt, reproduzierte sich die Arbeitsteilung, wie sie zur Zeit der Zünfte bestanden, und spiegelt sich notwendig im Innern der Fabrikwerkstatt wider.

Für Herrn Proudhon, der die Dinge auf dem Kopf stehend sieht, wenn er sie überhaupt sieht, geht die Arbeitsteilung im Sinne von Adam Smith der Fabrikwerkstatt, die eigentlich ihre Existenzbedingung ist, voraus.

Die eigentlichen *Maschinen* datieren seit dem Ende des achtzehnten Jahrhunderts. Nichts abgeschmackter, als in den Maschinen die *Antithese* der Arbeitsteilung zu erblicken, die *Synthese*, die die Einheit in der zerstückelten Arbeit wiederherstellt.

Die Maschine ist eine Vereinigung von Arbeitswerkzeugen und keineswegs eine Verbindung der Arbeiten für den Arbeiter selbst. „Wenn durch die Arbeitsteilung jede besondere Arbeitsleistung auf die Handhabung eines einfachen Instrumentes reduziert wurde, so bildet die Vereinigung aller dieser durch einen einzigen Motor in Bewegung gesetzten Werkzeuge eine Maschine." (Babbage, *Traité sur l'économie des machines*, etc.[1], Paris 1833.) Einfache Werkzeuge; Akkumulation von Werkzeugen; zusammengesetzte Werkzeuge; in Bewegung setzen eines zusammengesetzten Werkzeuges durch einen einzigen Handmotor, den Menschen; in Bewegung setzen dieser Instrumente durch die Naturkräfte; Maschinen; System von Ma-

---

[1] Abhandlung über die Ökonomie der Maschinerie usw. *Die Red.*

158

schinen, die nur einen Motor haben; System von Maschinen, die einen automatischen Motor haben – das ist die Entwicklung der Maschine.

Die Konzentration der Produktionsinstrumente und die Arbeitsteilung sind ebenso untrennbar voneinander wie auf dem Gebiete der Politik die Zentralisation der öffentlichen Gewalten und die Teilung der Privatinteressen. England mit seiner Konzentrierung des Grund und Bodens, dieses Werkzeuges der agrikolen Arbeit, hat ebenfalls die Arbeitsteilung in der Agrikultur und die Anwendung der Maschinerie beim Landbau. Frankreich, welches die Teilung des Werkzeugs, des Bodens hat, das Parzellensystem, hat im allgemeinen weder Arbeitsteilung in der Agrikultur noch Anwendung von Maschinen beim Landbau.

Für Herrn Proudhon ist die Konzentration der Arbeitsinstrumente die Negation der Arbeitsteilung. In der Wirklichkeit finden wir abermals das Gegenteil. In dem Maße, wie die Konzentrierung der Werkzeuge sich entwickelt, entwickelt sich auch die Arbeitsteilung und umgekehrt. Dies die Ursache, weshalb jede große Erfindung in der mechanischen Technik eine größere Arbeitsteilung zur Folge hat und jede Steigerung der Arbeitsteilung ihrerseits neue mechanische Erfindungen hervorruft.

Wir brauchen nicht daran zu erinnern, daß die großen Fortschritte der Arbeitsteilung in England nach der Erfindung der Maschinen begonnen haben. So waren die Weber und die Spinner meistenteils Bauern, wie man sie noch in rückständigen Ländern antrifft. Die Erfindung der Maschinen hat die Trennung der Manufakturindustrie von der Agrikulturindustrie vollendet. Weber und Spinner, früher in einer Familie vereinigt, wurden durch die Maschine getrennt. Dank der Maschine kann der Spinner in England wohnen, während der Weber gleichzeitig in Ostindien lebt. Vor der Erfindung der Maschinen erstreckte sich die Industrie eines Landes hauptsächlich auf die Rohstoffe, die sein eigener Boden hervorbrachte: so in England Wolle, in Deutschland Flachs, in Frankreich Seide und Flachs, in Ostindien und in der Levante[13] Baumwolle usw. Dank der Anwendung der Maschinen und des Dampfes hat die Arbeitsteilung eine derartige Ausdehnung nehmen können, daß die von nationalem Boden losgelöste Großindustrie einzig und allein vom Welthandel, vom internationalen Austausch, von einer internationalen Arbeitsteilung abhängt. Kurz, die Maschine übt einen solchen Einfluß auf die Teilung der Arbeit aus, daß, wenn bei der Fabrikation irgendeines Gegenstandes das Mittel gefunden ist, Teile desselben mechanisch herzustellen, seine Fabrikation sich alsbald in zwei voneinander unabhängige Betriebe sondert.

Brauchen wir noch von dem *providentiellen* und philanthropischen *Zweck* zu reden, welchen Herr Proudhon in der Erfindung und ursprünglichen Anwendung der Maschine entdeckt?

Als in England der Markt eine solche Entwicklung gewonnen hatte, daß die Handarbeit ihm nicht mehr genügen konnte, empfand man das Bedürfnis nach Maschinen. Man sann nun auf die Anwendung der mechanischen Wissenschaft, die bereits im achtzehnten Jahrhundert fertig da war.

Das erste Auftreten der Fabrik mit Kraftbetrieb ist durch Akte bezeichnet, die nichts weniger als philanthropisch waren. Kinder wurden mit der Peitsche zur Arbeit angehalten; sie wurden ein Gegenstand des Schachers; man schloß mit Waisenhäusern Kontrakte. Man schaffte alle Gesetze über die Lehrzeit der Arbeiter ab, weil man, um uns der Phrasen des Herrn Proudhon zu bedienen, nicht mehr der *synthetischen* Arbeiter bedurfte. Endlich waren seit 1825 fast alle neuen Erfindungen das Ergebnis von Kollisionen zwischen Arbeiter und Unternehmer, der um jeden Preis die Fachbildung des Arbeiters zu entwerten suchte. Nach jedem neuen einigermaßen bedeutenden Streik erstand eine neue Maschine. So wenig sah der Arbeiter in der Anwendung der Maschinen eine Art Rehabilitierung, eine Art *Wiederherstellung*, wie Herr Proudhon es nennt, daß er im achtzehnten Jahrhundert der erstehenden Herrschaft der Kraftautomaten sehr lange Widerstand leistete.

„Wyatt", sagt Dr. Ure, „hatte die künstlichen Spinnfinger (die drei Reihen geriffelter Walzen) lange vor Arkwright erfunden.[14] Die Hauptschwierigkeit bestand nicht so sehr in der Erfindung eines selbsttätigen Mechanismus ... Die Schwierigkeit bestand vor allem in der Disziplin, notwendig, damit die Menschen auf ihre unregelmäßigen Gewohnheiten bei der Arbeit verzichten und sich mit der unveränderlichen Regelmäßigkeit der Bewegung einer großen selbsttätigen Maschine identifizieren. Aber einen den Bedürfnissen, der Geschwindigkeit des automatischen Systems entsprechenden Disziplinarkodex zu erfinden und mit Erfolg auszuführen, war ein Unternehmen des Herkules würdig. Das ist das edle Werk Arkwrights." [I, 21/22 u. 23.]

Alles in allem hat die Einführung der Maschinen die Teilung der Arbeit innerhalb der Gesellschaft gesteigert, das Werk des Arbeiters innerhalb der Werkstatt vereinfacht, das Kapital konzentriert und den Menschen zerstückelt.

Will Herr Proudhon Ökonom sein und für eine Weile die „Entwicklung in der Reihe der Gedanken, nach der Gliederung der Vernunft" beiseite lassen, so wird er seine Belehrung bei Adam Smith suchen, zur Zeit, wo die automatische Fabrik erst im Entstehen war. In der Tat, welcher Unterschied zwischen der Teilung der Arbeit, wie sie zur Zeit von Adam Smith bestand und wie wir sie in der automatischen Fabrik sehen! Um ihn gut zu erfassen, genügt es, einige Stellen aus der „Philosophie der Manufaktur" von Dr. Ure zu zitieren.

„Als Adam Smith sein unsterbliches Werk über die Grundzüge der politischen Ökonomie schrieb, war das automatische Industriesystem kaum noch bekannt. Die Teilung der Arbeit erschien ihm mit Recht als das große Prinzip der Vervollkommnung in der Manufaktur. Er zeigte an der Fabrikation der Nadeln, wie ein Arbeiter, der sich durch die Beschäftigung mit einem und demselben Gegenstand vervollkommnet, leistungsfähiger und weniger kostspielig wird. In jedem Zweig der Manufaktur sah er, wie nach diesem Prinzip gewisse Verrichtungen, wie das Schneiden von Messingdrähten in gleiche Abschnitte, leicht ausführbar werden; wie andere Arbeiten, z. B. die Herstellung und Ansetzung der Nadelköpfe, verhältnismäßig schwerer sind: Er schloß also daraus, daß man jeder dieser Verrichtungen einen Arbeiter anpassen kann, dessen Lohn seiner Geschicklichkeit entspräche. Diese *Anpassung* ist das Wesen der Arbeitsteilung. Aber was zur Zeit des Dr. Smith als passendes Beispiel dienen konnte, kann heute das Publikum in bezug auf das wirkliche Prinzip der Fabrikindustrie nur irreführen. In der Tat paßt die Verteilung oder vielmehr die Anpassung der Arbeiten an die verschiedenen individuellen Fähigkeiten nicht in den Operationsplan der automatischen Fabrik: Im Gegenteil, überall, wo ein Prozeß große Geschicklichkeit und eine sichere Hand erfordert, entzieht man ihn dem zu geschickten und oft zu allerhand Unregelmäßigkeiten geneigten Arbeiter, um ihn einem besonderen Mechanismus zu übertragen, dessen automatische Tätigkeit so gut reguliert ist, daß ein Kind sie überwachen kann.

Das Prinzip des automatischen Systems besteht also darin, an die Stelle der Handarbeit die mechanische Arbeit zu setzen und die Arbeitsteilung unter den Handwerkern durch die Zerlegung eines Prozesses in die ihn ausmachenden Teile zu ersetzen. Nach dem System der Handarbeit war die menschliche Arbeit in der Regel das teuerste Element eines Produkts; aber nach dem automatischen System sehen wir die geschickten Handarbeiter allmählich verdrängt durch einfache Maschinenwärter.

Die Schwäche der menschlichen Natur ist so groß, daß, je geschickter der Arbeiter, er um so anspruchsvoller und schwerer zu behandeln und infolgedessen weniger für ein mechanisches System geeignet ist, in dessen Getriebe seine launenhaften Einfälle beträchtlichen Schaden anrichten können. Die Hauptaufgabe des heutigen Fabrikanten besteht also darin, durch Verbindung von Wissenschaft und Kapital die Tätigkeit seiner Arbeiter darauf zu reduzieren, daß sie ihre Wachsamkeit und ihre Gewandtheit ausüben, Eigenschaften, die sie in ihrer Jugend sehr vervollkommnen, *wenn man sie nur ausschließlich mit einem bestimmten Gegenstand beschäftigt.*

Nach dem System der Abstufung der Arbeit braucht es eine Lehrzeit von mehreren Jahren, bevor Augen und Hand geschickt genug werden, um gewisse mechanische Kunststücke zu verrichten; aber nach dem System, das einen Prozeß zerlegt, indem es ihn in seine einzelnen wesentlichen Bestandteile teilt, und welches alle seine Teile durch eine selbsttätige Maschine ausführen läßt, kann man diese elementaren Teile einer Person mit gewöhnlicher Begabung nach kurzer Probezeit anvertrauen; man kann sogar in dringenden Fällen diese Person von einer Maschine an die andere stellen, nach dem Belieben des Betriebsleiters. Solche Änderungen stehen im offenen Widerspruch mit der alten Routine, welche die Arbeit teilt und einen Arbeiter Nadelköpfe verfertigen, einen anderen Nadelspitzen schärfen heißt, eine Beschäftigung, deren langweilige Einförmigkeit sie entnervt... Aber nach dem Prinzip der *Gleichmachung* oder dem automatischen System werden die Fähigkeiten des Arbeiters nur einer angenehmen Übung unterworfen usw.... Da seine Tätigkeit darin besteht, die Arbeit eines wohlgeregelten Mechanismus zu überwachen, kann er sie in kurzer Zeit erlernen; indem er seine Leistungen von einer Maschine auf eine andere überträgt, wechselt er seine Tätigkeit und entwickelt er seine Ideen, indem er über die allgemeinen Kombinationen nachdenkt, welche aus seiner und seiner Kollegen Arbeit resultieren. So kann dieses Einzwängen der Fähigkeiten, diese Verengerung der Ideen, dieser Zustand der Störung der körperlichen Entwicklung, die nicht ohne Grund der Arbeitsteilung zugeschrieben werden, unter gewöhnlichen Umständen nicht statthaben in einem System der *gleichen Verteilung der Arbeiten.*

Das beständige Ziel, die Tendenz aller Vervollkommnung der Technik, geht in der Tat dahin, die Arbeit des Menschen möglichst entbehrlich zu machen oder den Preis derselben zu verringern, indem man die Arbeit von Frauen und Kindern an die Stelle der von erwachsenen Arbeitern oder die grobe Arbeit an Stelle der geschickten Arbeit setzt... Diese Tendenz, nur noch Kinder mit lebhaften Augen und gelenken Fingern an Stelle von geübten Arbeitern zu beschäftigen, zeigt, daß das Schuldogma von der Teilung der Arbeit nach den verschiedenen Graden der Geschicklichkeit von unseren aufgeklärten Fabrikanten endlich beiseite geworfen ist." (André Ure, *Philosophie des manufactures ou économie industrielle*[1], Bd. I, Kap. 1, [S. 34/35].)

---
[1] Philosophie der Manufakturen oder industrielle Ökonomie. *Die Red.*

Was die Arbeitsteilung in der modernen Gesellschaft charakterisiert, ist die Tatsache, daß sie die Spezialitäten, die Fachleute und mit ihnen den Fachidiotismus erzeugt.

„Bewunderung erfaßt uns", sagt Lemontey, „wenn wir bei den Alten dieselbe Person gleichzeitig in hohem Grade sich auszeichnen sehen als Philosoph, Dichter, Redner, Historiker, Priester, Staatsmann und Feldherr. Unsere Seelen erschrecken bei der Betrachtung eines so umfassenden Gebietes. Jeder steckt sich heute sein Gehege ab und schließt sich darin ein. Ich weiß nicht, ob durch diese Zerstücklung das Feld sich vergrößert, aber ich weiß wohl, daß der Mensch kleiner wird."

Was die Teilung der Arbeit in der mechanischen Fabrik kennzeichnet, ist, daß sie jeden Spezialcharakter verloren hat. Aber von dem Augenblick an, wo jede besondere Entwicklung aufhört, macht sich das Bedürfnis nach Universalität, das Bestreben nach einer allseitigen Entwicklung des Individuums fühlbar. Die automatische Fabrik beseitigt die Spezialisten und den Fachidiotismus.

Herr Proudhon, der nicht einmal diese eine revolutionäre Seite der automatischen Fabrik begriffen hat, tut einen Schritt rückwärts und schlägt dem Arbeiter vor, nicht lediglich den zwölften Teil einer Nadel, sondern nach und nach alle zwölf Teile anzufertigen. Der Arbeiter würde so zu der Wissenschaft und dem Bewußtsein der Nadel gelangen. Das ist mit einem Wort die synthetische Arbeit des Herrn Proudhon. Niemand wird bestreiten, daß eine Bewegung nach vorwärts und eine andere nach rückwärts machen auch eine synthetische Bewegung machen heißt.

Alles in allem geht Herr Proudhon nicht über das Ideal des Kleinbürgers hinaus. Und um dieses Ideal zu verwirklichen, fällt ihm nichts Besseres ein, als uns zum Handwerksgesellen oder höchstens zum Handwerksmeister des Mittelalters zurückzuführen. Es genügt, sagt er irgendwo in seinem Buche, ein einziges Mal in seinem Leben ein Meisterstück gemacht, sich ein einziges Mal als Mensch gefühlt zu haben. Ist das nicht nach Form wie Inhalt das von den Zünften des Mittelalters verlangte Meisterstück?

164

§3. Konkurrenz und Monopol

Gute Seite der Konkurrenz	„Die Konkurrenz gehört ebenso wesentlich zur Arbeit wie die Teilung... Sie ist notwendig zur *Herbeiführung der Gleichheit.*" [I, 186 u. 188.]
Schlechte Seite der Konkurrenz	„Das Prinzip ist die Verneinung seiner selbst. Seine sicherste Wirkung ist, diejenigen, welche es mit sich reißt, zu verderben." [I, 185.]
Allgemeine Betrachtung	„Die *Unzuträglichkeiten*, die es zur Folge hat, entstammen ebenso wie das Gute, welches es mit sich bringt..., beide logisch dem Prinzip." [I, 185/186.]
Zu lösende Aufgabe	„Das Prinzip der *Vermittlung* suchen, welches von einem Gesetz sich ableiten muß, das höher steht als die Freiheit selbst." [I, 185.] Variante: „Es kann sich also hier nicht darum handeln, die Konkurrenz aufzuheben, eine Sache, die ebenso unmöglich ist wie die Aufhebung der Freiheit; es handelt sich darum, das Gleichgewicht, ich sagte gern die *Polizei*, derselben zu finden." [I, 223.]

Herr Proudhon beginnt damit, die ewige Notwendigkeit der Konkurrenz gegen diejenigen zu verteidigen, die sie durch den *Wetteifer* ersetzen wollen[1].

Es gibt keinen „Wetteifer ohne Zweck", und da „der Gegenstand jeder Leidenschaft notwendigerweise der Leidenschaft analog ist: eine Frau für den Liebenden, Macht für den Ehrgeizigen, Gold für den Geizhals, ein Lorbeerkranz für den Dichter, so ist der Gegen-

---
[1] Die Fourieristen. F. E.

stand des industriellen Wetteifers notwendig der *Profit.* Der Wetteifer ist nichts anderes als die Konkurrenz selbst." [I, 187.]

Die Konkurrenz ist der Wetteifer im Hinblick auf den Profit. Ist der industrielle Wetteifer notwendigerweise der Wetteifer im Hinblick auf den Profit, d. h. die Konkurrenz? Herr Proudhon beweist es, indem er es behauptet. Wir haben es gesehen: Behaupten heißt für ihn beweisen, wie voraussetzen leugnen heißt.

Wenn das unmittelbare *Objekt* des Liebenden die Frau ist, so ist das unmittelbare Objekt des industriellen Wetteifers das Produkt und nicht der Profit.

Die Konkurrenz ist nicht der industrielle Wetteifer, sondern der kommerzielle. Heute besteht der industrielle Wetteifer nur im Hinblick auf den Handel. Es gibt sogar Phasen im ökonomischen Leben der Völker, wo alle Welt von einer Art Taumel ergriffen ist, Profit zu machen, ohne zu produzieren. Dieser Spekulationstaumel, der periodisch wiederkehrt, enthüllt den wahren Charakter der Konkurrenz, die den notwendigen Bedingungen des industriellen Wetteifers zu entschlüpfen sucht.

Hätte man einem Handwerker des 14. Jahrhunderts gesagt, man werde die Privilegien und die ganze feudale Organisation der Industrie abschaffen, um an deren Stelle den industriellen Wetteifer, Konkurrenz genannt, zu setzen, er hätte euch geantwortet, daß die Privilegien der verschiedenen Korporationen, Zünfte, Innungen gerade die organisierte Konkurrenz bilden. Herr Proudhon drückt sich nicht besser aus, wenn er behauptet, „daß der Wetteifer nichts anderes ist als die Konkurrenz". [I, S. 187.]

„Verordnet, daß vom 1. Januar 1847 an Arbeit und Lohn jedermann garantiert seien, und sofort wird auf die hochgradige Spannung der Industrie eine ungeheure Erschlaffung folgen." [I, 198.]

An Stelle einer Voraussetzung, einer Position und einer Negation haben wir jetzt eine Verordnung, die Herr Proudhon ausdrücklich erläßt, um die Notwendigkeit der Konkurrenz, ihre Ewigkeit als Kategorie usw. zu beweisen.

Wenn man sich einbildet, daß es nur Verordnungen bedarf, um aus der Konkurrenz herauszukommen, wird man niemals von ihr befreit werden. Und wenn man die Dinge so weit treibt, die Abschaffung der Konkurrenz unter Beibehaltung des Lohnes vorzuschlagen, so schlägt man vor, einen Unsinn zu verordnen. Aber die Völker entwickeln sich nicht auf Königs Befehl. Bevor sie solche Verordnungen fabrizieren, müssen sie mindestens ihre industriellen und politischen Existenzbedingungen, folglich ihre ganze Daseinsweise von Grund aus verändern.

Herr Proudhon wird mit seiner unerschütterlichen Unverfrorenheit antworten, daß dies eine Voraussetzung einer „Umwandlung unserer Natur ohne historische Vorbedingungen" sei und daß er das Recht habe, „uns von der Diskussion *auszuschließen*", wir wissen nicht auf Grund welcher Verordnung.

Herr Proudhon weiß nicht, daß die ganze Geschichte nur eine fortgesetzte Umwandlung der menschlichen Natur ist.

„Bleiben wir bei den Tatsachen. Die französische Revolution wurde ebensosehr für die industrielle wie für die politische Freiheit gemacht; und obwohl Frankreich, sagen wir es offen, im Jahre 1789 nicht alle Konsequenzen des Prinzips erkannt hat, dessen Verwirklichung es verlangte, so hat es sich weder in seinen Wünschen noch in seinen Erwartungen getäuscht. Wer den Versuch machen sollte, das zu leugnen, der verliert in meinen Augen das Recht auf Kritik. Ich werde nie mit einem Gegner disputieren, der den freiwilligen Irrtum von fünfundzwanzig Millionen Menschen im Prinzip aufstellt... Wenn die Konkurrenz nicht ein *Prinzip* der sozialen Ökonomie, ein *Dekret des Schicksals*, eine *Notwendigkeit der menschlichen Seele* wäre, warum denn dachte man, statt Korporationen, Innungen und Zünfte *abzuschaffen*, nicht vielmehr daran, das alles *wiederherzustellen*?" [I, 191/192.]

Da also die Franzosen des 18. Jahrhunderts Korporationen, Innungen und Zünfte abgeschafft haben, anstatt sie zu modifizieren, so müssen die Franzosen des 19. Jahrhunderts die Konkurrenz modifizieren, anstatt sie abzuschaffen. Da die Konkurrenz in Frankreich im 18. Jahrhundert als Konsequenz der historischen Bedürfnisse zur Herrschaft kam, darf diese Konkurrenz im 19. Jahrhundert nicht auf Grund anderer historischer Bedürfnisse beseitigt werden. Herr

Proudhon, der nicht begreift, daß die Herstellung der Konkurrenz mit der wirklichen Entwicklung der Menschen des 18. Jahrhunderts verknüpft war, macht aus der Konkurrenz eine Notwendigkeit der *menschlichen Seele in partibus infidelium*[15]. Was hätte er aus dem „großen Colbert" für das 17. Jahrhundert gemacht?

Nach der Revolution kam der gegenwärtige Stand der Dinge. Herr Proudhon greift aus ihm ebenfalls Tatsachen heraus, um die Ewigkeit der Konkurrenz zu zeigen, indem er beweist, daß alle Industrien, in denen diese Kategorie noch nicht genügend entwickelt ist, wie die Agrikultur, sich in einem niedrigeren, hinfälligen Zustand befinden.

Sagen, daß es Industrien gibt, die noch nicht auf der Höhe der Konkurrenz sind, daß andere noch unter dem Niveau der bürgerlichen Produktion sich befinden, ist hohles Geschwätz, welches keineswegs die Ewigkeit der Konkurrenz beweist.

Die ganze Logik des Herrn Proudhon faßt sich in folgendem zusammen: Die Konkurrenz ist ein soziales Verhältnis, in welchem wir heute unsere Produktivkräfte entwickeln. Er gibt dieser Wahrheit zwar keine logischen Entwicklungen, sondern Formen, und zwar oft recht drollige Formen, indem er sagt, daß die Konkurrenz der industrielle Wetteifer ist, die heutige Art, frei zu sein, die Verantwortlichkeit in der Arbeit, die Konstituierung des Wertes, eine Bedingung für das Kommen der Gleichheit, ein Prinzip der Sozialökonomie, ein Dekret des Schicksals, eine Notwendigkeit der menschlichen Seele, eine Inspiration der ewigen Gerechtigkeit, die Freiheit in der Teilung, die Teilung in der Freiheit, eine ökonomische Kategorie.

„*Konkurrenz* und *Assoziation* stützen einander. Weit entfernt, sich auszuschließen, gehen sie nicht einmal *auseinander*. Wer Konkurrenz sagt, setzt bereits *gemeinsames Ziel* voraus; die Konkurrenz ist also nicht der *Egoismus*, und es ist der beklagenswerteste Irrtum des Sozialismus, in ihr den Umsturz der Gesellschaft gesehen zu haben." [I, 223.]

Wer Konkurrenz sagt, sagt gemeinsames Ziel, und das beweist einerseits, daß die Konkurrenz die Assoziation ist, andererseits, daß Konkurrenz nicht Egoismus ist. Und sagt, wer *Egoismus* sagt, nicht auch gemeinsames Ziel? Jeder Egoismus spielt sich ab in der Gesellschaft und vermittelst der Gesellschaft. Er setzt also die Gesellschaft voraus, das heißt gemeinsame Ziele, gemeinsame Bedürfnisse, gemeinsame Produktionsmittel usw. Ist es daher reiner Zufall, wenn die Konkurrenz und die Assoziation, von denen die Sozialisten reden, nicht einmal auseinandergehen?

Die Sozialisten wissen sehr wohl, daß die gegenwärtige Gesellschaft auf der Konkurrenz beruht. Wie sollten sie der Konkurrenz den Vorwurf machen, daß sie die heutige Gesellschaft umstürze, die Gesellschaft, die sie selbst umstürzen wollen? Und wie sollten sie der Konkurrenz vorwerfen, daß sie die zukünftige Gesellschaft umstürze, in welcher sie im Gegenteil den Umsturz der Konkurrenz erblicken?

Herr Proudhon sagt weiter unten, daß die Konkurrenz der *Gegensatz des Monopols* ist und infolgedessen nicht der *Gegensatz der Assoziation* sein kann.

Der Feudalismus stand bei seinem Aufkommen in Gegensatz zur patriarchalischen Monarchie; er stand aber in keinem Gegensatz zur Konkurrenz, die noch gar nicht bestand. Folgt daraus, daß die Konkurrenz nicht im Gegensatz zum Feudalismus steht?

Tatsächlich sind *Gesellschaft*, *Assoziation* Benennungen, die man allen Gesellschaften geben kann, der feudalen sowohl wie der bürgerlichen Gesellschaft, welche die auf die Konkurrenz begründete Assoziation ist. Wie kann es also Sozialisten geben, welche durch das bloße Wort *Assoziation* die Konkurrenz glauben widerlegen zu können? Und wie kann Herr Proudhon selbst die Konkurrenz gegen den Sozialismus dadurch verteidigen wollen, daß er sie mit dem einzigen Wort *Assoziation* bezeichnet?

Alles, was wir bis jetzt gesagt haben, bildet die gute Seite der Konkurrenz, wie sie Herr Proudhon versteht. Gehen wir nunmehr zur schofeln Seite über, das heißt zur negativen Seite der Konkurrenz, zu ihren Unzuträglichkeiten, zu dem, was sie Destruktives, Umstürzlerisches, was sie an schädlichen Eigenschaften hat.

Das Gemälde, das uns Herr Proudhon davon entwirft, hat etwas gar Düsteres.

Die Konkurrenz zeugt das Elend, sie nährt den Bürgerkrieg, sie

„verändert die natürlichen Zonen", vermischt die Nationalitäten, zerstört die Familien, korrumpiert das öffentliche Gewissen, sie „stürzt die Begriffe der Billigkeit, der Gerechtigkeit", der Moral um, und, was noch schlimmer ist, sie zerstört den redlichen und freien Handel und gibt nicht einmal als Ersatz den *synthetischen Wert*, den fixen und rechtlichen Preis. Sie enttäuscht alle Welt, selbst die Ökonomen; sie treibt die Sache so weit, sich selbst zu zerstören.

Kann es nach allem, was Herr Proudhon Schlimmes vorbringt, für seine Prinzipien und seine Illusionen, für die Verhältnisse der bürgerlichen Gesellschaft ein zersetzenderes, destruktiveres Element geben als die Konkurrenz?

Halten wir im Auge, daß die Konkurrenz immer zerstörender für die *bürgerlichen Verhältnisse* wird, je mehr sie zur fieberhaften Schaffung neuer Produktivkräfte anreizt, das heißt der materiellen Bedingungen einer neuen Gesellschaft. Unter diesem Gesichtspunkt hätte die schlechte Seite der Konkurrenz wenigstens ihr Gutes.

„Die Konkurrenz als Position oder ökonomische Phase, ihrem Entstehen nach betrachtet, ist das notwendige Resultat... der Theorie der Herabsetzung der Produktionskosten." [I, 235.]

Für Herrn Proudhon scheint der Kreislauf des Blutes eine Konsequenz der Theorie Harveys zu sein.

„Das *Monopol* ist das notwendige Ende der Konkurrenz, die es durch eine fortgesetzte Negation ihrer selbst erzeugt. Diese Erzeugung des Monopols ist bereits eine Rechtfertigung... Das Monopol ist der natürliche Gegensatz zur Konkurrenz... Aber sobald die Konkurrenz notwendig ist, schließt sie die Idee des Monopols ein, da das Monopol gewissermaßen der Sitz jeder konkurrierenden Individualität ist." [I, 236 u. 237.]

Wir freuen uns mit Herrn Proudhon, daß er wenigstens einmal seine Formel von These und Antithese gut anbringen kann. Alle Welt weiß, daß das moderne Monopol durch die Konkurrenz selbst geschaffen wird.

Was den Inhalt anbelangt, so hält sich Herr Proudhon an poetische Bilder. Die Konkurrenz machte „aus jeder Unterabteilung der Arbeit gleichsam eine Souveränität, wo jedes Individuum sich in seiner

Kraft und Unabhängigkeit aufstellte". Das Monopol ist „der *Sitz* jeder konkurrierenden Individualität". Die Souveränität ist mindestens ebenso schön wie der Sitz.

Herr Proudhon spricht nur vom modernen Monopol, das durch die Konkurrenz geschaffen wird, aber wir wissen alle, daß die Konkurrenz aus dem feudalen Monopol hervorging. So war die Konkurrenz ursprünglich das Gegenteil des Monopols und nicht das Monopol das Gegenteil der Konkurrenz. Das moderne Monopol ist somit nicht eine einfache Antithese, sondern im Gegenteil die wahre Synthese.

These: das feudale Monopol, Vorgänger der Konkurrenz.

Antithese: die Konkurrenz.

Synthese: das moderne Monopol, welches die Negation des feudalen Monopols ist, insofern es die Herrschaft der Konkurrenz voraussetzt, und welches die Negation der Konkurrenz ist, insofern es Monopol ist.

Somit ist das moderne Monopol, das bürgerliche Monopol, das synthetische Monopol, die Negation der Negation, die Einheit der Gegensätze. Es ist das Monopol in seinem reinen, normalen, rationellen Zustande. Herr Proudhon befindet sich im Widerspruche mit seiner eigenen Philosophie, wenn er das bürgerliche Monopol für das Monopol im rohen, *urwüchsigen,* widerspruchsvollen, spasmodischen Zustande erklärt. Herr Rossi, den Herr Proudhon wiederholt mit Bezug auf das Monopol zitiert, scheint den synthetischen Charakter des bürgerlichen Monopols besser erfaßt zu haben. In seinem *Cours d'économie politique* unterscheidet er zwischen künstlichem und natürlichem Monopol. Die feudalen Monopole, erklärt er, sind künstliche, das heißt willkürliche; die bürgerlichen Monopole sind natürliche, das heißt rationelle.

Das Monopol ist ein gutes Ding, argumentiert Herr Proudhon, weil es eine ökonomische Kategorie, eine Emanation der „unpersönlichen Vernunft der Menschheit" ist. Die Konkurrenz ist gleichfalls ein gutes Ding, da auch sie eine ökonomische Kategorie ist. Was aber nicht gut ist, ist die Art der Verwirklichung des Monopols und der Konkurrenz. Was noch schlimmer ist, ist, daß Konkurrenz und Monopol sich gegenseitig auffressen: Was tun? Man suche die Synthese dieser beiden Ideen, entreiße sie dem Schoße Gottes, wo sie seit unvordenklichen Zeiten ruht.

In der Praxis des Lebens findet man nicht nur Konkurrenz, Monopol und ihren Widerstreit, sondern auch ihre Synthese, die nicht eine Formel, sondern eine Bewegung ist. Das Monopol erzeugt die Konkurrenz, die Konkurrenz erzeugt das Monopol. Die Monopolisten machen sich Konkurrenz, die Konkurrenten werden Monopolisten. Wenn die Monopolisten die Konkurrenz unter sich durch partielle Assoziationen einschränken, so wächst die Konkurrenz unter den Arbeitern, und je mehr die Masse der Proletarier gegenüber den Monopolisten einer Nation wächst, um so zügelloser gestaltet sich die Konkurrenz unter den Monopolisten der verschiedenen Nationen. Die Synthese ist derart beschaffen, daß das Monopol sich nur dadurch aufrechterhalten kann, daß es beständig in den Konkurrenzkampf eintritt.

Um den dialektischen Übergang zu den *Steuern* zu machen, die nach dem *Monopol* kommen, erzählt uns Herr Proudhon von dem *Genius der Gesellschaft*, der, nachdem er *unerschrocken seinen Zickzackweg* gegangen, nachdem er „*ohne Reue* und ohne Zaudern, mit sicherem Schritt, *bei der Ecke des Monopols angelangt ist*, einen *melancholischen* Blick nach rückwärts wirft und nach einer tiefen Überlegung alle Gegenstände der Produktion mit Steuern belegt und eine ganze administrative Organisation schafft, damit *alle Stellungen dem Proletariat ausgeliefert* und *von den Männern des Monopols bezahlt werden*". [I, 284/285.]

Was soll man zu diesem Genius sagen, der ungefrühstückt im Zickzack spaziert? Und was zu diesem Spaziergang, der keinen anderen Zweck haben soll, als die Bourgeois durch die Steuern zu vernichten, während gerade die Steuern den Zweck haben, den Bourgeois die Mittel zu verschaffen, sich als herrschende Klasse zu behaupten?

Um nur die Art und Weise beiläufig zu zeigen, wie Herr Proudhon mit den wirtschaftlichen Details umspringt, genügt es, darauf hinzuweisen, daß nach ihm die *Verbrauchssteuer* eingeführt worden ist im Interesse der Gleichheit und um dem Proletariat zu Hilfe zu kommen.

Die Verbrauchssteuer hat ihre volle Entwicklung erst seit dem Sieg der Bourgeoisie genommen. In den Händen des industriellen Kapitals, das heißt des mäßigen und sparsamen Reichtums, der sich durch direkte Ausbeutung der Arbeit erhält, reproduziert und vergrößert – war die Verbrauchssteuer ein Mittel, den frivolen, lebenslustigen, verschwenderischen Reichtum der großen Herren auszubeuten, die nichts taten als konsumieren. James Steuart hat diesen ursprünglichen Zweck der Verbrauchssteuer sehr gut entwickelt in seiner *Inquiry into the Principles of Political Economy*[1], die er zehn Jahre vor Adam Smith veröffentlicht hat.

„In der reinen Monarchie", sagt er, „scheinen die Fürsten in gewisser Beziehung eifersüchtig auf das Anwachsen der Vermögen und erheben daher Steuern auf diejenigen, welche reich werden – Steuern auf die Produktion. In der konstitutionellen Regierung fallen sie hauptsächlich auf diejenigen, die arm werden – Steuern auf den Konsum. So legen die Monarchen eine Steuer auf die Industrie..., zum Beispiel sind Kopfsteuer und Vermögenssteuer (taille) proportional zu dem vorausgesetzten Reichtum derer, die ihnen unterworfen sind. Jeder wird besteuert nach Maßgabe des Gewinnes, den er nach der Einschätzung macht. In konstitutionellen Ländern werden die Steuern gewöhnlich auf den Konsum erhoben. Jeder wird besteuert nach Maßgabe dessen, was er ausgibt." [II, 190/191.]

Was die *logische Aufeinanderfolge* der Steuern, der Handelsbilanz, des Kredits – im Kopfe des Herrn Proudhon – anbetrifft, so wollen wir nur bemerken, daß die englische Bourgeoisie, unter Wilhelm von Oranien zur politischen Geltung gelangt, sofort ein neues Steuersystem, die Staatsschulden und das System der Schutzzölle schuf, sobald sie imstande war, ihre Existenzbedingungen frei zu entwickeln.

Dieser Hinweis wird genügen, um dem Leser eine richtige Idee von den tiefsinnigen Erörterungen des Herrn Proudhon über die Polizei oder Steuer, die Handelsbilanz, den Kredit, den Kommunismus und die Bevölkerung zu geben. Wir möchten die Kritik sehen – und sei sie die nachsichtigste –, die diese Kapitel ernsthaft zu erörtern imstande ist.

---

[1] Untersuchung über die Grundsätze der politischen Ökonomie. *Die Red.*

§ 4. *Das Grundeigentum oder die Rente*

In jeder historischen Epoche hat sich das Eigentum anders und unter ganz verschiedenen gesellschaftlichen Verhältnissen entwickelt. Das bürgerliche Eigentum definieren heißt somit nichts anderes, als alle gesellschaftlichen Verhältnisse der bürgerlichen Produktion darstellen.

Eine Definition des Eigentums als eines unabhängigen Verhältnisses, einer besonderen Kategorie, einer abstrakten und ewigen Idee geben wollen, kann nichts anderes sein als eine Illusion der Metaphysik oder der Jurisprudenz.

Herr Proudhon, der anscheinend vom Eigentum im allgemeinen spricht, behandelt nur das *Grundeigentum*, die *Grundrente*.

„Der Ursprung des Grundeigentums ist, sozusagen, außerökonomisch: Er beruht in Erwägungen der Psychologie und Moral, die nur sehr entfernten Bezug auf die Produktion der Reichtümer haben." (Bd. II, S. 265.)

Somit erklärt sich Herr Proudhon unfähig, den ökonomischen Ursprung von Grundeigentum und Rente zu begreifen. Er gesteht, daß ihn diese Unfähigkeit zwingt, zu Erwägungen der Psychologie und Moral seine Zuflucht zu nehmen, die, wenn sie auch in der Tat „nur sehr entfernten Bezug auf die Produktion der Reichtümer haben", dennoch sehr nahen Bezug haben zu der Enge seines historischen Gesichtskreises. Herr Proudhon behauptet, daß der Ursprung des Grundeigentums etwas *Mystisches* und *Mysteriöses* enthält. Nun, in dem Ursprung des Grundeigentums ein Mysterium sehen, also das Verhältnis der Produktion zur Verteilung der Produktionsmittel in ein Mysterium verwandeln, heißt das nicht, um uns der Worte des Herrn Proudhon zu bedienen, auf jeden Anspruch auf ökonomische Wissenschaft verzichten?

Herr Proudhon „*beschränkt* sich darauf, daran zu erinnern, daß in der siebenten Epoche der ökonomischen Entwicklung – der des *Kredits* –, wo die Fiktion die Wirklichkeit verschwinden gemacht, die menschliche Tätigkeit sich ins Leere zu verlieren drohte, es notwendig geworden war, *den Menschen stärker an die Natur zu fesseln:*

Nun wohl, die Rente war der Preis für diesen neuen Kontrakt." (Bd. II, S. 269.)

Der Mann mit den vierzig Talern[16] hat seinen Proudhon vorgeahnt: „Mit Verlaub, Herr Schöpfer: Jeder ist Herr in seiner Welt; aber Sie werden mich niemals glauben machen, daß diejenige, in der wir uns befinden, von Glas ist." In eurer Welt, wo der Kredit ein Mittel war, *sich ins Leere zu verlieren*, ist es sehr möglich, daß das Grundeigentum notwendig war, *um den Menschen an die Natur zu fesseln*. In der Welt der wirklichen Produktion, wo das Grundeigentum stets vor dem Kredit besteht, kann der *horror vacui*¹ des Herrn Proudhon nicht vorkommen.

Die Existenz der Rente einmal zugegeben, welches auch im übrigen ihr Ursprung sei, so wird über sie kontradiktorisch verhandelt zwischen Pächter und Grundbesitzer. Welches ist das Endergebnis dieser Verhandlungen? Mit anderen Worten: Welches ist der durchschnittliche Betrag der Rente? Hören wir, was Herr Proudhon sagt:

„Die Theorie Ricardos antwortet auf diese Frage. Im Anfang der Gesellschaft, als der Mensch, ein Neuling auf der Erde, nichts vor sich hatte als ungeheure Wälder, als der Boden noch unermeßlich und die Industrie erst im Entstehen war, mußte die Rente Null sein. Die Erde, noch nicht bearbeitet, war ein Gebrauchsgegenstand, sie war noch kein Tauschwert: Sie war gemeinsam, nicht gesellschaftlich. Nach und nach lehrten die Vermehrung der Familien und der Fortschritt des Ackerbaues den Wert des Grund und Bodens schätzen. Die Arbeit gab dem Boden seinen Wert: So entstand die Rente. Je mehr Früchte ein Feld mit derselben Menge Arbeit zu tragen imstande war, desto höher wurde es geschätzt; auch war es stets das Bestreben der Besitzer, sich die Gesamtheit der Früchte des Bodens anzueignen, abzüglich des Lohnes des Pächters, d. h. abzüglich der Produktionskosten. So kommt das Eigentum hinter der Arbeit her, um ihr alles, was im Produkt die wirklichen Kosten überschreitet, fortzunehmen. Da der Eigentümer eine mystische Aufgabe erfüllt und gegenüber dem Zinsbauer die Gemeinschaft vertritt, so ist der Pächter in den Bestimmungen der Vorsehung nichts anderes als ein

---
¹ Abscheu vor dem leeren Raum. *Die Red.*

verantwortlicher Arbeiter, welcher der Gesellschaft über alles, was er mehr als seinen legitimen Lohn empfängt, Rechenschaft ablegen muß... Nach Wesen und Bestimmung ist somit die Rente ein Instrument der verteilenden Gerechtigkeit, eines der tausend Mittel, welche der Genius der Ökonomik anwendet, um zur Gleichheit zu gelangen. Es ist ein ungeheurer Kataster, kontradiktorisch hergestellt von Pächter und Grundbesitzer, wobei aber jeder Konflikt ausgeschlossen ist in einem höheren Interesse, und dessen Endresultat die Ausgleichung des Besitzes der Erde zwischen den Ausbeutern des Bodens und den Industriellen sein wird... Es bedurfte nichts Geringeren als dieser Magie des Eigentums, um dem Zinsbauer den Überschuß des Produktes zu entreißen, den er nicht umhin kann als sein zu betrachten und für dessen ausschließlichen Urheber er sich hält. Die Rente, oder, um es besser auszudrücken, das Grundeigentum, hat den agrikolen Egoismus gebrochen und eine Solidarität geschaffen, die keine Macht, keine Teilung des Bodens hätte ins Leben rufen können... Gegenwärtig, wo die moralische Wirkung des Grundeigentums erreicht ist, bleibt die Verteilung der Rente zu vollziehen." [II, 270-272.]

Dieses ganze Wortgedresch reduziert sich zunächst auf folgendes: Ricardo sagt, daß der Überschuß des Preises der Ackerbauprodukte über ihre Produktionskosten, den landläufigen Kapitalgewinn und Kapitalzins eingeschlossen, den Maßstab für die Rente gibt. Herr Proudhon macht es besser; er läßt den Grundeigentümer als einen *Deus ex machina*[17] intervenieren, der dem *Zinsbauer* den ganzen Überschuß seiner Produktion über die Produktionskosten entreißt. Er bedient sich der Intervention des Grundeigentümers, um das Grundeigentum, der des Rentiers, um die Rente zu erklären. Er antwortet auf die Frage, indem er dieselbe Frage stellt und sie noch um eine Silbe vermehrt.

Bemerken wir außerdem, daß, wenn Herr Proudhon die Rente durch die Verschiedenheit der Fruchtbarkeit des Bodens bestimmt, er ihr einen neuen Ursprung gibt, da der Boden, bevor er nach den verschiedenen Graden der Fruchtbarkeit abgeschätzt wurde, nach ihm „nicht ein Tauschwert, sondern gemeinsam war". Was ist also aus dieser Fiktion geworden, von der Rente, die *aus der Notwendigkeit* entsprang, den Menschen, der *sich in das Unendliche des Leeren zu verlieren drohte, zur Erde zurückzuführen*?

Lösen wir nunmehr die Lehre Ricardos von den providentiellen, allegorischen und mystischen Redensarten los, in die Herr Proudhon sie so sorgsam eingewickelt hat.

Die Rente, im Sinne Ricardos, ist das Grundeigentum in seiner bürgerlichen Gestalt: das heißt das feudale Eigentum, welches sich den Bedingungen der bürgerlichen Produktion unterworfen hat.

Wir haben gesehen, daß nach der Lehre Ricardos der Preis aller Gegenstände endgültig bestimmt wird durch die Produktionskosten, inbegriffen den industriellen Profit, mit anderen Worten: durch die aufgewendete Arbeitszeit. In der Manufakturindustrie regelt der Preis des mit dem Minimum von Arbeit erlangten Produktes den Preis aller anderen Waren gleicher Natur, vorausgesetzt, daß man die billigsten und produktivsten Arbeitsmittel unbeschränkt vermehren kann und daß die freie Konkurrenz einen Marktpreis herbeiführt, das heißt einen gemeinsamen Preis für alle Produkte derselben Art.

In der Ackerbauindustrie ist es im Gegenteil der Preis des mit der größten Menge von Arbeit hergestellten Produktes, welcher den Preis aller gleichartigen Produkte regelt. Erstens kann man nicht, wie in der Manufakturindustrie, die Produktionsinstrumente von gleicher Produktivität, das heißt die gleich fruchtbaren Ländereien, nach Belieben vermehren. Dann geht man in dem Grade, wie die Bevölkerung anwächst, dazu über, Land geringerer Qualität zu bearbeiten oder in denselben Acker neues Kapital hineinzustecken, welches verhältnismäßig weniger produktiv ist als das zuerst hineingesteckte. In beiden Fällen wendet man eine größere Menge Arbeit an, um ein verhältnismäßig geringeres Produkt zu erlangen. Da das Bedürfnis der Bevölkerung diese Vermehrung der Arbeit notwendig gemacht hat, so findet das Produkt des mit größeren Kosten bearbeiteten Bodens ebensogut seinen notwendigen Absatz als das des mit geringeren Kosten zu bewirtschaftenden. Da die Konkurrenz den Marktpreis ausgleicht, so wird das Produkt des besseren Bodens ebenso teuer bezahlt wie das des geringeren Bodens. Der Überschuß des Preises der Produkte des besseren Bodens über ihre Produktionskosten bildet eben die Rente. Wenn man stets Boden oder Ländereien von gleicher Fruchtbarkeit zur Verfügung hätte, wenn man, wie in der Manufakturindustrie, stets zu den mindest teueren und produktiveren Maschinen zurückgreifen könnte oder wenn die zweiten Kapitalanlagen ebensoviel produzierten wie die ersten, so würde der Preis der Ackerbauprodukte durch den Preis der mittelst der besten Produktionsinstrumente erzeugten Früchte bestimmt werden, wie wir das bei dem Preis der Manufakturprodukte gesehen haben. Aber von diesem Moment an ist auch die Rente verschwunden.

Soll die Ricardosche Lehre allgemein gültig sein, so ist erforderlich, daß die verschiedenen Industriezweige dem Kapital offenstehen; daß eine stark entwickelte Konkurrenz unter den Kapitalisten eine Gleichmäßigkeit in den Profiten bewirkt hat; daß der Pächter lediglich ein industrieller Kapitalist ist, der, soll er sein Kapital im Boden geringerer Qualität anlegen, einen Profit erwartet gleich demjenigen, den ihm sein Kapital in einer beliebigen Manufaktur abwerfen würde; daß die Landwirtschaft nach dem System der Großindustrie betrieben wird; endlich daß der Grundbesitzer selbst nur noch auf den Geldertrag Wert legt.

Es kann vorkommen, wie in Irland, daß die Rente noch gar nicht existiert, obgleich das Pachtsystem im höchsten Grade entwickelt ist. Da die Rente der Überschuß nicht nur über den Lohn, sondern auch über den Kapitalprofit ist, so kann sie in Ländern nicht vorkommen, wo das Einkommen des Grundbesitzers nur ein einfacher Abzug vom Arbeitslohn ist.

Die Rente also, weit entfernt, aus dem Bewirtschafter des Bodens, dem Pächter, einen *einfachen Arbeiter* zu machen und „dem Kolonen den Überschuß des Produktes zu entreißen, den er nicht umhin kann als den seinen zu betrachten", stellt dem Grundbesitzer gegenüber, statt des Sklaven, des Hörigen, des Tributpflichtigen, des Lohnarbeiters, den industriellen Kapitalisten, der den Boden vermittelst seiner Lohnarbeiter ausbeutet und der nur den Überschuß über die Produktionskosten, mit Einschluß des Kapitalprofits, als Pacht an den Grundbesitzer zahlt. So hat es lange Zeit gedauert, bevor der feudale Pächter durch den industriellen Kapitalisten ersetzt wurde. In Deutschland hat diese Umgestaltung erst im letzten Drittel des achtzehnten Jahrhunderts begonnen. In England allein ist dieses Verhältnis zwischen industriellem Kapitalisten und Grundbesitzer vollständig entwickelt.

Solange es nur den *Kolonen* des Herrn Proudhon gab, gab es keine Rente. Seitdem es Rente gibt, ist nicht der Pächter der Kolone, sondern der Arbeiter der Kolone des Pächters. Die Herabdrückung des Arbeiters, der nur noch die Rolle eines einfachen Taglöhners, eines für den industriellen Kapitalisten arbeitenden Lohnarbeiters, spielt, das Auftreten des industriellen Kapitalisten, der die Landwirtschaft wie jede andere Fabrikation betreibt, die Umwandlung des Grundbesitzers aus einem kleinen Souverän in einen gewöhnlichen Wucherer: das sind die verschiedenen Verhältnisse, welche in der Rente ihren Ausdruck finden.

Die Rente im Sinne Ricardos heißt die Umwandlung der patriarchalischen Bodenwirtschaft in die industrielle, die Anwendung des industriellen Kapitals auf den Boden, die Verpflanzung der Bourgeoisie der Städte auf das Land. Statt *den Menschen an die Natur zu fesseln*, hat die Rente lediglich die Ausbeutung des Bodens an die Konkurrenz gefesselt. Einmal als Rente konstituiert, ist der Grundbesitz selbst *Resultat der Konkurrenz*, da er von da an von dem Marktwert der landwirtschaftlichen Produkte abhängt. Als Rente ist der Grundbesitz mobilisiert und wird ein Handelsartikel. Die Rente ist erst von dem Moment an möglich, wo die Entwicklung der städtischen Industrie und die durch dieselbe geschaffene soziale Organisation den Grundbesitzer zwingen, nur auf den Handelsprofit, auf den Geldertrag seiner landwirtschaftlichen Produkte zu sehen, in seinem Grundbesitz schließlich nichts anderes zu erblicken als eine Maschine zum Geldschlagen. Die Rente hat den Grundbesitzer so vollständig vom Boden, von der Natur losgelöst, daß er nicht einmal nötig hat, seine Ländereien zu kennen, wie wir das in England sehen. Was den Pächter, den industriellen Kapitalisten und den Landarbeiter angeht, so sind sie nicht mehr an den Boden, den sie bewirtschaften, gefesselt als der Unternehmer und der Arbeiter in der Industrie an die Baumwolle oder Schafwolle, die sie verarbeiten. Sie fühlen sich an nichts anderes gefesselt als an den Preis ihrer Bewirtschaftung, als an den Geldertrag. Daher die Jeremiaden der reaktionären Parteien, die vom Grunde ihrer Seele nach der Rückkehr des Feudalismus, des schönen patriarchalischen Lebens, der einfachen Sitten und großen Tugenden unserer Vorfahren schreien. Die Unterwerfung des Bodens unter die Gesetze, die alle anderen Industrien regieren, ist und wird stets der Gegenstand interessierten Gejammers sein. So kann man sagen, daß die Rente die bewegende Kraft geworden ist, welche das Idyll in die Bewegung der Geschichte hineingeworfen hat.

Ricardo, der die bürgerliche Produktion als notwendig zur Bestimmung der Rente voraussetzt, wendet die Vorstellung der Bodenrente nichtsdestoweniger auf den Grundbesitz aller Zeiten und aller Länder an. Es ist das der Irrtum aller Ökonomen, welche die Verhältnisse der bürgerlichen Produktion als ewige hinstellen.

Von dem providentiellen Zweck der Rente, der für ihn in der Umwandlung des *Kolonen* in einen *verantwortlichen Arbeiter* besteht, geht Herr Proudhon zur Verteilung der Rente nach dem Gleichheitsprinzip über.

Die Rente wird, wie wir gesehen haben, gebildet durch den *gleichen Preis* der Produkte von Ländereien *ungleicher Fruchtbarkeit*, so daß ein Hektoliter Getreide, der zehn Franken gekostet hat, für zwanzig Franken verkauft wird, wenn die Produktionskosten für schlechteren Boden sich auf zwanzig Franken belaufen.

Solange das Bedürfnis zwingt, alle auf den Markt gebrachten landwirtschaftlichen Produkte zu kaufen, wird der Marktpreis durch die Kosten der teuersten Produkte bestimmt. Diese aus der Konkurrenz und nicht aus der ungleichen Fruchtbarkeit des Bodens resultierende Ausgleichung des Preises ist es daher, die dem Besitzer des besseren Bodens für jeden Hektoliter, den sein Pächter verkauft, eine Rente von zehn Franken verschafft.

Nehmen wir einmal an, daß der Preis des Getreides durch die zu seiner Herstellung notwendige Arbeitszeit bestimmt wird, so wird sofort der auf dem besseren Boden erzielte Hektoliter Getreide um zehn Franken verkauft werden, während der auf dem schlechteren Boden erzielte zwanzig Franken kosten wird. Dies angenommen, wird der durchschnittliche Marktpreis fünfzehn Franken sein, während er nach dem Gesetz der Konkurrenz zwanzig Franken beträgt. Wenn der durchschnittliche Preis fünfzehn Franken wäre, so würde es sich um gar keine Verteilung handeln, weder um eine gleichheitliche noch um eine andere, denn es gäbe keine Rente. Die Existenz der Rente leitet sich nur daher ab, daß der Hektoliter Getreide, der den Produzenten zehn Franken gekostet hat, um zwanzig Franken verkauft wird. Herr Proudhon unterstellt die Gleichheit des Marktpreises bei ungleichen Produktionskosten, um zur gleichheitlichen Verteilung des Produktes der Ungleichheit zu gelangen.

Wir begreifen, daß Ökonomen, wie Mill [18], Cherbuliez, Hilditch und andere, die Forderung gestellt haben, daß die Rente dem Staat überwiesen werde behufs Aufhebung der Steuern. Es ist dies der unverhüllte Ausdruck des Hasses, den der industrielle Kapitalist gegen den Grundbesitzer hegt, der ihm ein nutzloses, überflüssiges Ding in dem Getriebe der bürgerlichen Produktion ist.

Aber den Hektoliter Getreide erst mit zwanzig Franken bezahlen lassen, um hinterher eine allgemeine Verteilung der zehn Franken, welche man zuviel von den Konsumenten erhoben hat, vorzunehmen, das ist ein hinreichender Grund für den *sozialen Genius*, daß er *seinen Zickzackweg melancholisch* verfolgt und sich den Kopf gegen irgendeine *Ecke* einrennt.

Die Rente wird unter den Händen des Herrn Proudhon „ein ungeheurer *Kataster*, kontradiktorisch zwischen Pächter und Grundbesitzer hergestellt ... in einem höheren Interesse, und dessen Endresultat die Ausgleichung des Besitzes der Erde zwischen den Ausbeutern des Bodens und den Industriellen sein wird". [II, 271.]

Nur innerhalb der Verhältnisse der bestehenden Gesellschaft wird irgendein durch die Rente gebildeter Kataster einen praktischen Wert haben.

Nun haben wir nachgewiesen, daß die von dem Pächter dem Eigentümer gezahlte Pacht nur in den Ländern, wo Handel und Industrie am meisten entwickelt sind, annähernd genau die Rente ausdrückt. Oft enthält diese Pacht außerdem noch den Zins, der dem Besitzer für das in das Grundstück hineingesteckte Kapital gezahlt wird. Die Lage der Grundstücke, die Nähe von Städten und noch viele andere Umstände wirken auf die Höhe der Rente ein. Schon diese Gründe würden genügen, die Ungenauigkeit eines auf die Rente basierten Katasters darzulegen.

Andererseits kann die Rente nicht als beständiger Maßstab für den Grad der Fruchtbarkeit eines Grundstückes dienen, da die moderne Anwendung der Chemie jeden Augenblick die Natur des Grundstückes ändern kann und da gerade heute die geologischen Kenntnisse die ganze frühere Abschätzung der relativen Fruchtbarkeit umzuwälzen beginnen: Es sind kaum zwanzig Jahre her, daß man in den östlichen Grafschaften Englands weite, bisher unbebaute Gebiete in Anbau genommen hat, weil man den Zusammenhang zwischen dem Humus und der Zusammensetzung des Untergrundes erst neuerdings schätzen gelernt hatte.

So sehen wir, wie die Geschichte, weit entfernt, in der Rente einen fertigen Kataster zu liefern, die bestehenden Kataster beständig verändert, vollständig umwälzt.

Endlich ist die Fruchtbarkeit nicht eine so bloß natürliche Eigenschaft, wie man wohl glauben könnte: Sie steht in engem Zusammenhang mit den jeweiligen gesellschaftlichen Verhältnissen. Ein Grundstück kann für den Getreidebau sehr fruchtbar sein, und doch kann der Marktpreis den Bebauer bestimmen, es in künstliche Wiesen umzuwandeln und so unfruchtbarer zu machen.

Herr Proudhon hat seinen Kataster, der nicht einmal soviel wert ist wie der gewöhnliche Kataster, nur deshalb erfunden, um dem *providentiell gleichheitlichen Zweck* der Rente Realität zu verleihen.

„Die Rente", fährt Herr Proudhon fort, „ist der für ein Kapital, das niemals zugrunde geht, nämlich den Boden, gezahlte Zins. Und wie dieses Kapital keiner Vergrößerung, was die Materie anbelangt, fähig ist, sondern lediglich einer unbegrenzten Verbesserung in der Verwendung, so kommt es, daß, während der Zins oder der Profit vom Darlehen *(mutuum)* infolge des Überflusses an Kapitalien beständig zu fallen strebt, die Rente infolge der Vervollkommnung der

182

Industrie und der von ihr bewirkten Verbesserung der Bodenbewirtschaftung beständig zu steigen strebt... Dies ist, ihrem Wesen nach, die Rente." (Bd. II, S. 265.)

Hier sieht Herr Proudhon in der Rente alle Eigentümlichkeiten des Zinses, ausgenommen daß sie einem Kapital spezieller Art entstammt. Dieses Kapital ist die Erde, ewiges Kapital, „das keiner Vergrößerung, was die Materie anbelangt, fähig ist, sondern lediglich einer unbegrenzten Verbesserung in der Verwendung". In dem fortschreitenden Verlauf der Zivilisation hat der Zins eine beständige Tendenz zum Fallen, während die Rente beständig zum Steigen strebt. Der Zins fällt wegen des Überflusses an Kapitalien; die Rente steigt mit der Vervollkommnung der Technik, die zur Folge hat eine stets bessere Ausnutzung des Bodens.

Das ist ihrem Wesen nach die Meinung des Herrn Proudhon.

Untersuchen wir zunächst, inwieweit es richtig ist, daß die Rente der Zins eines Kapitals ist.

Für den Grundbesitzer selbst repräsentiert die Rente den Zins des Kapitals, welches ihn das Grundstück gekostet hat oder welches er beim Verkauf desselben bekäme. Aber beim Kauf oder Verkauf des Grundstückes kauft oder verkauft er nur die Rente. Der Preis, den er anlegt, um die Rente zu erwerben, regelt sich nach dem allgemeinen Zinsfuß und hat nichts mit der Natur der Rente als solcher zu tun. Der Zins der in Grundstücken angelegten Kapitalien ist im allgemeinen niedriger als der Zins der im Handel oder der Industrie angelegten Kapitalien. So sinkt für denjenigen, der den Zins, den das Grundstück für den Eigentümer darstellt, nicht von der Rente selbst unterscheidet, der Zins für das im Boden angelegte Kapital noch mehr als der Zins der anderen Kapitalien. Aber es handelt sich nicht um den Kauf- oder Verkaufspreis, um den Marktwert der Rente, um die kapitalisierte Rente, sondern um die Rente selbst.

Die Pacht kann außer der eigentlichen Rente noch den Zins für das in den Boden gesteckte Kapital enthalten. Dann empfängt der Grundbesitzer diesen Teil der Pacht nicht als Grundbesitzer, sondern als Kapitalist; das ist indes nicht die eigentliche Rente, von der wir zu sprechen haben.

Solange der Boden nicht als Produktionsmittel ausgenutzt wird, solange ist er nicht Kapital. Die Bodenkapitalien können ebensogut vermehrt werden wie die anderen Produktionsmittel. Man fügt, um mit Herrn Proudhon zu reden, nichts der Materie hinzu, aber man vermehrt die Grundstücke, die als Produktionsmittel dienen. Man braucht nur in bereits in Produktionsmittel verwandelte Grundstücke weitere Kapitalanlagen hineinzustecken, um das Bodenkapital zu vermehren, ohne etwas an dem Bodenstoff, das heißt der Ausdehnung des Bodens hinzuzufügen. Der Bodenstoff des Herrn Proudhon ist der Boden in seiner Begrenztheit. Was die Ewigkeit anbetrifft, die er dem Boden beilegt, so haben wir nichts dagegen, daß er diese Eigenschaft als Materie hat. Das Bodenkapital ist ebensowenig ewig wie jedes andere Kapital.

Gold und Silber, die Zins abwerfen, sind ebenso dauerhaft und ewig wie der Boden. Wenn der Preis von Gold und Silber sinkt, während der des Bodens steigt, so kommt das sicherlich nicht von seiner mehr oder weniger ewigen Natur her.

Das Bodenkapital ist ein fixes Kapital, aber das fixe Kapital nutzt sich ebensogut ab wie die zirkulierenden Kapitalien. Die Meliorationen des Bodens bedürfen der Reproduktion und der Erhaltung. Sie dauern nur eine bestimmte Zeit wie alle anderen Verbesserungen, die dazu dienen, den Naturstoff in Produktionsmittel umzuwandeln. Wäre das Bodenkapital ewig, so würden gewisse Gebiete einen ganz anderen Anblick darbieten, als es heute der Fall. Die römische Campagna, Sizilien, Palästina würden sich im ganzen Glanze ihrer ehemaligen Üppigkeit zeigen.

Es gibt sogar Fälle, wo das Bodenkapital verschwinden kann, selbst wenn die Bodenverbesserungen bleiben.

Erstens geschieht das stets, wenn die eigentliche Rente durch die Konkurrenz neuer fruchtbarer Ländereien verschwindet; ferner verlieren die Verbesserungen, welche in einer gewissen Epoche einen Wert haben, denselben von dem Augenblick an, wo sie infolge der Entwicklung der Agronomie allgemein geworden sind.

Der Repräsentant des Bodenkapitals ist nicht der Grundbesitzer, sondern der Pächter. Der Ertrag, den der Boden als Kapital ergibt, ist der Zins und der Unternehmergewinn und nicht die Rente. Es gibt Ländereien, welche diesen Zins und Gewinn tragen, aber keine Rente abwerfen.

Alles in allem ist der Boden, insoweit er Zins abwirft, Bodenkapital, und als Bodenkapital gibt er keine Rente, macht er nicht den Grundbesitz aus. Die Rente resultiert aus den gesellschaftlichen Verhältnissen, unter denen der Ackerbau vor sich geht. Sie kann nicht Folge sein der mehr oder minder handfesten, mehr oder minder dauerhaften Natur des Bodens. Die Rente entstammt der Gesellschaft und nicht dem Boden.

Nach Herrn Proudhon ist die „Verbesserung der Bewirtschaftung des Bodens" – die Folge „der Vervollkommnung der Technik" – die Ursache des beständigen Steigens der Rente. Diese Verbesserung macht sie im Gegenteil zeitweise fallen.

Worin besteht im allgemeinen jede Verbesserung, sei es im Ackerbau, sei es in der Industrie? Darin, mit derselben Arbeit mehr, mit weniger Arbeit ebensoviel oder sogar mehr zu produzieren. Dank diesen Verbesserungen braucht der Pächter nicht eine größere Menge von Arbeit für ein verhältnismäßig geringes Produkt aufzuwenden. Er braucht nicht zu schlechterem Boden seine Zuflucht zu nehmen, und die in denselben Acker nach und nach hineingesteckten Kapitalbeträge bleiben gleich produktiv. Somit sind diese Verbesserungen, weit entfernt, die Rente, wie Herr Proudhon sagt, beständig steigen zu machen, im Gegenteil ebenso viele zeitweilige Hindernisse ihres Steigens.

Die englischen Grundbesitzer des siebzehnten Jahrhunderts merkten das so gut, daß sie sich gegen den Fortschritt der Agrikultur sträubten, aus Furcht, ihr Einkommen verringert zu sehen. (*Siehe* Petty, englischer Ökonom aus der Zeit Karls II.)

§ 5. Streiks und Arbeiterkoalitionen

„Jedes Steigen der Löhne kann keine andere Wirkung haben als ein Steigen der Preise des Getreides, des Weines usw.: die Wirkung

185

einer Teuerung. Denn was ist der Lohn? Er ist der Kostenpreis des Getreides usw.; er ist der volle Preis jeder Sache. Gehen wir noch weiter. Der Lohn ist die Proportionalität der Elemente, die den Reichtum bilden und die täglich von der Masse der Arbeiter reproduktiv verzehrt werden. Nun, den Lohn verdoppeln ... heißt also, jedem Produzenten einen größern Anteil als sein Produkt zukommen lassen, was ein Widerspruch ist; und wenn die Steigerung nur auf eine kleine Zahl von Industrien sich erstreckt, so heißt es, eine allgemeine Störung im Austausch, mit einem Wort, eine *Teuerung* hervorrufen... Es ist unmöglich, erkläre ich, daß Arbeitseinstellungen, die Lohnerhöhung zur Folge haben, nicht auf eine *allgemeine Preissteigerung* hinauslaufen: Das ist ebenso sicher, wie daß zwei mal zwei vier ist." (Proudhon, Bd. I, S. 110 u. 111.)

Wir bestreiten alle diese Behauptungen, ausgenommen die, daß zwei mal zwei vier ist.

Erstens gibt es keine *allgemeine Verteuerung*. Wenn der Preis aller Dinge gleichzeitig mit dem Lohne um das Doppelte steigt, so ist das keine Veränderung in den Preisen, sondern eine Veränderung in den Ausdrücken.

Ferner kann eine allgemeine Steigerung der Löhne niemals eine mehr oder minder allgemeine Verteuerung der Waren herbeiführen. In der Tat, wenn alle Industrien die gleiche Anzahl Arbeiter im Verhältnis zum fixen Kapital (zu den Werkzeugen, die sie verwenden) beschäftigten, so würde eine allgemeine Steigerung der Löhne ein allgemeines Sinken der Profite bewirken und der Marktpreis der Waren keine Veränderung erleiden.

Da indes das Verhältnis der Handarbeit zum fixen Kapital in den verschiedenen Industrien ungleich ist, werden alle Industriezweige, welche ein verhältnismäßig größeres fixes Kapital und weniger Arbeiter verwenden, früher oder später gezwungen sein, den Preis ihrer Waren herabzusetzen. Im entgegengesetzten Fall, wenn der Preis ihrer Ware nicht fällt, wird sich ihr Profit über den durchschnittlichen Profitsatz erheben. Die Maschinen sind keine Lohnempfänger. Das allgemeine Steigen der Löhne wird somit die Industrien weniger treffen, welche im Verhältnis zu den anderen mehr

Maschinen als Arbeiter verwenden. Da indes die Konkurrenz stets die Tendenz hat, die Profite auszugleichen, können Profite, die sich über den Durchschnittssatz erheben, nur vorübergehend sein. So wird, von einigen Schwankungen abgesehen, ein allgemeines Steigen der Löhne, anstatt nach Herrn Proudhon einer allgemeinen Verteuerung, vielmehr ein teilweises Sinken der Preise zur Folge haben, das heißt ein Sinken des Marktpreises der Waren, die vorzugsweise mit Hilfe von Maschinen hergestellt werden.

Das Steigen und Fallen des Profits und der Löhne drücken nur das Verhältnis aus, in welchem Kapitalisten und Arbeiter an dem Produkt eines Arbeitstages teilnehmen, ohne in den meisten Fällen den Preis des Produkts zu beeinflussen. Daß aber „Arbeitseinstellungen, die Lohnerhöhung zur Folge haben, auf eine allgemeine Preissteigerung, sogar auf eine Teuerung, hinauslaufen" – sind Ideen, die nur dem Hirn eines unverstandenen Poeten entspringen können.

In England sind die Streiks regelmäßig Veranlassung zur Erfindung und Anwendung neuer Maschinen gewesen. Die Maschinen waren, man darf es behaupten, die Waffe, welche die Kapitalisten anwendeten, um die Revolte der Geschick erfordernden Arbeit niederzuschlagen. Die *self-acting-mule* [14], die größte Erfindung der modernen Industrie, schlug die rebellischen Spinner aus dem Felde. Hätten Gewerkschaften und Streiks keine andere Wirkung als die, mechanische Erfindungen gegen sich wachzurufen, schon dadurch hätten sie einen ungeheuren Einfluß auf die Entwicklung der Industrie ausgeübt.

„Ich finde", fährt Herr Proudhon fort, „in einem von Herrn Léon Faucher ... im September 1845 veröffentlichten Artikel [19], daß die englischen Arbeiter seit einiger Zeit sich weniger mit *Koalitionen* abgeben – sicherlich ein Fortschritt, zu dem man ihnen nur Glück wünschen kann – : daß jedoch diese Besserung in der Moral der Arbeiter vorzugsweise ihrer wirtschaftlichen Bildung entstammt. Nicht von den Fabrikanten, rief auf einem Meeting in Bolton ein Spinnereiarbeiter aus, hängen die Löhne ab; in den Zeiten schlechten Geschäftsganges sind die Meister sozusagen nur die Peitsche, deren sich die Notwendigkeit bedient, und ob sie es wollen oder nicht, sie müssen zuschlagen. Das regulierende Prinzip ist das Verhältnis von Angebot und Nachfrage, und die Meister besitzen nicht die Macht..." A la bonne heure[1], ruft Herr Proudhon aus, das sind einmal wohlerzogene Arbeiter, Musterarbeiter usw. usw. „Dieses Elend fehlte England noch: Es wird den Kanal nicht überschreiten." (Proudhon, Bd. I, S. 261 u. 262.)

Von allen Städten Englands ist Bolton diejenige, wo der Radikalismus am meisten entwickelt ist. Die Arbeiter von Bolton sind bekannt als so revolutionär, wie es nur irgend möglich. Während der großen Agitation gegen die Kornzölle[20] glaubten die englischen Fabrikanten, den Grundbesitzern nur dadurch die Spitze bieten zu können, daß sie die Arbeiter ins Feld führten. Aber die Interessen der Arbeiter waren denen der Fabrikanten nicht minder entgegengesetzt als die Interessen der Fabrikanten denen der Grundbesitzer; und so mußten natürlich die Fabrikanten in den Arbeitermeetings stets unterliegen. Was taten sie daher? Um den Schein zu retten, organisierten sie Meetings, bestehend zum großen Teil aus Werkführern, aus der kleinen Anzahl der ihnen ergebenen Arbeiter und aus den eigentlichen *Freunden des Handels* selbst. Wenn dann die wirklichen Arbeiter daran teilzunehmen versuchten, wie in Bolton und Manchester, um gegen diese künstlichen Demonstrationen zu protestieren, verbot man ihnen den Eintritt mit der Erklärung, es sei ein *ticket-meeting*. Man versteht darunter Versammlungen, wo nur Personen zugelassen werden, die mit Einlaßkarten versehen sind. Nichtsdestoweniger hatten die Mauernanschläge öffentliche Meetings angekündigt. Jedesmal, wenn ein solches Meeting stattgefunden, brachten die Fabrikantenblätter einen pomphaften, detaillierten Bericht über die auf demselben gehaltenen Reden. Selbstverständlich waren es die Werkführer, die diese Reden verübt. Die Londoner Zeitungen reproduzierten sie wörtlich. Herrn Proudhon passiert das Malheur, die Werkführer für gewöhnliche Arbeiter zu halten, und er verbietet ihnen ausdrücklich, den Kanal zu überschreiten.

Wenn in den Jahren 1844 und 1845 die Streiks weniger die Blicke auf sich lenkten als früher, so kommt das daher, daß dies die ersten

---

[1] Alle Achtung. *Die Red.*

188

Prosperitätsjahre für die englische Industrie seit 1837 waren. Nichtsdestoweniger hat sich keine einzige der *Gewerkschaften* aufgelöst.

Hören wir nunmehr die Werkführer von Bolton. Nach ihnen sind die Fabrikanten nicht Herren des Lohnes, weil sie nicht Herren des Preises der Produkte sind, und sie sind nicht Herren des Preises der Produkte, weil sie nicht Herren des Weltmarktes sind. Aus diesem Grunde, geben sie zu verstehen, soll man keine Koalitionen machen, die den Zweck haben, den Meistern eine Lohnerhöhung abzuzwingen. Herr Proudhon hingegen verbietet ihnen die Koalitionen aus Furcht, daß eine Koalition ein Steigen der Löhne zur Folge habe, das eine allgemeine Teuerung mit sich bringen würde. Wir brauchen nicht hervorzuheben, daß in einem Punkte die Werkführer und Herr Proudhon ein Herz und eine Seele sind: darin, daß ein Steigen der Löhne dem Steigen der Produkte gleichkommt.

Aber ist die Furcht vor einer Teuerung die wirkliche Ursache des Hasses des Herrn Proudhon? Nein. Er ist auf die Werkführer von Bolton bloß deshalb ungehalten, weil sie den Wert durch *Angebot und Nachfrage* bestimmen und sich nicht um den *konstituierten Wert* kümmern, um den zu seiner Konstituierung gelangten Wert, um die Konstituierung des Wertes, die in sich begreift die *beständige Austauschbarkeit* und alle anderen *Proportionalitäten der Verhältnisse* und *Verhältnisse der Proportionalitäten*, mit der Vorsehung obendrein in den Kauf.

„Der Streik der Arbeiter ist *illegal*, und es ist nicht nur das Strafgesetzbuch, welches das verkündet, sondern auch das ökonomische System, die Notwendigkeit der bestehenden Ordnung... Daß jeder einzelne Arbeiter freie Verfügung über seine Person und seinen Arm hat, kann geduldet werden; aber daß die Arbeiter mittelst Koalitionen dem Monopol Gewalt anzutun sich erfrechen, kann die Gesellschaft nicht zugeben." (Bd. I, S. 234 u. 235.)

Herr Proudhon will uns einen Artikel des Strafgesetzbuches als ein allgemeines und notwendiges Resultat der Verhältnisse der bürgerlichen Produktion auftischen.

In England sind die Koalitionen durch eine Parlamentsakte autorisiert, und es war das ökonomische System, welches das Parlament gezwungen hat, diese Autorisierung von Gesetzes wegen zu verkünden. Als im Jahre 1825 das Parlament unter dem Minister Huskisson die Gesetzgebung abändern mußte, um sie mehr und mehr mit einem aus der freien Konkurrenz hervorgegangenen Zustand der Dinge in Einklang zu setzen, mußte es notwendig alle Gesetze abschaffen, welche die Koalitionen der Arbeiter verboten. Je mehr die moderne Industrie und die Konkurrenz sich entwickeln, desto mehr Elemente treten auf, welche die Koalitionen hervorrufen und fördern; sobald die Koalitionen eine ökonomische Tatsache geworden sind, von Tag zu Tag an Bestand gewinnend, kann es nicht lange dauern, bis sie auch eine gesetzliche Tatsache werden.

Somit beweist der Artikel des code pénal[1] höchstens, daß die moderne Industrie und die Konkurrenz unter der Konstituante[21] und dem Kaiserreich [22] noch nicht genügend entwickelt waren.

Die Ökonomen und die Sozialisten[2] sind über einen einzigen Punkt einig: die *Koalitionen* zu verurteilen. Nur motivieren sie ihre Verurteilung verschieden.

Die Ökonomen sagen zu den Arbeitern: Koaliert euch nicht. Indem ihr euch koaliert, hemmt ihr den regelmäßigen Gang der Industrie, verhindert ihr die Fabrikanten, den Bestellungen nachzukommen, stört ihr den Handel und beschleunigt das Eindringen der Maschinen, die eure Arbeit zum Teil überflüssig machen und dadurch euch zwingen, einen noch niedrigeren Lohn zu akzeptieren. Übrigens ist euer Tun umsonst; euer Lohn wird stets durch das Verhältnis der gesuchten Hände zu den angebotenen Händen bestimmt werden. Und es ist ein ebenso lächerliches wie gefährliches Beginnen, euch gegen die ewigen Gesetze der politischen Ökonomie aufzulehnen.

Die Sozialisten sagen zu den Arbeitern: Koaliert euch nicht, denn was werdet ihr schließlich dabei gewinnen? Eine Lohnsteigerung? Die Ökonomen werden euch bis zur Evidenz beweisen, daß auf den Gewinn von wenigen Pfennigen, den ihr günstigenfalls dabei für eine kurze Zeit erzielen könnt, ein dauernder Rückschlag folgen

---

[1] (Französisches) Strafgesetzbuch. *Die Red.*

[2] Das heißt: die damaligen, die Fourieristen in Frankreich, die Owenisten in England. F. E.

wird. Geschickte Rechner werden euch beweisen, daß ihr Jahre braucht, um mittelst der Lohnerhöhung nur die Kosten herauszuschlagen, die ihr zur Organisation und Erhaltung der Koalitionen ausgeben mußtet. Wir, in unserer Eigenschaft als Sozialisten, sagen euch, daß, abgesehen von dieser Geldfrage, ihr darum nicht minder die Arbeiter sein werdet, wie die Meister stets die Meister bleiben, nach wie vor. Darum keine Koalitionen, keine Politik; denn sich koalieren, heißt das nicht Politik treiben?

Die Ökonomen wollen, daß die Arbeiter in der Gesellschaft bleiben, wie dieselbe sich gestaltet hat und wie sie sie in ihren Handbüchern gezeichnet und besiegelt haben.

Die Sozialisten wollen, daß sie die alte Gesellschaft beiseite lassen, um desto besser in die neue Gesellschaft eintreten zu können, die sie ihnen mit so vieler Vorsorge ausgearbeitet haben.

Trotz beider, trotz Handbücher und Utopien, haben die Arbeiterkoalitionen keinen Augenblick aufgehört, mit der Entwicklung und der Zunahme der modernen Industrie sich zu entwickeln und zu wachsen. Das ist heute so sehr der Fall, daß der Entwicklungsgrad der Koalitionen in einem Lande genau den Rang bezeichnet, den dasselbe in der Hierarchie des Weltmarktes einnimmt. England, wo die Industrie am höchsten entwickelt ist, besitzt die umfangreichsten und bestorganisierten Koalitionen.

In England hat man sich nicht auf partielle Koalitionen beschränkt, die keinen anderen Zweck hatten als einen augenblicklichen Streik und mit demselben wieder verschwanden. Man hat dauernde Koalitionen geschaffen, *trades unions*[1], die den Arbeitern in ihren Kämpfen mit den Unternehmern als Schutzwehr dienen. Und gegenwärtig finden alle diese lokalen *trades unions* einen Sammelpunkt in der *National Association of United Trades*[2], deren Zentralkomitee in London sitzt und die bereits 80000 Mitglieder zählt. Diese Streiks, Koalitionen und *trades unions* traten ins Leben gleichzeitig mit den politischen Kämpfen der Arbeiter, die gegenwärtig unter dem Namen der *Chartisten* [23] eine große politische Partei bilden.

---

[1] Gewerkschaften. *Die Red.*

[2] Landesverband der Gewerkschaften. *Die Red.*

Die ersten Versuche der Arbeiter, *sich* untereinander *zu assoziieren*, nehmen stets die Form von Koalitionen an.

Die Großindustrie bringt eine Menge einander unbekannter Leute an einem Ort zusammen. Die Konkurrenz spaltet sie in ihren Interessen; aber die Aufrechterhaltung des Lohnes, dieses gemeinsame Interesse gegenüber ihrem Meister, vereinigt sie in einem gemeinsamen Gedanken des Widerstandes – *Koalition*. So hat die Koalition stets einen doppelten Zweck, den, die Konkurrenz der Arbeiter unter sich aufzuheben, um dem Kapitalisten eine allgemeine Konkurrenz machen zu können. Wenn der erste Zweck des Widerstandes nur die Aufrechterhaltung der Löhne war, so formieren sich die anfangs isolierten Koalitionen in dem Maß, wie die Kapitalisten ihrerseits sich behufs der Repression vereinigen zu Gruppen, und gegenüber dem stets vereinigten Kapital wird die Aufrechterhaltung der Assoziationen notwendiger für sie als die des Lohnes. Das ist so wahr, daß die englischen Ökonomen ganz erstaunt sind zu sehen, wie die Arbeiter einen großen Teil ihres Lohnes zugunsten von Assoziationen opfern, die in den Augen der Ökonomen nur zugunsten des Lohnes errichtet wurden. In diesem Kampfe – ein veritabler Bürgerkrieg – vereinigen und entwickeln sich alle Elemente für eine kommende Schlacht. Einmal auf diesem Punkte angelangt, nimmt die Koalition einen politischen Charakter an.

Die ökonomischen Verhältnisse haben zuerst die Masse der Bevölkerung in Arbeiter verwandelt. Die Herrschaft des Kapitals hat für diese Masse eine gemeinsame Situation, gemeinsame Interessen geschaffen. So ist diese Masse bereits eine Klasse gegenüber dem Kapital, aber noch nicht für sich selbst. In dem Kampf, den wir nur in einigen Phasen gekennzeichnet haben, findet sich diese Masse zusammen, konstituiert sie sich als Klasse für sich selbst. Die Interessen, welche sie verteidigt, werden Klasseninteressen. Aber der Kampf von Klasse gegen Klasse ist ein politischer Kampf.

Mit Bezug auf die Bourgeoisie haben wir zwei Phasen zu unterscheiden: die, während derer sie sich unter der Herrschaft des Feudalismus und der absoluten Monarchie als Klasse konstituierte, und die, wo sie, bereits als Klasse konstituiert, die Feudalherrschaft und

192

die Monarchie umstürzte, um die Gesellschaft zu einer Bourgeoisgesellschaft zu gestalten. Die erste dieser Phasen war die längere und erforderte die größeren Anstrengungen. Auch das Bürgertum hatte mit partiellen Koalitionen gegen die Feudalherrn begonnen.

Man hat viel Untersuchungen angestellt, um den verschiedenen historischen Phasen nachzuspüren, welche die Bourgeoisie von der Stadtgemeinde an bis zu ihrer Konstituierung als Klasse durchlaufen hat.

Aber wenn es sich darum handelt, sich genau Rechenschaft abzulegen über die Streiks, Koalitionen und die anderen Formen, unter welchen die Proletarier vor unseren Augen ihre Organisation als Klasse vollziehen, so werden die einen von einer wirklichen Furcht befallen, während die anderen eine *transzendentale* Geringschätzung an den Tag legen.

Eine unterdrückte Klasse ist die Lebensbedingung jeder auf den Klassengegensatz begründeten Gesellschaft. Die Befreiung der unterdrückten Klasse schließt also notwendigerweise die Schaffung einer neuen Gesellschaft ein. Soll die unterdrückte Klasse sich befreien können, so muß eine Stufe erreicht sein, auf der die bereits erworbenen Produktivkräfte und die geltenden gesellschaftlichen Einrichtungen nicht mehr nebeneinander bestehen können. Von allen Produktionsinstrumenten ist die größte Produktivkraft die revolutionäre Klasse selbst. Die Organisation der revolutionären Elemente als Klasse setzt die fertige Existenz aller Produktivkräfte voraus, die sich überhaupt im Schoß der alten Gesellschaft entfalten konnten.

Heißt dies, daß es nach dem Sturz der alten Gesellschaft eine neue Klassenherrschaft geben wird, die in einer neuen politischen Gewalt gipfelt? Nein.

Die Bedingung der Befreiung der arbeitenden Klasse ist die Abschaffung jeder Klasse, wie die Bedingung der Befreiung des dritten Standes, der bürgerlichen Ordnung, die Abschaffung aller Stände[1] war.

---

[1] Stände hier im historischen Sinn der Stände des Feudalstaats, Stände mit bestimmten und begrenzten Vorrechten. Die Revolution der Bourgeoisie schaffte die Stände samt ihren Vorrechten ab. Die bürgerliche Gesellschaft kennt nur noch *Klassen*. Es war daher durchaus im Widerspruch mit der Geschichte, wenn das Proletariat als „vierter Stand"[24] bezeichnet worden ist. F. E.

Die arbeitende Klasse wird im Laufe der Entwicklung an die Stelle der alten bürgerlichen Gesellschaft eine Assoziation setzen, welche die Klassen und ihren Gegensatz ausschließt, und es wird keine eigentliche politische Gewalt mehr geben, weil gerade die politische Gewalt der offizielle Ausdruck des Klassengegensatzes innerhalb der bürgerlichen Gesellschaft ist.

Inzwischen ist der Gegensatz zwischen Proletariat und Bourgeoisie ein Kampf von Klasse gegen Klasse, ein Kampf, der, auf seinen höchsten Ausdruck gebracht, eine totale Revolution bedeutet. Braucht man sich übrigens zu wundern, daß eine auf den Klassen*gegensatz* begründete Gesellschaft auf den brutalen *Widerspruch* hinausläuft, auf den Zusammenstoß Mann gegen Mann als letzte Lösung?

Man sage nicht, daß die gesellschaftliche Bewegung die politische ausschließt. Es gibt keine politische Bewegung, die nicht gleichzeitig auch eine gesellschaftliche wäre.

Nur bei einer Ordnung der Dinge, wo es keine Klassen und keinen Klassengegensatz gibt, werden die *gesellschaftlichen Evolutionen* aufhören, *politische Revolutionen* zu sein. Bis dahin wird am Vorabend jeder allgemeinen Neugestaltung der Gesellschaft das letzte Wort der sozialen Wissenschaft stets lauten:

„*Kampf oder Tod; blutiger Krieg oder das Nichts. So ist die Frage unerbittlich gestellt.*"

George Sand

ANHANG I

Aus der Marxschen Schrift:

Zur Kritik der politischen Ökonomie

(Berlin 1859, S. 61–64)
[Berlin 1951, S. 83–87]

Die Lehre von der Arbeitszeit als unmittelbarer Maßeinheit des Geldes ist zuerst systematisch entwickelt worden von *John Gray*.[1] Er läßt eine nationale Zentralbank vermittelst ihrer Zweigbanken die Arbeitszeit vergewissern, die in der Produktion der verschiedenen Waren verbraucht wird. Im Austausch für die Ware erhält der Produzent ein offizielles Zertifikat des Werts, d. h. einen Empfangsschein für soviel Arbeitszeit, als seine Ware enthält[2], und diese Banknoten von 1 Arbeitswoche, 1 Arbeitstag, 1 Arbeitsstunde usw. dienen zugleich als Anweisung auf ein Äquivalent in allen andern in den Bankdocks gelagerten Waren.[3] Das ist das Grundprinzip,

---

[1] *John Gray*, „The Social System. A Treatise on the Principle of Exchange" [Das gesellschaftliche System. Eine Abhandlung über das Prinzip des Austauschs], Edinburgh 1831. Vergl. von demselben Schriftsteller: „Lectures on the Nature and Use of Money" [Vorlesungen über die Natur und den Gebrauch des Geldes], Edinburgh 1848. Nach der Februarrevolution sandte Gray der französischen provisorischen Regierung eine Denkschrift zu, worin er sie belehrt, daß Frankreich nicht einer „organisation of labour" [Organisation der Arbeit] bedürfe, sondern einer „organisation of exchange" [Organisation des Austauschs], deren Plan völlig ausgearbeitet vorliege in dem von ihm ausgehecktem Geldsystem. Der brave John ahnte nicht, daß sechszehn Jahre nach Erscheinen des „Social System" ein Patent auf dieselbe Entdeckung ausgelöst worden war von dem erfindungsreichen Proudhon.

[2] *Gray*, „The Social System etc.", S.63, „Geld sollte lediglich ein Empfangsschein, ein Beweis dafür sein, daß sein Inhaber entweder bestimmten Wert zu dem vorhandenen nationalen Reichtum (to the national stock of wealth) beigetragen hat oder daß er auf den erwähnten Wert ein Recht erworben von irgend jemand, der ihn beigetragen hat."

[3] „Man lasse ein Produkt, das vorher einen Schätzungswert erhält, auf eine Bank legen und wieder herausnehmen, wann immer es benötigt wird, wobei lediglich durch allgemeines Übereinkommen festgesetzt wird, daß derjenige,

sorgfältig durchgeführt im Detail und überall angelehnt an vorhandene englische Einrichtungen. Unter diesem System, sagt Gray, „wäre es zu allen Zeiten ebenso leicht gemacht, für Geld zu verkaufen, als es nun ist, mit Geld zu kaufen; die Produktion würde die gleichförmige nie versiegende Quelle der Nachfrage sein"[1]. Die edeln Metalle würden ihr „Privilegium" gegen andere Waren verlieren und „den ihnen gebührenden Platz im Markt einnehmen neben Butter und Eiern und Tuch und Kaliko, und ihr Wert würde uns nicht mehr interessieren als der der Diamanten"[2]. „Sollen wir unser eingebildetes Maß der Werte beibehalten, Gold, und so die Produktivkräfte des Landes fesseln, oder sollen wir uns zum natürlichen Maß der Werte wenden, zur Arbeit, und die Produktivkräfte des Landes freisetzen?"[3]

Da die Arbeitszeit das immanente Maß der Werte ist, warum neben ihr ein anderes äußerliches Maß? Warum entwickelt sich der Tauschwert zum Preis? Warum schätzen alle Waren ihren Wert in einer ausschließlichen Ware, die so in das adäquate Dasein des Tauschwerts verwandelt wird, in Geld? Dies war das Problem, das Gray zu lösen hatte. Statt es zu lösen, bildet er sich ein, die Waren könnten sich unmittelbar aufeinander als Produkte der gesellschaftlichen Arbeit beziehen. Sie können sich aber nur aufeinander beziehen als das, was sie sind. Die Waren sind unmittelbar Produkte vereinzelter unabhängiger Privatarbeiten, die sich durch ihre Entäußerung im Prozeß des Privataustausches als allgemeine gesellschaftliche Arbeit bestätigen müssen, oder die Arbeit auf Grundlage der Warenproduktion wird erst gesellschaftliche Arbeit durch die allseitige Entäußerung der individuellen Arbeiten. Unterstellt Gray aber die in den Waren enthaltene Arbeitszeit als *unmittelbar gesellschaftliche,* so unterstellt er sie als gemeinschaftliche Arbeitszeit oder

der irgendeine Art von Eigentum in die vorgeschlagene Nationalbank einlegt, aus ihr einen gleichen Wert, was immer sie enthalten mag, herausnehmen darf, statt gezwungen zu sein, dasselbe Ding herauszunehmen, das er eingelegt hat." (*Gray,* „The Social System etc.", S. 68 [67].)

[1] Ebd. S. 16.
[2] *Gray,* „Lectures on Money etc.", S. 182 [183].
[3] Ebd. S. 169.

196

als Arbeitszeit direkt assoziierter Individuen. So könnte in der Tat eine spezifische Ware, wie Gold und Silber, den andern Waren nicht als Inkarnation der allgemeinen Arbeit gegenübertreten, der Tauschwert würde nicht zum Preis, aber der Gebrauchswert würde auch nicht zum Tauschwert, das Produkt würde nicht zur Ware, und so wäre die Grundlage der bürgerlichen Produktion aufgehoben. Das ist aber keineswegs Grays Meinung. *Die Produkte sollen als Waren* produziert, aber nicht als Waren *ausgetauscht werden.* Gray überträgt einer Nationalbank die Ausführung dieses frommen Wunsches. Einerseits macht die Gesellschaft in der Form der Bank die Individuen unabhängig von den Bedingungen des Privataustausches und andererseits läßt sie dieselben fortproduzieren auf der Grundlage des Privataustausches. Die innere Konsequenz indes treibt Gray, eine bürgerliche Produktionsbedingung nach der andern wegzuleugnen, obgleich er bloß das aus dem Warenaustausch hervorgehende Geld „reformieren" will. So verwandelt er Kapital in Nationalkapital[1], das Grundeigentum in Nationaleigentum[2], und wenn seiner Bank auf die Finger gesehen wird, findet sich, daß sie nicht bloß mit der einen Hand Waren empfängt und mit der andern Zertifikate gelieferter Arbeit ausgibt, sondern die Produktion selbst reguliert. In seiner letzten Schrift „Lectures on Money", worin Gray ängstlich sein Arbeitsgeld als rein bürgerliche Reform darzustellen sucht, verwickelt er sich in noch schreiendern Widersinn.

Jede Ware ist unmittelbar Geld. Dies war Grays Theorie, abgeleitet aus seiner unvollständigen und daher falschen Analyse der Ware. Die „organische" Konstruktion von „Arbeitsgeld" und „Nationalbank" und „Warendocks" ist nur ein Traumgebild, worin das Dogma als weltbeherrschendes Gesetz vorgegaukelt wird. Das Dogma, daß die Ware unmittelbar Geld oder die in ihr enthaltene Sonderarbeit des Privatindividuums unmittelbar gesellschaftliche Arbeit ist, wird natürlich nicht dadurch wahr, daß eine Bank an es

---

[1] „Das Geschäft jedes Landes sollte auf der Grundlage eines nationalen Kapitals geführt werden." (*John Gray*, „The Social System etc.", S. 171.)

[2] „Der Boden muß in Nationaleigentum umgewandelt werden" (ebd. S. 298).

glaubt und ihm gemäß operiert. Der Bankrott würde in solchem Falle vielmehr die Rolle der praktischen Kritik übernehmen. Was bei Gray versteckt und namentlich ihm selbst verheimlicht bleibt, nämlich daß das Arbeitsgeld eine ökonomisch klingende Phrase ist für den frommen Wunsch, das Geld, mit dem Geld den Tauschwert, mit dem Tauschwert die Ware, und mit der Ware die bürgerliche Form der Produktion loszuwerden, wird geradezu herausgesagt von einigen englischen Sozialisten, die teils vor, teils nach Gray schrieben.[1] Herrn *Proudhon* aber und seiner Schule blieb es vorbehalten, die Degradation des *Geldes* und die Himmelfahrt der *Ware* ernsthaft als Kern des Sozialismus zu predigen und damit den Sozialismus in ein elementares Mißverständnis über den notwendigen Zusammenhang zwischen Ware und Geld aufzulösen.[2]

---

[1] Sieh zum Beispiel *W. Thompson*, „An Inquiry into the Distribution of Wealth etc." [Eine Untersuchung über die Verteilung des Reichtums], London 1827. *Bray*, „Labour's Wrongs and Labour's Remedy" [Der Arbeit Übel und der Arbeit Heilmittel], Leeds 1839.

[2] Als Kompendium dieser melodramatischen Geldtheorie kann betrachtet werden: *Alfred Darimon*, „De la réforme des banques" [Über die Bankenreform], Paris 1856.

ANHANG II

KARL MARX

Rede über die Frage des Freihandels

gehalten am 9. Januar 1848 in der Demokratischen Gesellschaft zu Brüssel

Meine Herren!

Die Abschaffung der Korngesetze in England ist der größte Triumph, den der Freihandel im neunzehnten Jahrhundert errungen hat. In allen Ländern, wo die Fabrikanten von Freihandel sprechen, haben sie vorzugsweise den Freihandel in Getreide oder überhaupt in Rohstoffen im Auge. Das ausländische Korn mit Schutzzöllen belasten ist infam, heißt auf den Hunger des Volkes spekulieren.

Billiges Brot, hohe Löhne, cheap food, high wages, das ist der alleinige Zweck, für welchen die Freihändler in England Millionen ausgegeben haben, und schon hat ihr Enthusiasmus ihre Brüder auf dem Festlande angesteckt. Überhaupt, wenn man den Freihandel will, so will man ihn zur Verbesserung der Lage der arbeitenden Klassen.

Aber, wunderbar! Das Volk, dem man um jeden Preis billiges Brot verschaffen will, ist sehr undankbar. Das wohlfeile Brot ist in England ebenso verrufen wie die wohlfeile Regierung in Frankreich. Das Volk erblickt in den Männern voll Hingebung, in einem Bowring, einem Bright und Konsorten, seine größten Feinde und die unverschämtesten Heuchler.

Jedermann weiß, daß der Kampf zwischen Liberalen und Demokraten in England ein Kampf zwischen Freihändlern und Chartisten ist.

Sehen wir nun zu, auf welche Art die englischen Freihändler dem Volke die edle Gesinnung bewiesen haben, welche sie beseelte.

Sie sagten den Fabrikarbeitern:

Der Getreidezoll ist eine Steuer auf den Lohn: Diese Steuer zahlt ihr den Großgrundbesitzern, diesen mittelalterlichen Aristokraten;

199

wenn eure Lage eine jammervolle ist, so ist dies eine Folge der Kostspieligkeit der unentbehrlichsten Lebensmittel.

Die Arbeiter fragten ihrerseits die Fabrikanten: Wie kommt es, daß im Verlauf der letzten dreißig Jahre, wo unsere Industrie die größte Entwicklung genommen hat, unser Lohn in einem viel rapideren Verhältnis gesunken ist, als der Preis des Getreides gestiegen?

Die Steuer, welche wir, wie ihr behauptet, den Grundbesitzern zahlen, beträgt für den Arbeiter ungefähr 3 Pence pro Woche; dagegen ist der Lohn des Handwebers von 1815 bis 1843 von 28 Schilling pro Woche auf 5 Schilling gefallen; und der Lohn des Maschinenwebers ist in der Zeit von 1823 bis 1843 von 20 Schilling pro Woche auf 8 Schilling heruntergedrückt worden.

Und während dieser ganzen Zeit ist der Steuerbetrag, den wir dem Grundbesitzer bezahlt haben, nie höher als 3 Pence gewesen. Und dann, als im Jahre 1834 das Brot sehr billig und der Geschäftsgang ein flotter war, was sagtet ihr uns damals? Wenn ihr unglücklich seid, so kommt dies daher, daß ihr zuviel Kinder macht und daß eure Ehe fruchtbarer ist als euer Gewerbe!

Das sind eure eigenen Worte, die ihr uns damals zurieft, und ihr gingt hin, neue Armengesetze zu fabrizieren und die Arbeitshäuser zu errichten, diese Bastillen der Proletarier.

Hierauf replizierten die Fabrikanten:

Ihr habt recht, werte Herren Arbeiter; es ist nicht nur der Preis des Getreides, sondern außerdem auch die Konkurrenz unter den angebotenen Händen, welche den Lohn bestimmt.

Aber denkt an den einen Umstand, daß unser Boden nur aus Felsen und Sandbänken besteht. Ihr bildet euch doch nicht ein, daß man Getreide in Blumentöpfen ziehen kann! Würden wir aber, anstatt unser Kapital, unsere Arbeit auf einen durchaus unfruchtbaren Boden verschwenden, den Ackerbau aufgeben und uns ausschließlich der Industrie widmen, dann würde ganz Europa seine Fabriken aufgeben und England eine einzige große Fabrikstadt bilden, mit dem ganzen übrigen Europa als Ackerprovinz.

Während er nun so zu seinen eigenen Arbeitern spricht, wird der Fabrikant von dem Kleinhändler interpelliert, der ihm zuruft:

200

Aber wenn wir die Korngesetze abschaffen, werden wir zwar die Landwirtschaft ruinieren, aber darum noch nicht die anderen Länder zwingen, aus unseren Fabriken zu beziehen und die ihrigen aufzugeben.

Was wird die Folge sein? Ich verliere die Kundschaft, die ich jetzt auf dem Lande habe, und der innere Handel verliert seinen Markt.

Der Fabrikant wendet dem Arbeiter den Rücken und antwortet dem Krämer: Was das anbetrifft, so laßt uns nur machen. Einmal der Getreidezoll abgeschafft, werden wir vom Auslande billigeres Getreide bekommen. Dann werden wir den Lohn herabsetzen, der gleichzeitig in den anderen Ländern, aus denen wir Getreide beziehen, steigen wird.

So werden wir außer den Vorteilen, deren wir uns bereits erfreuen, noch den billigerer Löhne haben, und mit all diesen Vorteilen werden wir den Kontinent schon zwingen, von uns zu kaufen.

Aber jetzt mischen sich der Pächter und der Landarbeiter in die Diskussion.

Und wir, rufen sie, was wird aus uns werden?

Sollen wir ein Todesurteil fällen helfen über die Landwirtschaft, von der wir leben? Müssen wir dulden, daß man uns den Boden unter den Füßen wegzieht?

Statt jeder Antwort hat sich die Anti-corn-law-league[20] damit begnügt, Preise auszusetzen auf die drei besten Schriften über den heilsamen Einfluß der Abschaffung der Korngesetze auf den englischen Ackerbau.

Diese Preise wurden erworben von den Herren Hope, Morse und Greg, deren Abhandlungen in Tausenden von Exemplaren auf dem Lande verbreitet wurden.

Der eine dieser Preisgekrönten verlegt sich darauf, zu beweisen, daß weder der Pächter noch der Landarbeiter bei der Einfuhr des fremden Getreides verlieren wird, sondern lediglich der Grundbesitzer. Der englische Pächter, ruft er aus, hat die Abschaffung der Korngesetze nicht zu fürchten, weil kein Land so gutes und so billiges Getreide produzieren kann wie England.

So könnte, selbst wenn der Preis des Getreides fiele, euch dies nicht schaden, weil dieses Sinken lediglich die Rente träfe, die fallen würde, und keineswegs den Kapitalgewinn und den Lohn, die sich gleich blieben.

Der zweite Laureat, Herr Morse, behauptet im Gegenteil, daß der Getreidepreis infolge der Abschaffung der Korngesetze steigen würde. Er gibt sich unendliche Mühe, nachzuweisen, daß die Schutzzölle dem Getreide niemals einen lohnenden Preis haben sichern können.

Zur Bekräftigung seiner Behauptung führt er die Tatsache an, daß stets, wenn ausländisches Getreide eingeführt wurde, der Getreidepreis in England beträchtlich stieg und daß, wenn man wenig einführte, derselbe außerordentlich fiel. Der Laureat vergißt, daß die Einfuhr nicht die Ursache des hohen Preises war, sondern der hohe Preis die Ursache der Einfuhr.

Ganz im Gegensatz zu seinem Mitpreisgekrönten behauptet er, daß jedes Steigen im Preise des Korns dem Pächter und Arbeiter zugute kommt und nicht dem Grundbesitzer.

Der dritte Laureat, Herr Greg, der Großfabrikant ist und dessen Buch sich an die Klasse der Großpächter wendet, durfte sich nicht mit solchen Albernheiten aus der Affäre ziehen. Seine Sprache ist wissenschaftlicher.

Er gibt zu, daß die Korngesetze die Rente nur dadurch steigen machen, daß sie den Preis des Getreides erhöhen, und daß sie den Getreidepreis nur dadurch erhöhen, daß sie das Kapital zwingen, sich auf Boden niederer Qualität zu werfen, was sich ganz einfach erklärt.

In dem Maße, wie die Bevölkerung anwächst, ist man eben gezwungen, sobald das fremde Getreide nicht in das Land kann, minder fruchtbare Ländereien zu verwerten, deren Kultur mehr Kosten erfordert und deren Produkt infolgedessen teurer ist.

Da für das sämtliche so produzierte Getreide Bedarf vorhanden ist, es also gekauft werden muß, wird sich der Preis notwendigerweise nach dem Preis der Produkte des schlechteren Bodens richten. Die Differenz zwischen diesem Preis und den Produktionskosten des besseren Bodens bildet eben die Rente.

Wenn somit infolge der Abschaffung der Korngesetze der Preis des Getreides und folglich auch die Rente fällt, so rührt dies daher, daß der schlechtere Boden nicht mehr bebaut wird. Somit zieht die Herabsetzung der Rente unfehlbar den Ruin eines Teils der Pächter nach sich.

Diese Bemerkungen waren notwendig, um die Sprache des Herrn Greg zu verstehen.

Die kleinen Pächter, sagt er, die sich nicht beim Ackerbau halten können, werden eine Zuflucht in der Industrie finden. Was die Großpächter anbetrifft, so müssen sie dabei gewinnen. Entweder werden die Grundbesitzer gezwungen sein, ihnen ihre Grundstücke sehr billig zu verkaufen, oder die Pachtkontrakte, welche sie mit ihnen machen, werden auf sehr lange Termine abgeschlossen werden. Das wird ihnen gestatten, größere Kapitalien in den Boden zu stecken, Maschinen in größerem Umfange anzuwenden und so menschliche Arbeit zu ersparen, die übrigens billiger sein wird dank dem allgemeinen Sinken der Löhne, der unmittelbaren Folge der Abschaffung der Korngesetze.

Doktor Bowring hat allen diesen Argumenten eine religiöse Weihe gegeben, indem er in einem öffentlichen Meeting ausrief: „Jesus Christus ist der Freihandel – der Freihandel ist Jesus Christus!"

Man begreift, daß die ganze Heuchelei nicht dazu angetan war, den Arbeitern das billige Brot schmackhaft zu machen.

Wie hätten übrigens die Arbeiter die plötzliche Philanthropie der Fabrikanten begreifen sollen, derselben Leute, die noch in vollem Kampf waren gegen die Zehnstundenbill, mittelst deren man den Arbeitstag des Fabrikarbeiters von zwölf auf zehn Stunden reduzieren wollte!

Um Ihnen eine Idee zu geben von der Philanthropie dieser Fabrikanten, erinnere ich Sie, meine Herren, an die in allen Fabriken eingeführten Fabrikordnungen.

Jeder Fabrikant hat ein veritables Strafgesetzbuch zu seinem besonderen Privatgebrauch, das für alle absichtlichen und unabsichtlichen Vergehen Bußen festsetzt; z. B. zahlt der Arbeiter soundso viel, wenn er das Unglück hat, sich auf einen Stuhl zu setzen, wenn er tuschelt, plaudert, lacht, wenn er einige Minuten zu spät kommt, wenn ein Maschinenteil zerbricht, wenn er die Produkte nicht in der verlangten Qualität liefert usw. usw. Die Bußen sind stets höher als der wirklich vom Arbeiter verursachte Schaden. Um es dem Arbeiter möglichst zu erleichtern, sich Strafen zuzuziehen, läßt man die Fabrikuhr vorgehen, liefert man schlechten Rohstoff, aus welchem der Arbeiter gutes Produkt anfertigen soll. Man setzt den Werkführer ab, wenn er nicht geschickt genug ist, die Fälle von Übertretungen zu vermehren.

Sie sehen, meine Herren, diese Privatgesetzgebung ist eigens geschaffen, Verstöße zu züchten, und man züchtet Verstöße, um Geld zu machen. So wendet der Fabrikant alle Mittel an, den nominellen Lohn herabzusetzen und sogar die Zufälle auszubeuten, deren der Arbeiter nicht Herr ist.

Und diese Fabrikanten, das sind dieselben Philanthropen, welche den Arbeitern einreden wollten, sie seien fähig, enorme Summen auszugeben, einzig und allein, um das Los derselben Arbeiter zu verbessern.

Auf der einen Seite beschneiden sie den Lohn des Arbeiters durch Fabrikordnungen in der kleinlichsten Weise, auf der anderen legen sie sich die größten Opfer auf, um ihn mit Hilfe der Anti-corn-law-league zu erhöhen.

Sie bauen mit großen Unkosten Paläste, in denen die Liga gewissermaßen ihre Amtswohnung einrichtete, sie entsenden eine ganze Armee von Aposteln nach allen Punkten Englands, um die Religion des Freihandels zu predigen. Sie lassen Tausende von Broschüren drucken und unentgeltlich verteilen, um den Arbeiter über seine eigenen Interessen aufzuklären. Sie geben enorme Summen aus, um die Presse für ihre Sache günstig zu stimmen. Sie organisieren einen großartigen Verwaltungsapparat, um die freihändlerische Bewegung zu leiten, und entfalten alle Gaben ihrer Beredsamkeit in öffentlichen Meetings. Auf einem dieser Meetings war es, wo ein Arbeiter ausrief:

Wenn die Grundbesitzer unsere Knochen verkauften, so würdet ihr Fabrikanten die ersten sein, sie zu kaufen, um sie in eine Dampfmühle zu werfen und Mehl daraus zu machen.

204

Die englischen Arbeiter haben die Bedeutung des Kampfes zwischen den Grundbesitzern und den Kapitalisten sehr gut begriffen. Sie wissen sehr wohl, daß man den Preis des Brotes herunterdrücken wollte, um den Lohn herabzudrücken, und daß der Kapitalprofit um so viel steigen würde, wie die Rente fiele.

Ricardo, der Apostel der englischen Freihändler, der ausgezeichnetste Ökonom unseres Jahrhunderts, stimmt in bezug auf diesen Punkt vollkommen mit den Arbeitern überein.

Er sagt in seinem berühmten Werk über politische Ökonomie:

„Wenn wir, anstatt bei uns Getreide zu ernten, einen neuen Markt entdeckten, wo wir es uns zu einem billigeren Preise verschaffen könnten, so würden in diesem Falle die Löhne sinken und die Profite steigen. Das Fallen des Preises der landwirtschaftlichen Produkte reduziert die Löhne nicht nur der in der Landwirtschaft beschäftigten Arbeiter, sondern auch all derer, die in der Industrie arbeiten oder im Handel beschäftigt sind."

Und glauben Sie nicht, meine Herren, daß es eine für den Arbeiter ganz gleichgültige Sache sei, nicht mehr als vier Franken zu bekommen, weil das Getreide billiger ist, wenn er früher fünf Franken bekam.

Ist sein Lohn nicht gefallen im Verhältnis zum Profit? Und ist es nicht klar, daß seine soziale Lage gegenüber der des Kapitalisten schlechter geworden ist? Außerdem verliert er auch tatsächlich.

Solange der Getreidepreis noch höher war und der Lohn gleichfalls, genügte eine kleine Ersparnis am Brotverbrauch, um ihm andere Genüsse zu verschaffen. Sobald aber das Brot und folglich der Lohn sehr niedrig steht, wird er fast nichts am Brot absparen können behufs Ankaufs anderer Gegenstände.

Die englischen Arbeiter haben es die englischen Freihändler fühlen lassen, daß sie sich von ihren Vorspiegelungen und Lügen nicht hinters Licht führen lassen, und wenn sie sich ihnen trotzdem gegen die Grundbesitzer angeschlossen haben, so geschah es, um die letzten Reste des Feudalismus zu zerstören und nur noch mit einem einzigen Feind zu tun zu haben. Die Arbeiter haben sich in ihren Berechnungen nicht getäuscht; denn die Grundbesitzer, um sich an den Fabrikanten zu rächen, machten gemeinsame Sache mit den Arbeitern zur Durchbringung der Zehnstundenbill, die diese letzteren seit dreißig Jahren vergeblich gefordert hatten und die unmittelbar nach der Abschaffung der Korngesetze durchging.

Wenn auf dem Kongreß der Ökonomen Dr. Bowring aus seiner Tasche eine lange Liste zog, um zu zeigen, wieviel Stück Vieh, Schinken, Speck, Hühner usw. usw. in England eingeführt worden sind, um dort, wie er sagt, von den Arbeitern konsumiert zu werden, so hat er leider vergessen zu sagen, daß zur selben Zeit die Arbeiter von Manchester und den anderen Fabrikstädten sich durch die beginnende Krisis aufs Pflaster geworfen sahen.

Grundsätzlich darf man in der politischen Ökonomie niemals Ziffern eines einzelnen Jahres zusammenstellen, um aus ihnen allgemeine Gesetze abzuleiten. Man muß stets den Durchschnitt von sechs bis sieben Jahren nehmen – den Zeitabschnitt, während dessen die moderne Industrie die verschiedenen Phasen der Prosperität, Stagnation, Krise durchmacht und ihren unvermeidlichen Kreislauf vollendet.

Kein Zweifel, wenn der Preis aller Waren fällt, und dies ist die notwendige Konsequenz des Freihandels, so kann ich mir für einen Franken weit mehr Dinge als vorher verschaffen. Und der Frank des Arbeiters gilt ebensoviel wie jeder andere. Somit wird der Freihandel dem Arbeiter sehr vorteilhaft sein. Es ist nur ein kleiner Übelstand damit verbunden, nämlich der, daß der Arbeiter, bevor er seinen Franken gegen andere Ware umtauscht, zunächst den Tausch seiner Arbeit gegen das Kapital vollzogen hat. Wenn er bei diesem Tausch stets für dieselbe Arbeit den bewußten Franken erhielte und der Preis aller anderen Waren fiele, so würde er stets bei diesem Handel gewinnen. Die Schwierigkeit besteht nicht darin, zu beweisen, daß, wenn der Preis aller Waren fällt, ich für dasselbe Geld mehr Waren bekomme.

Die Ökonomen greifen stets den Preis der Arbeit in dem Moment heraus, wo er sich gegen andere Waren austauscht, aber sie lassen stets den Moment beiseite, wo die Arbeit ihren Tausch gegen das Kapital vollzieht.

206

Wenn weniger Kosten erforderlich sind, um die Maschine in Bewegung zu setzen, welche die Waren anfertigt, so werden die zum Unterhalt dieser Maschine, die sich Arbeiter nennt, notwendigen Dinge gleichfalls weniger kosten. Wenn alle Waren billiger sind, so wird die Arbeit, die auch eine Ware ist, gleichfalls im Preise sinken und, wie wir später sehen werden, wird diese Ware Arbeit verhältnismäßig viel mehr sinken als alle anderen Waren. Verläßt sich der Arbeiter dann immer noch auf die Argumente der Ökonomen, so wird er finden, daß der Frank in seiner Tasche zusammengeschmolzen ist und ihm nur noch fünf Sous übrigbleiben.

Hierauf werden Ihnen die Ökonomen sagen: Nun ja, wir geben zu, daß die Konkurrenz unter den Arbeitern, die unter der Herrschaft des Freihandels sicherlich nicht geringer sein wird, sehr bald die Löhne in Einklang mit dem niedrigen Preis der Waren bringen wird. Aber anderseits wird der niedrige Preis der Waren den Konsum vermehren; der größere Konsum wird eine stärkere Produktion erfordern, welche eine stärkere Nachfrage nach Arbeitskräften nach sich ziehen wird, und dieser stärkeren Nachfrage nach Arbeitskräften wird ein Steigen der Löhne folgen.

Diese ganze Argumentierung läuft auf folgendes hinaus: Der Freihandel vermehrt die Produktivkräfte. Wenn die Industrie im Wachstum begriffen ist, wenn der Reichtum, wenn die Produktivkräfte, wenn mit einem Wort das Produktivkapital die Nachfrage nach Arbeit vermehrt, so steigt auch der Preis der Arbeit und folglich der Lohn. Die günstigste Bedingung für den Arbeiter ist das Anwachsen des Kapitals. Und man muß dies zugeben. Wenn das Kapital stationär bleibt, wird die Industrie nicht nur stationär bleiben, sondern zurückgehen, und in diesem Falle wird der Arbeiter das erste Opfer sein. Er wird vor dem Kapitalisten zugrunde gehen. Und in dem Falle, wo das Kapital anwächst, also in diesem, wie gesagt, *besten* Falle für den Arbeiter, welches wird da sein Schicksal sein? Er wird gleichfalls zugrunde gehen. Das Anwachsen des Produktivkapitals begreift in sich die Konzentration und Akkumulation der Kapitalien. Die Zentralisation der Kapitalien hat eine größere Arbeitsteilung und eine größere Anwendung von Maschinen zur Folge. Die größere

Teilung der Arbeit zerstört die besondere Geschicklichkeit des Arbeiters; und indem sie an die Stelle dieser besonderen Geschicklichkeit eine Arbeit setzt, die jedermann verrichten kann, vermehrt sie die Konkurrenz unter den Arbeitern.

Diese Konkurrenz wird um so stärker, als die Arbeitsteilung den Arbeiter in die Lage versetzt, allein die Arbeit von dreien zu verrichten. Die Maschinen bewirken das gleiche Resultat noch in viel größerem Grade. Das Anwachsen des Produktivkapitals zwingt die industriellen Kapitalisten, mit stets wachsenden Mitteln zu arbeiten, und ruiniert damit die Kleinindustriellen und wirft sie ins Proletariat. Ferner, da der Zinsfuß in dem Maße fällt, wie die Kapitalien sich anhäufen, werden die kleinen Rentiers, die nicht mehr von ihren Renten leben können, gezwungen sein, sich der Industrie zuzuwenden, und somit die Zahl der Proletarier vermehren.

Endlich, je mehr das Produktivkapital wächst, desto mehr ist es gezwungen, für einen Markt zu produzieren, dessen Bedürfnisse es nicht kennt. Um so mehr geht die Produktion dem Bedarf voraus, um so mehr sucht das Angebot die Nachfrage zu erzwingen und nehmen daher die Krisen an Intensität und Häufigkeit zu. Aber jede Krisis ihrerseits beschleunigt die Zentralisation der Kapitalien und vermehrt das Proletariat.

Je mehr das Produktivkapital also anwächst, desto mehr steigert sich die Konkurrenz unter den Arbeitern, und zwar in viel stärkerem Verhältnis. Die Entlohnung der Arbeit nimmt ab *für alle*, und die Arbeitslast vermehrt sich für einige.

1829 gab es in Manchester 1088 Spinner, die in 36 Fabriken beschäftigt waren. 1841 gab es nur noch 448, und diese Arbeiter bedienten 53353 Spindeln mehr als die 1088 von 1829. Wenn die Handarbeit zugenommen hätte in demselben Maße wie die Produktivkraft, so hätte die Menge der Arbeiter auf 1848 steigen müssen; die technischen Verbesserungen haben also 1100 Arbeiter außer Arbeit gesetzt.

Wir kennen im voraus die Antwort der Ökonomen. Diese außer Arbeit gesetzten Leute, sagen sie, werden eine andere Beschäftigung finden. Herr Dr. Bowring hat nicht unterlassen, dieses Argument

208

auf dem Ökonomenkongreß wieder vorzubringen. Aber er hat auch nicht unterlassen, sich selbst zu widerlegen.

1835 hielt Herr Bowring im Haus der Gemeinen [25] eine Rede über die 50000 Weber Londons, die seit langem am Hungertuch nagen, ohne diese neue Beschäftigung finden zu können, welche die Freihändler ihnen in Aussicht stellen.

Hören wir die markantesten Stellen dieser Rede des Herrn Dr. Bowring:

„Das Elend der Handweber", sagt er, „ist das unvermeidliche Schicksal jeder Arbeit, die leicht erlernt wird und in jedem Augenblick durch weniger kostspielige Mittel ersetzt werden kann. Da in diesem Falle die Konkurrenz unter den Arbeitern ungemein groß ist, führt die geringste Verminderung der Nachfrage eine Krise herbei. Die Handweber befinden sich gewissermaßen an die äußerste Grenze der menschlichen Existenz gesetzt. Ein Schritt weiter, und die Existenz wird unmöglich. Die geringste Erschütterung genügt, um sie in die Bahn des Verkommens zu schleudern. Der Fortschritt der Technik, der die Handarbeit immer mehr aufhebt, führt unfehlbar während der Epoche des Übergangs viel zeitweiliges Leiden mit sich. Der nationale Wohlstand kann nur um den Preis einiger individueller Übel erkauft werden. Man schreitet in der Industrie nur auf Kosten der Nachzügler vorwärts, und von allen Entdeckungen ist der Dampfwebstuhl diejenige, welche am schwersten auf dem Handweber lastet. Bereits ist in vielen Artikeln, welche mit der Hand gearbeitet wurden, der Weber außer Kampf gesetzt worden, aber er wird auch weiterhin in vielen Dingen geschlagen werden, die heute noch mit der Hand verfertigt werden."

„Ich habe", sagt er an anderer Stelle, „in der Hand eine Korrespondenz des Generalgouverneurs von Ostindien mit der Ostindischen Kompanie. Diese Korrespondenz betrifft die Weber des Distrikts von Dakka. Der Gouverneur sagt in seinen Briefen: Vor einigen Jahren empfing die Ostindische Kompanie sechs bis acht Millionen Stück Kattun, die auf den einheimischen Handstühlen hergestellt waren. Die Nachfrage fiel stetig und ward auf eine Million Stück reduziert.

In diesem Augenblick hat sie fast aufgehört. Noch mehr. Im Jahre 1800 bezog Nordamerika von Indien nahezu 800000 Stück Kattun. Im Jahre 1830 bezog es nicht einmal mehr 4000 Stück. Endlich verschiffte man im Jahre 1800 eine Million Stück Kattun nach Portugal. 1830 empfing Portugal nicht mehr als 20000 Stück.

Die Berichte über die Not der indischen Weber sind schrecklich; und welches war die Ursache dieser Not?

Das Auftreten englischer Produkte auf dem Markte, die Herstellung des Artikels vermittelst des Dampfwebstuhls. Eine sehr große Anzahl von Webern ist im Elend umgekommen. Der Rest ist zu anderen Beschäftigungen, namentlich zu ländlichen, übergegangen. Seine Beschäftigung nicht wechseln können gleicht einem Todesurteil. Und in diesem Augenblick ist der Distrikt von Dakka überschwemmt von englischen Garnen und Geweben. Der Musselin von Dakka, in der ganzen Welt wegen seiner Schönheit und der Festigkeit seines Gewebes berühmt, ist gleichfalls infolge der Konkurrenz der englischen Maschinen verschwunden. In der ganzen Geschichte der Industrie wird man vielleicht Mühe haben, ähnliche Leiden zu finden wie die, welche auf diese Weise ganze Klassen in Ostindien erdulden mußten."

Die Rede des Herrn Dr. Bowring ist um so bemerkenswerter, als die darin erwähnten Tatsachen richtig sind und die Phrasen, mit denen er sie zu bemänteln sucht, durchaus den Charakter der Heuchelei tragen, welche allen freihändlerischen Reden eigen ist. Er stellt die Arbeiter als Produktionsmittel hin, welche man durch weniger kostspielige Produktionsmittel ersetzen muß. Er tut so, als sähe er in der Arbeit, von der er spricht, eine ganz und gar ausnahmsweise Arbeit und in der Maschine, welche die Weber ausgerottet hat, eine ebenfalls ausnahmsweise Maschine. Er vergißt, daß es keine Handarbeit gibt, die nicht eines Tages vom Schicksal der Weberei betroffen werden kann.

„Das beständige Ziel und die Tendenz jeder Vervollkommnung in der Mechanik besteht in der Tat darin, vollständig die menschliche Arbeit entbehrlich zu machen oder ihren Preis zu vermindern, indem man die Arbeit von Frauen und Kindern an die Stelle der des erwachsenen männlichen Arbeiters oder den einfachen Handlanger an die Stelle des geschickten Handarbeiters setzt. In der Mehrzahl der Spinnereien von Wassergarn, auf englisch *throstle mills*, wird das Spinnen lediglich von Mädchen von sechzehn Jahren und darunter besorgt. Die Einführung des Selfaktors anstatt der Hand-Mule[14] hat zur Folge die Entlassung der Mehrzahl der Spinner und die Beibehaltung von Kindern und jungen Leuten."

Diese Worte des leidenschaftlichsten Freihändlers, des Herrn Dr. Ure, sind geeignet, die Bekenntnisse des Herrn Dr. Bowring zu ergänzen. Herr Bowring spricht von einigen individuellen Leiden und sagt gleichzeitig, daß diese individuellen Leiden ganze Klassen zugrunde richten; spricht von vorübergehenden Leiden in der Zeit des Überganges, und zu gleicher Zeit verheimlicht er nicht, daß diese Leiden des Überganges für die Mehrzahl der Übergang vom Leben zum Tod gewesen sind und für den Rest der Übergang von einer besseren zu einer schlechteren Lage. Wenn er später sagt, daß die Leiden dieser Arbeiter untrennbar sind vom Fortschritt der Industrie und notwendig für den nationalen Wohlstand, so sagt er einfach, daß der Wohlstand der Bourgeoisklasse zur notwendigen Bedingung hat das Leiden der arbeitenden Klasse.

Der ganze Trost, den Herr Bowring den Arbeitern spendet, die da umkommen, und überhaupt die ganze Doktrin der Ausgleichung, welche die Freihändler aufstellen, läuft auf folgendes hinaus:

Ihr Tausende von Arbeitern, die ihr umkommt, verzagt nicht. Ihr könnt in aller Ruhe sterben. Eure Klasse wird nicht aussterben. Sie wird stets zahlreich genug sein, daß das Kapital sie dezimieren kann, ohne befürchten zu müssen, daß es sie vernichtet. Übrigens, wie soll das Kapital eine nützliche Verwendung finden, wenn es nicht Sorge trüge, sich das Ausbeutungsmaterial, die Arbeiter, zu erhalten, um sie von neuem ausbeuten zu können?

Aber warum ist es denn noch eine erst zu lösende Frage, welchen Einfluß die Verwirklichung des Freihandels auf die Lage der arbeitenden Klasse ausüben wird? Alle Gesetze, welche die Ökonomen von Quesnay bis Ricardo formuliert haben, sind auf der Voraussetzung aufgebaut, daß die Schranken nicht mehr existieren, welche die Handelsfreiheit bisher noch beengen. Diese Gesetze bekräftigen sich in dem Maße, wie der Freihandel verwirklicht wird. Das erste dieser Gesetze sagt, daß die Konkurrenz den Preis jeder Ware auf das Minimum ihrer Produktionskosten reduziert. Somit ist das Lohnminimum der natürliche Preis der Arbeit. Und was ist das Lohnminimum? Genau das, was nötig ist, um die zum Unterhalt des Arbeiters unerläßlichen Gegenstände zu produzieren, um ihn instand zu setzen, sich durchzuschlagen und seine Klasse soviel wie nötig fortzupflanzen.

Glauben wir deshalb nicht, daß der Arbeiter nur dieses Lohnminimum haben wird, glauben wir noch weniger, daß er dieses Lohnminimum stets haben wird.

Nein, nach diesem Gesetz wird die Arbeiterklasse zeitweilig glücklicher sein. Sie wird zuweilen mehr als das Minimum haben, aber dieses Mehr wird nur die Ausgleichung von dem sein, was sie in Zeiten der industriellen Stockung weniger als das Minimum haben wird. Das will sagen: Wenn man in einem gewissen periodisch wiederkehrenden Zeitabschnitt, in jenem Kreislauf, den die Industrie beschreibt, indem sie nacheinander die Phasen von Prosperität, Überproduktion, Stagnation, Krise durchläuft, alles zusammenrechnet, was die Arbeiterklasse über und unter dem Notwendigen gehabt hat, so wird man sehen, daß sie im ganzen weder mehr noch weniger als das Minimum gehabt hat: das heißt, die Arbeiterklasse wird als Klasse erhalten sein, nachdem sie soundso viel Elend, soundso viel Leiden durchgemacht, soundso viel Leichen auf dem Schlachtfeld der Industrie zurückgelassen hat. Aber was verschlägt das? Die Klasse besteht fort, und mehr als das, sie wird zugenommen haben.

Das ist jedoch nicht alles. Der Fortschritt der Industrie liefert weniger kostspielige Existenzmittel. So hat der Schnaps das Bier, die Baumwolle Wolle und Leinen, die Kartoffel das Brot ersetzt.

Da man stets Mittel findet, die Arbeit mit wohlfeileren und erbärmlicheren Gegenständen zu ernähren, so ist das Lohnminimum in stetem Sinken begriffen. Wenn dieser Lohn anfangs den Menschen arbeiten ließ, um zu leben, läßt er ihn schließlich auch noch leben, aber das Leben einer Maschine. Seine Existenz hat keinen anderen Wert als den einer einfachen Produktivkraft, und der Kapitalist behandelt ihn demgemäß.

Dieses Gesetz der Ware Arbeit, des Lohnminimums, verwirklicht sich in dem Maße, wie die Voraussetzung der Ökonomen: der Freihandel, eine Wahrheit, eine Tatsache wird. So von zwei Dingen eines: Entweder muß man die ganze, auf die Voraussetzung des Freihandels begründete politische Ökonomie leugnen, oder man muß zugestehen, daß die Arbeiter unter diesem Freihandel von der ganzen Härte der ökonomischen Gesetze getroffen werden.

Um zusammenzufassen: Was ist also unter dem heutigen Gesellschaftszustand der Freihandel? Die Freiheit des Kapitals. Habt ihr die paar nationalen Schranken, die noch die freie Entwicklung des Kapitals einengen, eingerissen, so habt ihr lediglich seine Tätigkeit völlig entfesselt. Solange ihr das Verhältnis von Lohnarbeit zu Kapital fortbestehen laßt, mag der Austausch der Waren sich immerhin unter den günstigsten Bedingungen vollziehen, es wird stets eine Klasse geben, die ausbeutet, und eine, die ausgebeutet wird. Es wird einem wirklich schwer, die Anmaßung der Freihändler zu begreifen, die sich einbilden, daß die vorteilhafte Verwendung des Kapitals den Gegensatz zwischen industriellen Kapitalisten und Lohnarbeitern verschwinden machen wird. Ganz im Gegenteil. Die einzige Folge wird sein, daß der Gegensatz dieser beiden Klassen noch klarer zutage treten wird.

Man nehme einen Augenblick an, daß es keine Korngesetze, keine Gemeinde- und keine Staatszölle mehr gibt, mit einem Wort, daß alle Nebenumstände, welche der Arbeiter heute noch für die Ursachen seiner elenden Lage halten kann, vollständig verschwunden sind, und man wird ebenso viele Vorhänge zerrissen haben, welche seinen Augen den wahrhaften Feind verhüllten.

Er wird sehen, daß das frei gewordene Kapital ihn nicht minder zum Sklaven macht als das durch Zollschranken belästigte.

Meine Herren! Lassen Sie sich nicht durch das abstrakte Wort *Freiheit* imponieren. Freiheit wessen? Es bedeutet nicht die Freiheit eines einzelnen Individuums gegenüber einem anderen Individuum. Es bedeutet die Freiheit, welche das Kapital genießt, den Arbeiter zu erdrücken.

Wozu wollen Sie die freie Konkurrenz noch durch diese Freiheitsidee sanktionieren, da doch diese Freiheitsidee selbst nur das Produkt eines auf der freien Konkurrenz beruhenden Zustandes ist?

Wir haben gezeigt, was die Brüderlichkeit ist, welche der Freihandel zwischen den verschiedenen Klassen ein und derselben Nation hervorruft. Die Brüderlichkeit, welche der Freihandel zwischen den verschiedenen Nationen der Erde stiften würde, wäre durchaus nicht brüderlicher; die Ausbeutung in ihrer kosmopolitischen Gestaltung mit dem Namen der allgemeinen Brüderlichkeit bezeichnen, ist eine Idee, die nur dem Schoß der Bourgeoisie entspringen konnte. Alle destruktiven Erscheinungen, welche die freie Konkurrenz in dem Innern eines Landes zeitigt, wiederholen sich in noch riesigerem Umfange auf dem Weltmarkt. Wir brauchen uns nicht länger bei den Sophismen aufzuhalten, welche die Freihändler über diesen Gegenstand ausspielen und die geradesoviel wert sind wie die Argumente unserer drei Laureaten, der Herren Hope, Morse und Greg.

Man sagt uns zum Beispiel, daß der Freihandel eine internationale Arbeitsteilung ins Leben rufen und damit jedem Lande eine mit seinen natürlichen Vorteilen harmonierende Produktion zuweisen würde.

Sie glauben vielleicht, meine Herren, daß die Produktion von Kaffee und Zucker die natürliche Bestimmung von Westindien sei.

Vor zwei Jahrhunderten hatte die Natur, die sich nicht um den Handel kümmert, dort weder Kaffeebäume noch Zuckerrohr gepflanzt.

Und es wird vielleicht kein halbes Jahrhundert dauern, bis Sie dort weder Kaffee noch Zucker finden, denn bereits hat Ostindien durch billige Produktion gegen diese angeblich natürliche Bestimmung von Westindien den Kampf siegreich aufgenommen. Und eben dieses Westindien ist mit seinen natürlichen Reichtümern eine ebenso schwere Last für die Engländer wie die Weber von Dakka, die auch von Anbeginn der Zeiten bestimmt waren, mit der Hand zu weben.

Noch ein Umstand darf dabei nie aus dem Auge gelassen werden: der nämlich, daß, wie alles Monopol geworden ist, es auch heute einige Industriezweige gibt, welche alle anderen beherrschen und den sie vorzugsweise betreibenden Völkern die Herrschaft auf dem Weltmarkt sichern. So hat im internationalen Verkehr allein die

Baumwolle eine viel größere kommerzielle Bedeutung als alle anderen zur Anfertigung von Bekleidungsgegenständen verwendeten Rohstoffe zusammen. Es ist wahrhaft lächerlich, wie die Freihändler auf die paar Spezialitäten in jedem Industriezweig hinweisen, um sie gegen die Produkte des alltäglichen Gebrauches in die Waagschale zu werfen, die am billigsten in den Ländern produziert werden, wo die Industrie am entwickeltsten ist.

Wenn die Freihändler nicht begreifen können, wie ein Land sich auf Kosten des anderen bereichern kann, so brauchen wir uns darüber nicht zu wundern, da dieselben Herren noch weniger begreifen wollen, wie innerhalb eines Landes eine Klasse sich auf Kosten der anderen bereichern kann.

Glauben Sie aber nicht, meine Herren, daß, wenn wir die Handelsfreiheit kritisieren, wir die Absicht haben, das Schutzzollsystem zu verteidigen.

Man kann den Konstitutionalismus bekämpfen, ohne deshalb Freund des Absolutismus zu sein.

Übrigens ist das Schutzzollsystem nur ein Mittel, in einem Lande die Großindustrie aufzuziehen, das heißt es vom Weltmarkt abhängig zu machen; und von dem Augenblick an, wo man vom Weltmarkt abhängt, hängt man schon mehr oder weniger vom Freihandel ab. Außerdem entwickelt das Schutzzollsystem die freie Konkurrenz im Innern eines Landes. Deshalb sehen wir, daß in den Ländern, wo die Bourgeoisie anfängt, sich als Klasse Geltung zu verschaffen, wie zum Beispiel in Deutschland, sie große Anstrengungen macht, um Schutzzölle zu bekommen. Dieselben sind für sie Waffen gegen den Feudalismus und die absolute Staatsgewalt, sie sind für sie ein Mittel, ihre Kräfte zu konzentrieren und den Freihandel im Innern des Landes selbst zu realisieren.

Aber im allgemeinen ist heutzutage das Schutzzollsystem konservativ, während das Freihandelssystem zerstörend wirkt. Es zersetzt die früheren Nationalitäten und treibt den Gegensatz zwischen Proletariat und Bourgeoisie auf die Spitze. Mit einem Wort, das System der Handelsfreiheit beschleunigt die soziale Revolution. Und nur in diesem revolutionären Sinne, meine Herren, stimme ich für den Freihandel.

Anmerkungen

1 Von Anton Menger erschien 1886 (2. Auflage 1891): „Das Recht auf den vollen Arbeitsertrag in geschichtlicher Darstellung". Menger vermutete in dieser Schrift, Marx und Engels hätten Hodgskin mit Hopkins verwechselt. Das traf jedoch nicht zu. 38

2 *Februarrevolution* — bürgerlich-demokratische Revolution in Frankreich am 23./24. Februar 1848, die, von den Pariser Arbeitern erkämpft, den Bürgerkönig Louis Philippe, den Vertreter der Hochfinanz, stürzte. 45

3 *Juniinsurrektion* — Aufstand der Pariser Arbeiter am 23. Juni 1848, der, von der Bourgeoisie unter für die Arbeiter ungünstigen Umständen provoziert, nach fünftägigem Barrikadenkampf von dem republikanischen General Cavaignac blutig niedergeschlagen wurde. 45

4 *coup d'état* — Staatsstreich. Louis Napoleon Bonaparte (Neffe Napoleons I.) stürzte am 2. Dezember 1851 durch einen Staatsstreich die parlamentarische Herrschaft und erklärte sich zum Kaiser der Franzosen. 46

5 *Versöhnung (conciliation)* — im Original: Zirkulation (circulation), in der Druckfehlerberichtigung der französischen Erstausgabe korrigiert; die deutschen Ausgaben von 1885 und 1892 haben: Zirkulation. 62

6 *Restauration* — Wiederherstellung. Gemeint ist die auf die Revolution von 1640 folgende Zeit der Reaktion und Wiedereinsetzung des verjagten Herrscherhauses im Jahre 1660. 64

7 *„Deutsch-Französische Jahrbücher"* — von Marx gemeinsam mit dem linken Hegelianer Arnold Ruge 1844 in Paris herausgegebene radikale Zeitschrift. 71

8 Engels hat in einer in seinem Nachlaß aufgefundenen Liste für diese Stelle folgende Einfügung vorgemerkt: in den auf den individuellen Austausch gegründeten Gesellschaftsordnungen. 84

9 Das Zitat stammt aus Voltaires 1767 erschienener „Histoire du Parlement de Paris" (Geschichte des Parlaments von Paris). 104

10 *Malter* — früheres deutsches und Schweizer Trockenmaß. Der (oder das) Malter hatte in den einzelnen deutschen Ländern verschiedenen Inhalt: zwischen 182 und 1248 Liter. 105

¹¹ Lemontey meint hier sein Buch „Raison, folie, chacun son mot; petit cours de morale mis à la portée des vieux enfents" (Vernunft, Wahnsinn, jedem sein Wort; kleiner Moralkursus, den alten Kindern dargereicht), Paris 1801. 149

¹² *Creusot* — französische Stadt im burgundischen Bergland, bekannt durch die AG Schneider & Co., eine der größten Stahl-, Eisen- und besonders Geschützfabriken, die 1836 gegründet wurde. Diese Repräsentantin des französischen Monopolkapitals wird kurz Le (Der) Creusot genannt. 151

¹³ *Levante* — die Länder um das östliche Mittelmeer. 159

¹⁴ *Spinnmaschinen* — von 1738 bis 1825 wurden in England mehrere bedeutende Erfindungen zur Mechanisierung des Spinnens gemacht, die für die Entwicklung des Kapitalismus von großer Bedeutung waren. 1764: Jennymaschine — 1779: Mulemaschine (Hand-Mule) — 1825: self-acting-mule (selbsttätige Mule) oder Selfaktor (der „Selbsttätige"), die automatische Spinnmaschine. 160 187 211

¹⁵ *in partibus infidelium* — in den Gebieten der Ungläubigen. In der katholischen Kirche gibt es Titularbischöfe, die ihren Titel nach einem früheren Bischofssitz in einer heute nicht mehr christlichen Gegend führen, der daher praktisch nicht eingenommen werden kann. Der Sinn des Ausdrucks ist daher: nur dem Schein nach bestehend. 168

¹⁶ *Der Mann mit den vierzig Talern* — Gestalt aus der gleichnamigen, 1768 erschienenen Erzählung Voltaires „L'homme aux quarante écus". 175

¹⁷ *Deus ex machina* (der Gott aus der Maschine) — im antiken Theater die Göttererscheinung, die die dramatischen Verwicklungen löste. Die Erscheinung des Gottes wurde durch eine besondere Maschine bewerkstelligt, von der aus der Gott sprach. Vom Theater aus ist der Ausdruck ins tägliche Leben übergegangen, wo er sprichwörtlich die unerwartete Lösung von Verwicklungen bezeichnet. 176

¹⁸ *Mill* — gemeint ist James Mill, der Vater von John Stuart Mill. 181

¹⁹ Proudhon zitiert den Artikel von Léon Faucher „Les coalitions condamnées par les ouvriers anglais" (Die englischen Arbeiter lehnen die Koalitionen ab), erschienen im „Journal des économistes" (Zeitschrift der Ökonomen), Paris 1845. 187

²⁰ *Anti-corn-law-league* (Liga gegen die Kornzölle) — die englischen Fabrikanten vereinigten sich zum Kampf für die Abschaffung der Getreidezölle in dieser Liga; sie betrieb von 1838 bis 1846/49 eine heftige Agitation. 188 201

²¹ *Konstituante* — gemeint ist die Verfassunggebende Versammlung von 1789. 190

218

22 *Kaiserreich* — gemeint ist die Herrschaft Napoleons I. 190

23 *Chartisten* — „die erste breite, wirkliche Massen erfassende politische proletarisch-revolutionäre Bewegung" (Lenin) in England in den dreißiger und vierziger Jahren des 19. Jahrhunderts. Ihren Namen hatte sie von dem als Charte (Staatsgrundgesetz) bezeichneten, 1838 im Parlament eingebrachten Gesetzentwurf, der die politischen Forderungen der englischen Arbeiter enthielt. 191

24 Engels spielt hier auf Lassalle an, insbesondere auf dessen am 17. April 1862 im Berliner Handwerkerverein gehaltenen Vortrag „Über den besondern Zusammenhang der gegenwärtigen Geschichtsperiode mit der Idee des Arbeiterstandes", selbständig zumeist unter dem Titel „Arbeiterprogramm" herausgegeben. 193

25 *Haus der Gemeinen* — Unterhaus des englischen Parlaments. 209

Namenverzeichnis

Anderson, James (1739—1808) schottischer Ökonom, Vorläufer Ricardos in der Rententheorie. 58

Annenkow, P. W. (1812—1887) russischer liberaler Gutsbesitzer und Schriftsteller, der viel im Ausland weilte und dort mit Marx bekannt wurde. Zum Sozialismus hatte er außer dieser Bekanntschaft gar kein Verhältnis. 5

Arkwright, Sir Richard (1732—1792) englischer Mechaniker und Fabrikant, Erfinder und Erbauer verschiedener Spinnmaschinen. 160 161

Atkinson, William (19. Jahrhundert) englischer Ökonom. Er bekämpfte die klassische politische Ökonomie und befürwortete die Schutzzölle. 87

Babbage, Charles (1792—1871) englischer Mathematiker und Mechaniker, konstruierte die erste schreibende Rechenmaschine; Verfasser eines Buches über Maschinerie, in dem er „die große Industrie eigentlich nur vom Standpunkt der Manufakturperiode auffaßt" (Marx). 158

Bastiat, Frédéric (1801—1850) französischer Vulgärökonom, Freihändler, der „flachste und daher gelungenste Vertreter vulgärökonomischer Apologetik" (Marx). 46

Baudeau, Abbé Nicolas (1730—1792) französischer Politiker und Ökonom, Physiokrat. 125

Blanqui, Jérome Adolphe (1798 bis 1854) französischer Ökonom, Bruder des Revolutionärs Louis-Auguste Blanqui, studierte die Lage der Arbeiter in einer Reihe von Ländern, gehört seinen ökonomischen Ansichten nach zu Say. 70

Boisguillebert, Pierre Le Pesant, Sieur de (1646—1714) französischer Ökonom, Gegner des Merkantilismus, Vorläufer der Physiokraten. Mit ihm beginnt die klassische Ökonomie in Frankreich. 87 109

Bonaparte, Louis Napoleon (1808 bis 1873) 1848 Präsident der französischen Republik, dann als Napoleon III. Kaiser der Franzosen von 1851 bis 1870. „Abenteurer, Karikatur des alten Napoleon" (Marx). 46 47

Bowring, Sir John (1792—1872) englischer Politiker, Literaturkritiker, Freihändler. 199 203 206—211

Bray, John Francis (1809—1895) englischer utopischer Sozialist, Chartist. Politisch-agitatorisch sehr aktiv. Mitbegründer der im August 1837 gegründeten Arbeiter-Vereinigung von Leeds. Später Farmer und Zeitungsherausgeber in Amerika. 25 31 89—99 198

Bright, John (1811—1889) englischer Fabrikant, Politiker, Führer der Liga gegen die Kornzölle. 199

Brissot de Warville (1754—1793) Führer der Girondisten in der französischen Revolution. 41

Cabet, Etienne (1788—1856) französischer Schriftsteller und Politiker, utopischer Sozialist, schrieb einen kommunistischen Staatsroman „Reise nach Ikarien" und gründete kommunistische Kolonien in Amerika. 44

Cherbuliez, Antoine Elisée (1797 bis 1869) Schweizer Politiker und Ökonom, Schüler Sismondis. 181

Colbert, Jean Baptiste (1619—1683) französischer Staatsmann, der konsequenteste Vertreter der merkantilistischen Wirtschaftspolitik, die nach ihm auch „Colbertismus" genannt wird. 104 168

Cooper, Thomas (1759—1839) englischer, später amerikanischer demokratischer Politiker, Chemiker, Naturphilosoph, Ökonom. 111

Darimon, Alfred (1819 — gest. nach 1870) französischer Politiker, Anhänger Proudhons, Redakteur verschiedener Zeitungen. 198

Droz, François-Xavier-Joseph (1773 bis 1850) französischer Philosoph, Historiker und Ökonom. 70

Dunoyer, Barthélémy-Charles-Pierre-Josephe (1786—1862) französischer Politiker, Publizist und Ökonom. 44 81

Edmonds, Thomas Rowe (1803—1889) englischer Versicherungsgesellschafts-Direktor und Verfasser von Studien über Sterbestatistik. 25 89

Faucher, Léon (1803—1854) französischer politischer und ökonomischer Publizist. 187

Ferguson, Adam (1723—1816) schottischer Philosoph und Geschichtsschreiber, Anhänger Humes, Lehrer Adam Smiths. 150

Feuerbach, Ludwig (1804—1872) deutscher Philosoph. In der philosophischen Grundfrage, daß die Materie nicht ein Erzeugnis des Geistes, sondern der Geist selbst nur das Produkt der Materie ist, ist Feuerbach reiner Materialist, wenn er auch vor dem Namen Materialismus zurückschreckt. Hingegen tritt in der Religionsphilosophie und Ethik der Idealismus Feuerbachs zutage. Denn „er will die Religion keineswegs abschaffen, er will sie vollenden". „Er blieb auch als Philosoph auf halbem Wege stehen, war unten Materialist, oben Idealist" (Engels). 39

Fourier, François Charles (1772 bis 1837) französischer utopischer Sozialist. Die starke Seite seiner Schriften ist die Kritik der bürgerlichen Gesellschaftsordnung. „Wir finden bei Fourier eine echt französisch-geistreiche, aber darum nicht minder eindringende Kritik der bestehenden Gesellschaftszustände. Er deckt die materielle und moralische Misere der bürgerlichen Welt unbarmherzig auf" (Engels). Fourier entwarf ein Zukunftsbild einer harmonisch lebenden menschlichen Gesellschaft, in der die Menschen durch Arbeitsgemeinschaften (Phalanstere) miteinander verbunden sind. 5 18 39

Gray, John (1798—1850) englischer utopischer Sozialist, Schüler Owens, wollte die soziale Frage durch eine „Arbeitsgeld-Austauschutopie" (Engels) lösen. 29 31 35 38 195 bis 198

Greg, William Rathbone (1809—1881) englischer Großindustrieller, trat für Freihandel ein und bekämpfte die Wahlreform. 201—203 214

Grün, Karl (1813—1887) deutscher Schriftsteller, einer der Hauptvertreter des „wahren Sozialismus", „der an die Stelle der wissenschaftlichen Erkenntnis die belletristische (schöngeistige) Phrase, an die Stelle der Emanzipation des Proletariats durch die ökonomische Umgestaltung der Produktion die Befreiung der Menschheit vermittels der ‚Liebe' setzte" (Engels). 41

Harvey, William (1578—1657) englischer Arzt und Naturforscher, der den großen Kreislauf des Blutes entdeckte. 170

Hegel, Georg Wilhelm Friedrich (1770—1831) der bedeutendste Vertreter der deutschen klassischen Philosophie, objektiver Idealist, genialer Erforscher der Gesetze der Dialektik, die er zuerst bewußt anwandte. Im Hegelschen System wurde „zum erstenmal — und das ist ein großes Verdienst — die ganze natürliche, geschichtliche und geistige Welt als ein Prozeß dargestellt... Hegel hatte die Geschichtsauffassung von der Naturmystik befreit, er hatte sie dialektisch gemacht" (Engels). Die Dialektik ist bei Hegel freilich noch idealistisch. „Sie steht bei ihm auf dem Kopf. Man muß sie umstülpen, um den rationellen Kern in der mystischen Hülle zu entdecken" (Marx). 5 39 42 124—135

Helvétius, Claude Adrien (1715—1771) französischer Philosoph, Enzyklopädist. „In Helvétius empfängt der Materialismus den eigentlich französischen Charakter. Er faßt ihn sogleich in bezug auf das gesellschaftliche Leben" (Marx). 45

Herkules, griechischer Sagenheld, gilt als Verkörperung der Kraft und Ausdauer. 161

Hilditch, Richard (19. Jahrhundert) englischer Advokat, schrieb über Steuerfragen; Befürworter der Verstaatlichung der Grundrente. 181

Hodgskin, Thomas (1787—1869) englischer antikapitalistischer Ökonom, einer der Vertreter des proletarischen Gegensatzes gegen die klassische Ökonomie, bleibt jedoch in den Ricardoschen Theorien befangen, übernimmt „alle ökonomischen Voraussetzungen der kapitalistischen Produktion als ewige Form und will nur das Kapital streichen, die Basis und zugleich die notwendige Konsequenz" (Marx). 25 38 89

Hope, George (1811—1876) englischer Pächter und Agronom. 201 214

Huskisson, William (1770—1830) englischer Kolonialminister. Er begann, wenn auch mit Vorsicht, an dem System hoher Schutzzölle zu rütteln und die Einschränkungen für ausländische Handelsschiffe, englische Häfen anzulaufen, zu lockern. 190

Juvenal, Decimus Junius (60—140) römischer Satiriker, der die Verderbtheit des vornehmen Roms geißelte. 78

Kant, Immanuel (1724—1804) idealistischer Philosoph. In seiner Philosophie spiegelt sich, wie Marx sagt, die „Ohnmacht, Gedrücktheit und Misere der deutschen Bürger" wider. Mit seiner Theorie vom nicht erkennbaren „Ding an sich" bestreitet er „die Möglichkeit der Erkenntnis der Welt oder doch einer erschöpfenden Erkenntnis" (Engels). 40 42 152

Karl I., *„der Große"* (742—814) König der Franken von 768 an und römischer Kaiser von 800 an. 104

Karl II. (1630—1685) König von Großbritannien und Irland von 1660 bis 1685. 185

Lassalle, Ferdinand (1825—1864) ausgezeichneter Redner und Publizist, maß dem ökonomischen Kampf und der gewerkschaftlichen Organisation des Proletariats keine Bedeutung bei. 1863 gründete er den Allgemeinen Deutschen Arbeiterverein, versuchte in Verhandlungen mit Bismarck Konzessionen für die Arbeiter zu erlangen. 71

Lauderdale, James Earl of (1759 bis 1839) englischer reaktionärer Politiker und Ökonom, polemisierte gegen Adam Smith, unter anderem gegen dessen Lehre von der Teilung der Arbeit. Gab eine verteidigende Erklärung des Profits. 55 56 68, 116, 117

Law, John (1671—1729) schottischer Finanzier und Ökonom. Gründete 1716 eine staatlich privilegierte Aktienbank in Paris, die Papiergeld mit geringer Metalldeckung ausgab, um die französischen Staatsschulden zu bezahlen. Er war Generalkontrolleur der Finanzen. 1720 verkrachten seine Gründungen. 104

Lemontey, Pierre Edouard (1762 bis 1826) französischer Ökonom, Gegner der Jakobiner, floh aus Frankreich, als die Jakobiner die Herrschaft übernahmen. 149 150 164

Linguet, Simon Nicolas Henri (1736 bis 1794) französischer Schriftsteller, polemisierte „gegen die bürgerlich-liberalen Ideale seiner aufklärerischen Zeitgenossen, gegen die beginnende Herrschaft der Bourgeoisie" (Marx). 46

Ludwig XIV. (1638—1715) König von Frankreich von 1643 bis 1715. 109

Ludwig XV. (1710—1774) König von Frankreich von 1715 bis 1774. 124

Malthus, Thomas Robert (1766—1834) englischer Pfarrer und Ökonom, Vertreter der englischen Staatskirche und der Grundaristokratie. Er stellte das berüchtigte (durch die Tatsachen widerlegte) Gesetz auf, daß die Bevölkerung schneller wachse als die Existenzmittel, und empfahl dem Proletariat Geburteneinschränkung als Heilmittel gegen das kapitalistische Elend. 40

Mill, James (1773—1836) englischer Historiker, Philosoph und Ökonom, stellte als erster „Ricardos Theorie in systematischer Form" dar. Mit seinen Versuchen, die Widersprüche dieser Theorie „wegzuklären...", verwickelte er sich selbst in Widersprüche und stellt mit seinem Versuch, sie zu lösen, zugleich die beginnende Auflösung der Theorie dar, die er dogmatisch vertritt" (Marx). 181

Mill, John Stuart (1806—1873) Sohn des vorigen, englischer Philosoph und Ökonom. Freihändler und Nachfahre der klassischen Ökonomie, in dem sich die Auflösung der Ricardoschen Schule vollendete. Suchte ein Kompromiß zwischen ihren Lehren und den sozialistischen Forderungen des Proletariats. 110

Morse, Arthur (19. Jahrhundert) Engländer, aktiv in der Liga gegen die Kornzölle tätig, schrieb auch (1855) eine Schrift über Erziehung. 201 202 214

Napoleon I. Bonaparte (1769—1821) Kaiser der Franzosen von 1804 bis 1814/15. 131

Peter I., „der Große" (1672—1725) Zar von Rußland von 1682 bis 1725. 46

Petty, Sir William (1623—1687) englischer Ökonom und Statistiker, „Begründer der modernen politischen Ökonomie, einer der genialsten und originellsten ökonomischen Forscher" (Marx). 185

Philipp I. (1052—1108) König von Frankreich von 1060 bis 1108. 104 bis 106

Prometheus, griechischer Sagenheld, raubte dem Zeus das Feuer und wurde deshalb an einen Felsen geschmiedet. 118—122

Proudhon, Pierre Joseph (1809—1865) französischer kleinbürgerlicher Sozialist, einer der theoretischen Begründer des Anarchismus. Seine Theorien, gegen die Marx das „Elend der Philosophie" schrieb, hatten in Frankreich lange Zeit großen Einfluß. Proudhon gelangte nie über kleinbürgerliche Ideen hinaus.

Quesnay, François (1694—1774) französischer Arzt und Ökonom, der Begründer der physiokratischen Lehre. In seinem berühmten „tableau économique" (Ökonomische Tafel) stellte er den Reproduktionsprozeß nicht des einzelnen Kapitals, sondern des gesellschaftlichen Kapitals in seiner Gesamtheit dar.

Dies, „im ersten Drittel des 18. Jahrhunderts, der Kindheitsperiode der politischen Ökonomie..., war unstreitig der genialste Einfall, dessen sich die politische Ökonomie bisher schuldig gemacht hat" (Marx). 124 211

Raumer, Friedrich von (1781—1873) deutscher Geschichtsschreiber. Seine Werke sind durch romantische und unkritische Einstellung gekennzeichnet. Hauptwerk: Geschichte der Hohenstaufenzeit. 47

Ricardo, David (1772—1823) englischer Bankier und Ökonom, der letzte große Vertreter und Höhepunkt der klassischen Ökonomie. Ging von der Bestimmung des Wertes durch die Arbeitszeit aus. Marx sagt, daß „Ricardo den ökonomischen Gegensatz der Klassen — wie ihn der innere Gegensatz zeigt — aufdeckt, ausspricht, und daher in der Ökonomie der geschichtliche Kampf und Entwicklungsprozeß in seiner Wurzel aufgefaßt wird". Ricardo verstand jedoch nicht den historischen Charakter der kapitalistischen Produktionsweise und faßte sie als ewig auf. 24—28 37 45 53 56 64—70 74 75 83—85 108 109 116 124 144 175—180 205 211

Rodbertus-Jagetzow, Karl (1805 bis 1875) deutscher Ökonom und Politiker. Seine Theorie der Grundrente spiegelt seine eigene soziale Lage als pommerscher Gutsbesitzer wider. Rodbertus „ahnt den Unterschied des Mehrwerts von seinen speziellen Formen..., aber er schießt am Richtigen vorbei, weil es sich ihm von vornherein um Deutung eines bestimmten Phänomens, der Grundrente, nicht um die Auffindung des allgemeinen Gesetzes handelt" (Marx). In der Theorie des Nationaleinkommens „wiederholt Rodbertus im wesentlichen die Lehre von Adam Smith einschließlich seines grundlegenden Irrtums (der Auflösung des Wertes in Arbeitslohn und Mehrwert)" (Lenin). 25—25 29—57

Rossi, Pellegrino Luigi (1787—1848) italienischer Vulgärökonom, Jurist und Politiker. Voll „Überweisheit und wichtigtuenden Geschwätzes" (Marx). 70 171

Rousseau, Jean Jacques (1712—1778) französischer Schriftsteller, der bedeutendste geistige Vertreter des revolutionären Kleinbürgertums vor der französischen Revolution. Selbst in den Ideen der Aufklärung befangen, wandte er sich doch zugleich gegen ihre einseitige verstandesmäßige Einstellung. Er verherrlichte den Naturzustand der ursprünglichen Gleichheit und behauptete, daß die Entwicklung der Zivilisation zur höchsten Steigerung der Ungleichheit in der absoluten Monarchie führte. Er begründete das Recht des Volkes auf gewaltsame Vertreibung der Despoten. Seine pädagogischen und politischen Schriften übten großen Einfluß auf die Zeitgenossen aus. Der radikale Flügel in der Revolution sah in ihm seinen theoretischen Vorläufer. 46 47

Sadler, Michael Thomas (1780—1835) englischer Sozialreformer, Mitglied des Unterhauses, Gegner Malthus' und des Freihandels. 110

Saint-Simon, Claude Henri Comte de (1760—1825) französischer utopischer Sozialist. „Einer der großen Utopisten (Saint-Simon, Fourier, Owen), die als Vertreter der Interessen des Proletariats auftraten..., hatte eine geniale Weite des Blicks, vermöge deren fast alle nicht streng ökonomischen Gedanken der späteren Sozialisten bei ihm im Keime enthalten sind" (Engels). 39

Sand, George — eigentlich Aurore Dupin — (1804—1876) französische Romanschriftstellerin, schrieb viele Romane, durchweg idealistischer Natur, von starkem Gefühl durchdrungen, aber oft wirklichkeitsfremd und künstlerisch nur von mittlerem Niveau. Von 1838 bis 1845 stand sie in Verbindung mit Anhängern St. Simons, was ihren Romanen dieser Epoche einen sozialhumanitären Einschlag gab. 194

Say, Jean-Baptiste (1767—1832) französischer Vulgärökonom, nach Marx ein „Jammermensch", „der seine fade Oberflächlichkeit darunter zu verstecken sucht, daß er die Halbheiten und Böcke A. Smiths in absolut-allgemeine Phrasen auflöst". Unterscheidet sich von den ihm folgenden Vulgärökonomen dadurch, daß er „den Stoff noch nicht ganz bearbeitet findet, also noch mehr oder minder an der Lösung der ökonomischen Probleme vom Standpunkt der Ökonomie mitarbeitet" (Marx). 56 64 76 77 108 109 149

Schweitzer, Johann Baptist von (1833 bis 1875) Frankfurter Rechtsanwalt, ursprünglich Nationalliberaler, seit Anfang der sechziger Jahre Lassalleaner. Führer des „Allgemeinen Deutschen Arbeitervereins" nach Lassalles Tod. 1865 gründete er in Berlin das lassalleanische Zentralorgan „Social-Demokrat", für das er von Bismarck geldliche Unterstützungen erhielt. Schweitzer wollte aus der politischen Par tei, die die Klassenbewegung des Proletariats leiten muß, eine Sekte machen und widersetzte sich der Einigung der deutschen Arbeiterbewegung. Er war ein Vertreter der Bismarckschen Politik, der Vereinigung Deutschlands unter der Vorherrschaft des preußischen Junkertums, „königlich preußischer Sozialdemokrat" (Marx). 23 39

Senior, William Nassau (1790—1864) englischer Ökonom, „bloßer Apologet des Bestehenden und daher Vulgärökonom", „der Wortführer des gebildeten Bourgeois" (Marx). 110

Sismondi, Jean Charles Simonde de (1773—1842) Schweizer Ökonom und Historiker, kritisierte die klassische Ökonomie vom Standpunkt der ökonomischen Romantik. „In allen Punkten unterscheidet er sich von den Klassikern dadurch, daß er auf die Widersprüche des Kapitalismus hinweist. Das ist die eine Seite. Auf der anderen Seite kann er in keinem Falle (und will es auch nicht) die Analyse der Klassiker weiterführen und beschränkt sich deshalb auf eine sentimentale Kritik des Kapitalismus vom Standpunkt des Kleinbürgers" (Lenin). 55 85 88 150

Smith, Adam (1723—1790) englischer Ökonom und Moralphilosoph. Er gab der klassischen Ökonomie ihre entwickelte Gestalt. Marx nennt ihn den Ökonomen der Manufakturperiode. Von großer Bedeutung waren seine Theorien von der Arbeitsteilung, von der produktiven Arbeit und vom Mehrwert. Seiner Lehre zufolge liegt der wahre Reichtum der Nationen nicht im Geld, wie die Merkantilisten behaupten, sondern in der nützlichen Tauschwerte schaffenden Arbeit. Nach Smith schafft auch die industrielle Arbeit, nicht nur die landwirtschaftliche, wie bei den Physiokraten, Mehrwert. „Die Widersprüche A. Smiths haben das Bedeutende, daß sie Probleme enthalten, die er zwar nicht löst, aber dadurch ausspricht, daß er sich widerspricht" (Marx). Der Hauptfehler in seiner Theorie der Reproduktion, den Marx aufgedeckt hat, ist die Außerachtlassung des konstanten Kapitals, die Auflösung des Warenwertes in Arbeitslohn und Mehrwert. 10 53 63—66 75 103 144 148—150 158 161 162 173

Steuart (Stewart) Sir James D. (1712 bis 1780) englischer Ökonom, dessen Lehre nach Marx „der rationelle Ausdruck des Merkantilismus" ist. „Sein Verdienst um die Auffassung des Kapitals beruht auf der Nachweisung, wie der Scheidungsprozeß zwischen den Produktionsbedingungen, als dem Eigentum bestimmter Klassen, und der Arbeitskraft vorgeht" (Marx). Steuart erklärte den Profit aus dem Überschuß des Preises über den Wert. 173

Storch, Heinrich Friedrich von (1766 bis 1835) deutsch-russischer Ökonom, polemisierte gegen A. Smith. 60

Thiers, Louis Adolphe (1797—1877) französischer Staatsmann und Historiker, rücksichtsloser Vertreter der Klasseninteressen der Bourgeoisie, der Schlächter der Pariser Kommune. „Ein Meister kleiner Staatsschufterei, ein Virtuose des Meineids und Verrats", „konsequent nur in seiner Gier nach Reichtum und seinem Haß gegen die, die ihn hervorbringen" (Marx). 45

Thompson, William (etwa 1785 bis 1833) irischer Gutsbesitzer und Ökonom, Anhänger Owens, der bedeutendste wissenschaftliche Vertreter des Owenschen Kommunismus. 25 58 89 198

Tooke, Thomas (1774—1858) englischer Ökonom, Verfasser der bedeutenden „Geschichte der Preise". Der „letzte englische Ökonom von einigem Wert" (Marx). 110

Ure, Andrew (1778—1857) englischer Chemiker und politischer Ökonom. Verteidiger des Kapitals und der großen Industrie. 160—163 211

Villeneuve-Bargemont, Jean Paul Alban Vicomte de (1784—1850) französischer Politiker und Ökonom. 141

Voltaire, François Marie Arouet de (1694—1778) französischer Schriftsteller und Aufklärer, geistiger Wegbereiter der revolutionären aufsteigenden Bourgeoisie. Seine geschichtliche Rolle beruht auf seinen kritischen Schriften und Satiren, in denen er die feudal-aristokratische Regierung, die Sitten seiner Zeit und besonders die katholische Kirche heftig angriff; er hatte dadurch großen Einfluß auf die revolutionäre Entwicklung in Frankreich und auch im Ausland. Wegen seiner Schriften wurde er stark verfolgt. 47 104 175

Wagner, Adolph (1835—1917) deutscher bürgerlicher Ökonom, Begründer der reaktionären Christlich-Sozialen Partei (1878), Mitbegründer des Vereins für Sozialpolitik, Anhänger der Bismarckschen Sozial- und Finanzpolitik. 30

Weitling, Wilhelm (1808—1871) der erste deutsche sozialistische Schriftsteller, der aus der Arbeiterschaft stammte, von Beruf Schneider. Mitglied des „Bundes der Gerechten", in dessen Auftrag er die Broschüre „Die Menschheit, wie sie ist und wie sie sein soll" (1838) schrieb. Sein Hauptwerk „Garantien der Harmonie und Freiheit", „dieses maßlose und brillante Debut der deutschen Arbeiter" (Marx), erschien 1842. Weitling steht zwischen dem utopischen und dem wissenschaftlichen Sozialismus. Er versuchte, die Theorie der Utopisten dem revolutionären Kampf der Arbeiterklasse anzupassen, blieb aber stark in kleinbürgerlichen Ansichten befangen. 24

Wilhelm von Oranien (1650—1702) als Wilhelm III. König von England von 1689 bis 1702. 173

Wyatt, John (1700—1766) englischer Erfinder einer Spinnmaschine. 160

Fremdworterklärung

absorbieren aufsaugen; einsaugen
abstrahieren von etwas bzw. vom Besonderen abziehen; verallgemeinern
abstrakt begrifflich; allgemein; nur gedacht
Abstraktion Absehen vom Konkreten; Verallgemeinerung
adäquat angemessen; gleich; entsprechend
administrativ verwaltungsmäßig
adoptieren annehmen; sich aneignen
Äquivalent Gleichwertiges; Gegenwert
ätherisch ätherartig; himmlisch; zart
Affirmation Bejahung
agrikol den Ackerbau betreffend; landwirtschaftlich
Agrikultur Ackerbau
Agronomie Ackerkunde; Bodenkunde
Akkommodation Anpassung
Akkumulation Anhäufung; *A. von Kapital:* „Anwendung von Mehrwert als Kapital oder Rückverwandlung von Mehrwert in Kapital" (Marx)
akkumulieren anhäufen
Akzidenzien Zufälligkeiten; unwesentliche Eigenschaften
allegorisch sinnbildlich
Analogon ähnlicher Fall
Analyse (Auflösung) Untersuchung durch Zergliederung eines Gegenstandes oder Begriffs
analysieren zergliedernd untersuchen
Anglophobie Abneigung, Haß gegen alles Englische

Antagonismus unüberbrückbarer Gegensatz
antagonistisch unversöhnlich; unüberbrückbar gegensätzlich; feindlich
Antinomie unlösbarer Widerspruch (zweier Gesetze oder Regeln)
Antithese Gegensatz
Antizipation, Antizipierung Vorwegnahme
Apologet Verteidiger; Verfechter
Apologetik Verteidigung
a priori, apriorisch von vornherein; im voraus; aus Vernunftgründen
Arithmetik Zahlenlehre; Rechenkunst
Arrangement Anordnung, Einteilung
assortieren aussondern; auslesen
Assoziation Genossenschaft; Vereinigung; Verbindung
assoziiert vereinigt; verbunden
Authentizität Echtheit; Glaubwürdigkeit; Zuverlässigkeit
Autodidakt (Selbsterlerner) ohne schulmäßigen Unterricht sich Bildender
autorisieren ermächtigen; bevollmächtigen; gestatten; zulassen
Axiom Grundsatz, der keines Beweises bedarf

bibliographisch zur Bücherkunde gehörig; dem Büchernachweis dienend
Bilanz geschäftlicher Rechnungsabschluß; Überschlag; *Handelsbilanz:* das Verhältnis des Wertes

von Einfuhr und Ausfuhr eines Landes
blasiert abgestumpft; hochmütig
burlesk possenhaft

Charlatanismus (Scharlatanismus) Marktschreierei; Quacksalberei; Kurpfuscherei
chimärisch (schimärisch) trüglich; trügerisch
chronisch andauernd; schleichend (besonders bei Krankheiten)
Chronologie Zeitfolge; Zeitrechnung

Debut erstes Auftreten
Degradation Erniedrigung; Herabsetzung
Demonstration Beweisführung; eingehende Darlegung
Depravation Verschlechterung; Entartung
depraviert verschlechtert; entartet
Depression Senkung; Rückgang; Niedergeschlagenheit; Tiefstand im industriellen Kreislauf
destruktiv zerstörend; umstürzlerisch
dezimieren den 10. Mann zur Todesstrafe herausnehmen; stark vermindern
diametral in Richtung des Durchmessers; gerade gegenüber, völlig entgegengesetzt
didaktisch belehrend; lehrhaft
disponibel verfügbar
Disproportionalität Mißverhältnis
disputieren streiten; seine Meinung verfechten
Dissertation gelehrte Abhandlung (zur Erlangung der Doktorwürde)
Disziplinarkodex Sammlung von Vorschriften oder Verordnungen zur Aufrechterhaltung der Dienstordnung
Dividende Gewinn(anteil)
Dogma, Dogmen Glaubenssatz, starrer Lehrsatz
dogmatisch starr, streng nach der Lehre oder dem Glauben

Doktrin Lehre
doktrinär an einer bestimmten Lehrmeinung starr festhaltend; einseitig; weltfremd
Doktrinär strenger, pedantischer Verfechter einer Lehre; weltfremder Mensch
Dolmetscher Fürsprecher; Sprachkundiger; Übersetzer
Dualismus Zwiespältigkeit; Herrschaft, Wirksamkeit von zwei Kräften

egalitär gleichmachend; der Gleichheit huldigend
Ellipse (Auslassung) Wortersparung; unvollständiger Satz
Emanation Ausfluß; Ausstrahlung
Emanzipation Befreiung; Gleichstellung
Emission Ausgabe (von Münzen, Banknoten oder Wertpapieren)
Emphase Nachdruck; Redeschwall
Enthusiasmus Begeisterung
Eskamotage Taschenspielerei
esoterisch nur für Eingeweihte bestimmt; geheim; verborgen
etcetera und so weiter
Etikette Zettel mit Aufschrift; Hofzwang, höfische oder gesellschaftliche Sitten und Gebräuche
Etymologie Wortbildungslehre, Wortforschung; Worterklärung
evident einleuchtend; augenscheinlich; offenbar
Evidenz völlige Klarheit
Evolution stetige Entwicklung; Entfaltung
exkommunizieren aus der Kirchengemeinschaft ausschließen
explizieren erklären
extraktive Industrie Gewinnung von Rohstoffen aus der Erde durch Sammlung, Abbau, Bergbau

fatalistisch an Vorherbestimmung glaubend

figurieren eine Rolle spielen; anwesend sein; auftreten
Fiktion Annahme von etwas Nichtwirklichem; bloße Erdichtung; zu bestimmtem Zweck Erdachtes
fix fest; feststehend; *fixe Idee:* Zwangsvorstellung
Fonds Geldvorrat; Geldmittel; Bestand
Fourierist Anhänger des Fourierismus, der Lehre des Utopisten Fourier
Fragment Bruchstück; Teil
frivol leichtfertig; schlüpfrig

Genealogie Stammbaum; Geschlechterfolge
genealogisch die Abstammung, den Stammbaum betreffend
generell allgemein (gültig); im allgemeinen
Genesis Werden; Entstehung; 1. Buch Mosis („Schöpfungsgeschichte")
Genius Geist; Schutzgeist; = Genie; Schöpferkraft
geologisch erdgeschichtlich
gravitieren zu etwas (einem Schweroder Mittelpunkt) hinneigen

Hegelianismus Lehre des Philosophen Hegel
hierarchisch in strenger Stufen- oder Rangordnung
humanitär menschenfreundlich; für das Menschliche eintretend
Humus fruchtbare oberste Bodenschicht
Hypothese wissenschaftliche Annahme, Unterstellung, Vermutung

idealisieren verschönern; mit der Idee oder dem Ideal in Übereinstimmung bringen
identifizieren gleichsetzen; als dasselbe erklären
identisch wesensgleich; gleichbedeutend; völlig gleich

Ideologe Begriffsforscher; Theoretiker; Schwärmer
Ideologie Begriffslehre; Weltanschauung; reine Theorie; Schwärmerei
ideologisch der Ideologie gemäß; weltanschaulich; schwärmerisch
Idiotismus Beschränktheit auf fachliches Denken und Können
Idyll (Bildchen) Bereich friedlicher und einfacher Lebenszustände
ignorieren nicht wissen (wollen); absichtlich übersehen
illegal ungesetzlich; unrechtmäßig; den Vorschriften des bestehenden Staates zuwiderhandelnd
Illusion auf Wünschen beruhende Einbildung
imaginär nur vorgestellt; unwirklich; nur in der Einbildung vorhanden
Imbroglio Durcheinander; Verwicklung; Verwirrung
immanent innewohnend; in der Sache liegend
implizite mit inbegriffen; zugleich
improvisieren ohne Vorbereitung zusammenstellen; etwas aus dem Stegreif tun
Indifferenz Gleichgültigkeit
individualisieren ins einzelne gehen; dem Einzelfall gerecht werden
infam ehrlos; gemein; niederträchtig
Infamie Ehrlosigkeit; Gemeinheit; Niedertracht
infizieren anstecken; Krankheit(en) übertragen
Inkarnation Fleischwerdung; Verkörperung
inkommensurabel nicht mit gleichem Maß meßbar; nicht vergleichbar
Inspiration Eingebung; Beeinflussung
Insurrektion Aufstand; Empörung
integrierend unerläßlich; notwendig
Intensität Anspannung; Dichte; Stärke
interpellieren Anfrage stellen; Einspruch erheben

Interpret Mittler
intervenieren eingreifen; sich einmischen; dazwischentreten; vermitteln
Intervention Einmischung; Vermittlung; Einspruch
Intuition unmittelbare (nicht durch Erfahrung oder Schlüsse vermittelte) Einsicht in eine Wahrheit, in den Wert einer Sache, in einen Zusammenhang
intuitiv durch Anschauung erfassend, unmittelbar erkennend
Invektive Schmährede

Jeremiade Klagelied (benannt nach den Klageliedern des Propheten Jeremias)
Jurisprudenz Rechtswissenschaft; Rechtsgelehrtheit

Kalkulator Rechnungsbeamter
Kaschmir feines, weiches Gewebe aus dem Flaumhaar der Kaschmirziege (Ostindien)
Kassendefekt (gebräuchlicher: Kassendefizit) Kassenfehlbetrag
Kaste sich streng abschließende Gesellschafts- oder Berufsschicht
Kataster Grundbuch; Steuerbuch
Kategorie Hauptgruppe von Dingen; Grundbegriff; Gattung
kategorisch den Kategorien entsprechend; widerspruchslos; entschieden
klassifizieren einordnen; einteilen
koalieren sich verbinden; sich verbünden
Koalition Verbindung; Vereinigung; Bündnis
Kodex Gesetzbuch
Kollision Zusammenstoß; Gegeneinanderwirken
Kolone zinspflichtiger Bauer
Kombination Verbindung; Zusammenstellung; Berechnung
kommensurabel mit gleichem Maß meßbar; vergleichbar

kommerziell kaufmännisch; auf den Handel bezüglich
Kompendium kurzgefaßtes Lehrbuch; Nachschlagewerk
Kompensation Ersatz; Ausgleich; Entschädigung
komponieren zusammensetzen
Komposition Zusammensetzung; Tondichtung
konfrontieren gegenüberstellen
konkret gegenständlich; bestimmt; sinnlich faßbar; an einem Einzelwesen vorhanden
Konsorten Gleichgesinnte; Gefährten; Genossen (heute auch in abfälligem Sinne gebraucht)
konstituieren einsetzen; festsetzen; bestimmen
Konstitution Verfassung; Leibesbeschaffenheit
Konstitutionalismus auf einer Verfassung beruhende Staatsform
konstitutionell verfassungsmäßig; auf die Leibesbeschaffenheit bezüglich
Kontinuität Stetigkeit; lückenloser Zusammenhang
kontradiktorisch widersprechend; einander ausschließend; Verfahren, bei dem beide Parteien gehört werden
Kontrahent, Kontrahierender Vertragschließender
konvenierend passend, annehmbar
konventionell auf Übereinkunft beruhend; herkömmlich
Konzession Zugeständnis
Kooperation Zusammenwirken
Korporation Körperschaft
korrumpieren verderben; verlottern; bestechen
Korruption Sittenverfall; Bestechlichkeit
kretinartig schwachsinnig; trottelhaft

latent verborgen; gebunden

Laureat Preisträger; preisgekrönter Künstler oder Wissenschaftler
legitim rechtmäßig; gesetzlich
Liquidation Kostenrechnung; Auseinandersetzung; Auflösung (eines Vereins, einer Gesellschaft, eines Geschäfts)
Lizenz Erlaubnis; poetische L.: dichterische Freiheit
Logik Denklehre; Lehre von den Gesetzen und Formen des Denkens
Logos Sage; Vernunft; Wort

Magie Zauberkraft; Zauberkunst
magisch zauberhaft, zauberisch
Malheur Unglück; Unfall
Malice Bosheit; boshafte Äußerung
Manifestation Offenbarung; Kundgebung; Darlegung
Manufaktur (Handanfertigung) Form der kapitalistischen Produktion, deren Kennzeichen Großbetrieb ohne ausschlaggebende Maschinenanwendung ist, ein „Produktionsorganismus, dessen Organe Menschen sind" (Marx)
markant bezeichnend; auffallend; scharf geschnitten (von Gesichtszügen)
Maximum das Höchste; höchster Preis
Mechanik Wissenschaft von der Bewegung und dem Gleichgewicht der Körper; Getriebe
Meeting Versammlung; Kundgebung
Melioration Verbesserung von Ackerland
melodramatisch wie eine Deklamation mit Musik
Merkantilismus ökonomische Lehre, die im 17. Jahrhundert vor allem in England und Frankreich ausgebildet wurde, die den Mehrwert aus dem Handel erklärte und im Überschuß der Handelsbilanz die Quelle des Reichtums sah
Metaphysik philosophische Richtung bzw. Denkmethode (oft aufs Übernatürliche, Jenseitige gerichtet), die im Gegensatz zur Dialektik „die Dinge und ihre Gedankenabbilder, die Begriffe, vereinzelt, eins nach dem anderen und ohne das andere" betrachtet und in ihnen „feste, starre, ein für allemal gegebene Gegenstände der Untersuchung" sieht (Engels)
Metaphysiker Philosoph und Denker nach Richtung oder Methode der Metaphysik
metaphysisch übernatürlich; übersinnlich; der Metaphysik entsprechend
methodologisch entsprechend der Methodenlehre
Minimum das Geringste, Mindeste; niedrigster Preis
modifizieren (leicht) verändern
Monotonie Eintönigkeit; Langweiligkeit
Muräne eine Fischart
mysteriös geheimnisvoll; dunkel
Mysterium Geheimnis; Geheimkult
mystisch geheimnisvoll; in Dunkel gehüllt
Mystizismus Wunderglaube
Mythos Götter-, Heldensage; Erdichtung

Naivität Kindlichkeit; Natürlichkeit (oft mit dem Nebenbegriff der Einfältigkeit); Unbefangenheit
Negation Verneinung; Verwerfung; Aufhebung; Ablehnung
neutralisieren aufheben; wirkungslos machen; der Beeinflussung entziehen
Nominalwert Nennwert (im Gegensatz, z. B. bei Geld, zum wirklichen Wert oder Kurswert)
ominös unheilverkündend; unheilvoll; bedenklich
Operationsplan Plan des Vorgehens; Handlungsplan

operieren vorgehen; handeln; verfahren
Originalität Ursprünglichkeit; Selbständigkeit; wesenhafte Eigentümlichkeit
oszillatorisch, oszillierend schwankend; schwingend
Owenist Anhänger des Owenismus, der Lehre des Utopisten Owen

Pair Mitglied des höchsten Adels in Frankreich
paradox widersinnig; ungewöhnlich
Paradoxie Häufung oder Methode scheinbarer Widersinnigkeit; Widersinn
Paralogismus, -men Fehl-, Trugschluß
Paraphrase verdeutlichende Umschreibung; Erklärung
par excellence vorzugsweise
Parlamentsakte vom englischen Parlament beschlossenes Gesetz
partiell teilweise; an verschiedenen Stellen; einseitig
Parvenü Emporkömmling; Neureicher
Pasquill Schmähschrift; Spottschrift
patriarchalisch altväterlich; nach Altväterweise
Permutation Umstellung; Vertauschung; Austausch
Phantasmagorie Bildzauberei, Gaukelbild
Phantom Trugbild; Gespenst
Philanthrop Menschenfreund
Philanthropie Menschenfreundlichkeit; Menschenliebe
philanthropisch menschenfreundlich; menschlich gesinnt
philologisch sprachwissenschaftlich; sprachlich
Physiognomie Aussehen; Gesichtsausdruck; äußere Erscheinung
Physiokrat Anhänger der Physiokratie, einer ökonomischen Lehre im 18. Jahrhundert in Frankreich, die im Gegensatz zum Merkantilismus die Quelle des Mehrwerts nicht im Handel, sondern in der Produktion sieht, jedoch die Grundrente für die einzige Form des Mehrwerts hält und daher die landwirtschaftliche Arbeit als die einzige produktive Arbeit betrachtet
Piedestal Sockel; Grundlage; Untersatz
Plagiat Diebstahl an geistigem Eigentum
Polemik wissenschaftlicher oder literarischer Streit; Streitkunst
ponieren setzen; aufstellen; als gegeben annehmen
Position Setzung (einer Idee); Bejahung
potentiell möglich (im Gegensatz zu wirklich); der Anlage nach
Potenz (Macht) innewohnende Kraft; Leistungsfähigkeit; Math.: Produkt aus gleichen Faktoren
präexistierend vorher existierend; vorher bestehend
Prämisse Voraussetzung; Vordersatz eines logischen Schlusses
Prinzipal Lehrherr; Besitzer; Leiter
Priorität Erstrecht; Erfinderrecht; zeitliches Vorhergehen
Privilegierter Bevorrechtigter
Privilegium (meist: *Privileg*) Vorrecht; Sonderrecht
profan unheilig; weltlich; alltäglich
Profession Beruf; Handwerk
proklamieren verkünden; kundgeben
Prolog Einleitung; Vorspruch
Proportion Verhältnis; Ebenmaß
proportional, proportionell im Verhältnis; verhältnismäßig
Proportionalität Verhältnismäßigkeit; richtiges Verhältnis
proportioniert im richtigen Verhältnis; angemessen; ebenmäßig
Prosperität Gedeihen; Wohlstand; Blütezeit im industriellen Kreislauf

providentiell von der Vorsehung bestimmt
Psychologie Seelenlehre; Seelenkunde

quasi gewissermaßen; gleichsam; scheinbar
Quote Anteil; (Teil-)Betrag

rangieren ordnen
räsonieren überlegen; schlußfolgern
Räsonnement vernünftige Erwägung; Vernunftschluß
rapid reißend; schnell
rationell vernunftsgemäß; verständig; wirtschaftlich
realisieren verwirklichen; Wert aus der Warenform in Geld verwandeln; die Ware verkaufen
Reduktion Zurückführung; Herabsetzung; Umwandlung; Verkleinerung
reduzieren zurückführen; verringern; umwandeln
reell wirklich; zuverlässig; ehrlich; redlich
Reflex Widerschein; Zurückstrahlung
Reflexion Überlegung; Betrachtung; Vertiefung in einen Gedankengang
regenerieren erneuern; wiedererzeugen
Reglement (Dienst-)Vorschrift; Geschäftsordnung
Regulator Regler; Ordner
Rehabilitierung Ehrenrettung; Wiedereinsetzung (in den früheren Stand)
Rekomposition Wiederzusammensetzung
rekonstituieren wiedereinsetzen; wiederfestsetzen
rekonstruieren (den ursprünglichen Zustand) wiederherstellen
renommistisch prahlerisch; aufschneiderisch
repartieren (nach Verhältnis der Beteiligten) verteilen, umlegen
replizieren entgegnen; erwidern

Repräsentant Vertreter
repräsentieren darstellen; vertreten; etwas vorstellen
Repression Abwehr; Unterdrückung
Repressionskraft hemmende, unterdrückende Kraft
reproduktiv wiedererzeugend; wiederhervorbringend
reproduzieren wiedererzeugen; wiederhervorbringen
respektabel ansehnlich; angesehen; achtbar
respektiv jedesmalig; jeweilig
Resultante Diagonalkraft; Mittelkraft
resultieren sich ergeben; folgen
Resumé Zusammenfassung
revidieren prüfend durchsehen
Rhetorik Redekunst
rhetorisch schönrednerisch
Rigorismus überaus strenge Denk- und Handlungsweise; strenges Festhalten an Grundsätzen

Salbaderei (deutsches Wort) langweiliges, inhaltleeres Geschwätz
sanktionieren bestätigen; für recht erklären
Skrofeln Halsdrüsengeschwulst
Sophismus, -men Scheingrund; Trugschluß
Sophistik Trugweisheit; Scheinwissen; philosophische Richtung bzw. Denkmethode im Altertum, die äußerlich die Dialektik nachahmt, in der Tat aber durch ein Spiel mit den Widersprüchen der Begriffe die Wahrheit verdreht und das „beweist", was gewünscht wird
spasmodisch krampfhaft; krampfartig
Spekulation Streben nach Erkenntnis; Erforschung; bloßes Gedankengebäude; Berechnung; in wirtschaftlichem Sinne: gewagte Unternehmung auf dem Warenmarkt oder an der Börse, um „Geld zu machen, ohne zu produzieren" (Marx)

spekulativ nachsinnend; grübelnd; mit Wagnis verbunden; spekulative Philosophie: rein gedankliche, übersinnliche Philosophie
spintisieren grübeln; zusammenreimen
Stagnation Stillstand; Stockung; Versumpfung
stationär gleichbleibend
substituieren an die Stelle setzen; unterstellen; ersetzen
sukzessiv allmählich eintretend; nacheinander
Surrogat Ersatzmittel
Syllogismus, -men (Vernunft-)Schluß
Synthese, Synthesis Zusammensetzung, Vereinigung von Dingen oder Begriffen (zu einem Ganzen)
synthetisch zusammensetzend

Tableau Übersicht; Tafel; Gemälde
Tautologie Bezeichnung eines Begriffs durch zwei oder mehrere gleichbedeutende Ausdrücke
taxieren schätzen; den Wert oder Preis ermitteln
Theologe Religionsgelehrter; Priester
These Satz; Behauptung; aufgestellter Lehrsatz
Transsubstantiation Wesensverwandlung
transzendental die Erfahrung übersteigend; übersinnlich

ultra (in Zusammensetzungen) über; jenseits
Universalität Allgemeinheit; Gesamtheit; alles umfassende Bildung
universell allumfassend; allgemein

Utopie (Nirgendland) unwirklicher, nicht zu verwirklichender Plan oder Vorschlag (nach dem 1515 erschienenen Roman des englischen Staatskanzlers Thomas More, der die sozialen Einrichtungen einer erdichteten „Insel Utopia" beschreibt)
Utopist Ausdenker oder Anhänger einer Utopie; schwärmerischer, wirklichkeitsfremder Mensch

vage unbestimmt; ungewiß; verschwommen
Variante Textänderung; Abweichung; andere Lesart
Variation Abwechslung; Abänderung
Varietät Verschiedenheit; Spielart
veritabel wahrhaft; echt
verketzern schmähen; herabsetzen
Voltairianismus Ansichten und Kampfesweise Voltaires
Vulgärökonomie bürgerliche politische Ökonomie, die (im Gegensatz zur klassischen) nicht die bürgerlichen Produktionsverhältnisse erforscht, sondern „sich darauf beschränkt, die abgedroschenen und selbstgefälligen Vorstellungen der bürgerlichen Produktionsagenten von ihrer eigenen Welt zu systematisieren, pedantisieren und als ewige Wahrheiten zu verkünden" (Marx)

zeremoniell feierlich; förmlich
Zertifikat (amtliche) Bescheinigung
zynisch gemein; schamlos; frech
Zynismus Schamlosigkeit; Gemeinheit

Inhalt

Karl Marx an Annenkow 5

Vorwort von Friedrich Engels 23

Karl Marx über P. J. Proudhon (Brief an J. B. Schweitzer) . . . 39

Vorrede 49

Erstes Kapitel. Eine wissenschaftliche Entdeckung
  § 1. Gegensatz von Gebrauchswert und Tauschwert 51
  § 2. Der konstituierte oder synthetische Wert 63
  § 3. Anwendung des Gesetzes der Proportionalität des Wertes 99
      a) Das Geld 99
      b) Der Arbeitsüberschuß 110

Zweites Kapitel. Die Metaphysik der politischen Ökonomie
  § 1. Die Methode 124
      Erste Bemerkung 125
      Zweite Bemerkung 129
      Dritte Bemerkung 130
      Vierte Bemerkung 131
      Fünfte Bemerkung 134
      Sechste Bemerkung 136
      Siebente und letzte Bemerkung 141
  § 2. Arbeitsteilung und Maschinen 147
  § 3. Konkurrenz und Monopol 165
  § 4. Das Grundeigentum oder die Rente 174
  § 5. Streiks und Arbeiterkoalitionen 185

Anhang I. Aus der Marxschen Schrift: Zur Kritik der politischen Ökonomie 195

Anhang II. Karl Marx, Rede über die Frage des Freihandels . . 199

Anmerkungen 217
Namenverzeichnis 220
Fremdworterklärung 228